UNE

BONNE AFFAIRE

MICHEL LÉVY FRÈRES, ÉDITEURS

OUVRAGES

DE

HECTOR MALOT

Format grand in-18

LES AMOURS DE JACQUES........................	1 vol.
LE BEAU-FRÈRE	1 —
UNE BONNE AFFAIRE............................	1 —
MADAME OBERNIN..............................	1 —
LES VICTIMES D'AMOUR : LES AMANTS	1 —
— — LES ÉPOUX...............	1 —
— — LES ENFANTS.............	1 —
LA VIE MODERNE EN ANGLETERRE................	1 —

CLICHY. — Imp. M. LOIGNON, Paul DUPONT et Cie, rue du Bac-d'Asnières. 12

UNE
BONNE AFFAIRE

PAR

HECTOR MALOT

PARIS
MICHEL LÉVY FRÈRES, ÉDITEURS
RUE VIVIENNE, 2 BIS, ET BOULEVARD DES ITALIENS, 15
A LA LIBRAIRIE NOUVELLE
—
1870
Droits de reproduction et de traduction réservés

UNE
BONNE AFFAIRE

I

L'hôtel du *Bœuf couronné* était en révolution ; le 17, ou plutôt, pour parler une langue moins abrégée, le voyageur qui occupait la chambre n° 17 venait d'être rapporté dans un état désespéré. Sorti le matin, gai et dispos en apparence, on l'avait vu revenir deux heures après, étendu sans connaissance sur un brancard, et il avait fallu le porter jusqu'à sa chambre : dans l'escalier, sa tête ballante avait deux fois heurté les marches de pierre sans qu'il poussât un cri ou fît un mouvement.

Comme le brancard s'était arrêté devant la porte précisément à l'heure du déjeuner de la table d'hôte, cela avait produit une certaine émotion parmi les convives. On avait quitté la table pêle-mêle, et pendant que, la serviette à la main, la bouche pleine, on se pressait aux fenêtres, un voyageur de commerce s'était détaché du groupe pour aller examiner les mains du moribond, « parce que, si les pouces étaient tournés en dehors, c'était la comédie d'un pauvre diable, tandis que, s'ils étaient tournés en dedans, c'était 'attaque d'épilepsie d'un honnête homme. » Les pouces n'étant tournés ni en dehors ni en dedans, par cette raison que les mains n'étaient point fermées, on avait abandonné l'hypothèse de l'épilepsie pour celle de l'apoplexie, et, discutant confusément, on était revenu à la table, où deux Anglaises, après avoir profité du brouhaha pour faire main-basse sur tous les œufs à la coque, s'occupaient tranquillement à les casser et à les brouiller dans leurs verres.

Le bureau de l'hôtel avait été instantanément envahi par toutes les commères du voisinage qui entouraient madame Loutrel, la propriétaire du *Bœuf Couronné*, la pressaient de questions ; mais celle-ci, au lieu de répondre à cette curiosité impatiente, répétait machinalement un mot, toujours le même.

— Pourvu qu'il n'en meure pas.

Elle mettait tant d'ardeur dans cette courte invocation, qu'un nouvel arrivant demanda si le malade était un parent ou un ami intime. A quoi une fille de service, qui seule paraissait avoir gardé sa pleine raison dans cette catastrophe, répondit que c'était un voyageur arrivé la veille dans la soirée ; — que ce voyageur, qui s'était inscrit sur le livre de police sous le nom Cerrulas, chimiste, demeurant à Paris, était un homme de cinquante à soixante-dix ans, sans qu'il fût possible de mieux préciser, tant sa figure était ravagée et tourmentée; — que dès le matin il s'était fait servir une tasse de café au lait qu'il n'avait pas bue, parce que, avait-il dit au garçon de salle, le café qu'on lui offrait était bon pour tanner le cuir du bœuf couronné, mais exécrable pour l'estomac d'un honnête Parisien; — qu'après cette algarade bien étrange chez un homme sensé, il était sorti en se faisant indiquer la maison de M. le baron Ybert; — que deux heures après on l'avait rapporté sur un brancard, et c'était là ce qui tourmentait si fort madame, car en ce moment l'hôtel était plein de voyageurs, presque tous Anglais, et les Anglais étaient maintenant si bégueules qu'ils étaient capables de partir immédiatement s'il y avait un mort dans la maison.

Mourrait-il, ne mourrait-il pas? c'était avec anxiété qu'on attendait l'arrêt du médecin, qui s'était enfermé dans la chambre du malade après avoir mis tout le monde à la porte, le seul maître d'hôtel excepté.

Cette attente dura plus d'une heure; enfin le médecin apparut dans l'escalier, descendant lentement les marches sans se presser, malgré les vingt paires d'yeux fixés sur lui qui le tiraient en bas.

D'un coup d'œil madame Loutrel vit dans l'attitude de son mari que le malade n'était pas perdu, et tout de suite, se tournant vers son cuisinier qui était déjà venu quatre fois demander le menu du dîner sans pouvoir obtenir de réponse:

UNE BONNE AFFAIRE

— Jean ! cria-t-elle joyeusement, trois tartes aux cerises, les Anglais ne partiront pas.

Elle ne s'était pas trompée ; l'état du malade s'était en effet amélioré ; il avait repris connaissance ; l'attaque, quoique violente, ne semblait pas devoir être suivie de paralysie.

— Alors il est sauvé.

A cette exclamation, le médecin avait répondu qu'on ne pouvait pas se prononcer si vite ; qu'on verrait après la période critique des accidents inflammatoires, c'est-à-dire dans douze ou quinze jours ; qu'en attendant il fallait de grands soins, surtout du calme, du silence, une température fraîche dans une chambre obscure ; qu'au surplus il enverrait une garde pour veiller à l'exécution de ses prescriptions.

La curiosité satisfaite, chacun était rentré chez soi en discutant cet événement, et les maîtres du *Bœuf couronné* étaient restés en tête-à-tête.

— Est-ce que M. Cerrulas avait des bagages ? demanda madame Loutrel en regardant son mari en face.

— Un petit sac de nuit.

— Si tu allais lui causer ? continua madame Loutrel.

— J'y pensais, mais il est bien faible, bien abattu, et puis M. Gillet a recommandé le silence.

— Il nous la donne bonne avec son calme ; est-ce que, quand la garde sera installée auprès de lui, on pourra causer ?

— Dame ! ma foi, tant pis ; j'y monte.

C'était au premier étage que se trouvait le n° 17 ; une vraie chambre d'hôtel de province, large, haute de plafond avec quelques meubles çà et là, un lit à baldaquin, une commode rococo, un séchoir en sapin, quelques chaises en merisier. Avant de partir, le docteur Gillet avait clos les rideaux, mais ces rideaux, en indienne devenue mince comme de la mousseline, et complétement décolorée par quinze ou vingt années d'exposition en plein soleil, adoucissaient à peine la lumière crue du midi.

Étendu sur le lit, le buste élevé au moyen de plusieurs oreillers, le malade faisait entendre une sorte de ronflement auquel les médecins ont donné le nom de sterteur. Bien que le visage portât l'empreinte de la stupeur qui se rencontre souvent chez les apoplectiques, il avait cependant un caractère de grandeur et d'énergie qui frappait le regard. Le front vaste couronné de cheveux blancs emmêlés, la figure sillonnée du haut en bas par deux rides larges et profondes que le travail et l'effort continu de l'intelligence avaient assurément creusées, disaient hautement qu'on avait là devant soi un homme qui n'était pas le premier venu.

Mais en même temps des vêtements posés sur la chaise, — un pantalon échancré au talon, un habit noir blanchi aux coutures, un chapeau rougi et bossué, — disaient tout aussi clairement que cet homme n'était pas un favori de la fortune. Si la tête était riche d'idées, la bourse, assurément, était pauvre d'argent.

Au bruit que fit la serrure de la porte, le malade ouvrit les yeux, deux grands yeux jaunâtres profondément enfoncés sous des sourcils grisonnants, et il regarda vaguement devant lui.

— Eh bien ! monsieur, comment vous trouvez-vous maintenant ? demanda le maître d'hôtel avec un sourire de satisfaction.

Sans répondre, le malade agita faiblement sa main qui pendait hors le lit.

— Oui, je comprends, continua le maître d'hôtel qui ne pouvait se méprendre sur la signification de ce geste. Vous désirez qu'on ne vous trouble pas ; je le voudrais de tout mon cœur, je vous assure ; seulement, j'aurais auparavant une petite demande à vous adresser, si vous le permettez.

La main s'agita de nouveau, répétant la prière qu'elle avait déjà faite ; mais le maître d'hôtel, sans se laisser arrêter, feignit de prendre ce mouvement pour une autorisation de continuer, et il continua :

— Savez-vous que vous avez eu une terrible attaque, monsieur ; je peux bien vous dire cela maintenant qu'elle est finie, le coup a été rude ; heureusement le danger est passé, oh ! tout à fait passé, vous pouvez m'en croire ; s'il ne l'était pas, soyez convaincu que je ne vous parlerais pas de la demande que je suis, à mon grand regret, obligé de vous adresser.

M. Cerrulas, qui jusque-là était resté immobile sur ses oreillers, tourna difficilement la tête vers le maître d'hôtel et fixa sur lui un regard impatient :

— Laissez-moi tranquille, je vous prie, dit-il d'une voix dolente.

— Tout de suite, monsieur ; il ne faut pas m'en vouloir si je ne vais pas plus vite, c'est que le sujet que nous avons à traiter est délicat, et très-difficile. Habituellement, les choses ne se passent point ainsi : lorsqu'un malade arrive dans l'hôtel, il est généralement accompagné soit par sa femme, soit par ses enfants, soit par un domestique, et alors les communications qu'on peut avoir à lui faire s'adressent tout naturellement à cette personne. Cela se comprend, n'est-il pas vrai ? Tandis que pour vous, monsieur, c'est autre chose. Vous êtes seul, et je suis forcé de m'entretenir avec vous.

— De quoi s'agit-il ? dites, finissons.

— J'espère, monsieur, qu'en entrant au *Bœuf couronné* vous avez remarqué l'ordre et la tenue de la maison. J'ai pris il y a six ans une auberge de petite ville et je me flatte d'en avoir fait un hôtel de première classe. Mettez la main à la tête de votre lit, vous trouverez le bouton d'une sonnette électrique ; c'est un détail, je le sais, mais il a son importance ; tout est sur ce pied. Je crois pouvoir le dire, même en parlant de moi, le succès a récompensé mes efforts : le *Bœuf couronné* est aujourd'hui fréquenté par la meilleure société, notamment par les Anglais, qui s'y donnent rendez-vous ; parlez du *Bœuf couronné* à n'importe qui, et tout le monde vous dira que c'est un des quatre ou cinq bons hôtels de France. Cela, n'est-il pas vrai? m'impose des obligations; j'espère que cela sera compris de monsieur, qui est une personne distinguée, on le voit de reste... grand industriel peut-être?

Le malade ne répondit pas.

— Enfin, dans tous les cas, quelqu'un de comme il faut. Alors si monsieur admet, comme je le pense, ce que je viens de lui expliquer, il doit sentir quel est l'objet de ma communication.

Cerrulas avait écouté ces paroles entortillées avec des mouvements d'impatience et des soubresauts nerveux. A ces derniers mots il ne put pas se contenir.

— Dites donc vite ce que vous voulez, s'écria-t-il, et, par grâce, laissez-moi en repos!

— Ah! monsieur, je vous en prie, ne vous emportez pas, le docteur a surtout recommandé le calme.

— Vous me faites mourir.

— Non, monsieur, vous ne pensez pas cela, mais je ne vous en veux pas, c'est la maladie qui a prononcé ce mot. Cependant, puisque vous parlez le premier de mourir, parlons-en un peu ensemble. Cela n'engage à rien, n'est-ce pas? pas plus que de faire son testament. Eh bien! si par extraordinaire, — notez que ce serait tout à fait extraordinaire, mais enfin tout est possible et par suite tout doit être prévu, — si par extraordinaire ce que vous prévoyez se réalisait, je vous serais obligé de me faire savoir présentement vos intentions.

— Mes intentions?...

Le maître d'hôtel eut un geste de mauvaise humeur ; il était pénible pour lui d'avoir affaire à un esprit si lourd. Il reprit :

— Alors monsieur n'a jamais perdu un parent, un ami qui serait mort dans un hôtel ; cela m'explique l'étonnement de monsieur. Pourtant, bien que ce cas ne se soit pas présenté pour monsieur, il doit lui être facile de comprendre que c'est là un événement bien préjudiciable pour le maître d'hôtel. Une supposition n'a jamais fait de mal à personne, n'est-il pas vrai? Eh bien ! que monsieur suppose qu'il lui arrive un malheur ici. Sans doute cela n'est pas probable, mais enfin cela peut arriver ; nous sommes tous mortels, et, quand nous sommes malades, nous avons encore plus de chances contre nous. Si ce malheur arrivait, calculez un peu en imagination ce qui se produirait : d'abord tous les étrangers qui sont en ce moment logés dans l'hôtel partiraient, monsieur ne saurait croire combien les Anglais sont difficiles aujourd'hui ; cela, je le sais bien, n'est pas appréciable en argent, et ce serait une perte irréparable pour moi. Aussi je n'en parle que pour mémoire ; mais combien d'autres ! Vous êtes mort, n'est-ce pas ? là, dans cette chambre, sur ce lit ; alors c'est le mobilier complet qu'il faut renouveler, sans parler des tentures que les gens des pompes funèbres accrochent dans le vestibule, des clous qu'ils cognent partout ; aussi je crois qu'en demandant à monsieur une somme de 1,000 francs pour le cas où ce désagrément arriverait, je ne suis pas trop exigeant. Au reste, je m'en rapporte à la justice de monsieur.

Il fallait que le maître d'hôtel fût véritablement absorbé par l'embarras d'expliquer sa demande pour n'être point frappé de l'effet que produisaient ses paroles. Mais à cette conclusion si difficultueusement amenée, Cerrulas éclata. Progressivement et par de lents efforts il était parvenu à se soulever sur un bras ; comme si la force lui était revenue, il se dressa brusquement sur son séant, et, montrant la porte :

— Sortez ! cria-t-il !

Le geste fut si énergique que le maître d'hôtel recula de deux ou trois pas ; mais ce ne fut qu'un mouvement instinctif, il revint aussitôt.

— Ne vous emportez pas, dit-il, je vous donne ma parole d'honneur que j'y perds encore, et que 1,000 francs ce n'est pas payé ; le tapis seul a coûté 500 francs ; les matelas sont en laine de première qualité.

Le bras qui était resté étendu vers la porte s'abaissa, et Cerrulas se laissa retomber sur son oreiller en faisant entendre un éclat de rire nerveux.

Un moment déconcerté, le maître d'hôtel reprit vite son aplomb.

— Allons, dit-il en souriant, c'est une affaire arrangée, n'est-ce pas ? je vais aller préparer un reçu de 1,000 francs, par lequel je m'engagerai en même temps à restituer cette somme à monsieur si, comme je l'espère bien, son accident se termine par une heureuse guérison.

Mais avant qu'il eût fait trois pas vers la porte, Cerrulas l'arrêta.

— Au lieu de préparer un reçu, dit-il, préparez le brancard sur lequel on m'a ramené ici, et faites-moi porter à l'hospice.

A ce mot « l'hospice », le maître d'hôtel poussa les hauts cris. Se faire transporter à l'hospice plutôt que de payer 1,000 francs n'était pas d'un homme raisonnable, surtout quand ces 1,000 francs ne devaient être payés que par des héritiers. D'ailleurs, si 1,000 francs étaient une trop grosse somme, on pouvait s'entendre et la réduire à 800 francs, à 600 francs, même à 500, ce qui était bien peu de chose.

Malgré cet esprit de conciliation, tout arrangement fut impossible, Cerrulas déclarant qu'il voulait être transporté à l'hospice et ne pas rester une heure de plus au *Bœuf couronné*.

Cette volonté, nettement formulée et répétée à plusieurs reprises, jeta le maître d'hôtel dans une désagréable perplexité; car si, d'un côté, il était bien aise d'être débarrassé d'un malade qui, mourant chez lui, allait lui causer des ennuis de toute sorte, d'un autre il n'osait s'exposer à la médisance de ses concurrents et de ses envieux, qui ne manqueraient pas de dire et de crier haut qu'il avait mis sans pitié un moribond à la porte.

Dans cette irrésolution pénible il voulut risquer une dernière tentative :

— Si c'est le versement de l'argent comptant qui vous gêne, dit-il, je me contenterai de l'engagement d'une personne de la ville ; vous avez sans doute ici quelqu'un de connaissance, M. le baron Ybert.

— Je vous répète de me faire porter à l'hospice.

— M. Cerrulas, professeur au collége, n'est-il pas de votre famille ?

— Cerrulas ? Quel âge a ce monsieur Cerrulas, qui est professeur ?

— Vingt-quatre ou vingt-cinq ans.

— Vingt-cinq ans ; savez-vous si son nom de baptême est Pascal ?

— Oui, monsieur ; mon neveu, quand il parle de lui, l'appelle toujours M. Pascal.

Il y eut un moment de silence, et le malade soupira à deux reprises profondément, puis se soulevant un peu :

— Rendez-moi le service d'envoyer chercher M. Pascal Cerrulas immédiatement, je vous prie, et soyez tranquille pour votre mobilier.

— S'il veut savoir qui le demande, que devra-t-on répondre ?

— On répondra que c'est son père mourant ; non, pas mourant, mais malade, vous entendez, bien malade.

II

Qu'un père ne sache pas qu'il se trouve dans la ville où demeure son fils, cela au premier abord peut paraître assez étrange ; mais lorsqu'on vient à apprendre que ce père n'a pas vu son fils depuis plus de vingt ans, cette ignorance s'explique, surtout si en même temps on est mis au courant des causes qui ont amené cet éloignement.

A la fin de 1832 arrivait à Pontivy, en qualité d'ingénieur ordinaire de deuxième classe, M. Marius Cerrulas. Pour un des élèves les plus distingués de l'École polytechnique et de l'École des ponts-et-chaussées, cet envoi au centre de la Bretagne était une disgrâce : politiquement, 1832 était à plus de deux années de 1830 ; on lui faisait payer l'exaltation de ses opinions républicaines, et surtout ses relations avec les chefs supposés des émeutes parisiennes des 5 et 6 juin.

De toutes les petites villes de Bretagne, Pontivy est la plus maussade à habiter pour un étranger, et il faut avoir en soi un fonds inépuisable de bonne humeur pour résister à l'ennui qui vous enveloppe lorsqu'on est obligé de marcher chaque jour dans ces rues tirées au cordeau où l'on ne rencontre guère, perdus au milieu des herbes folles, que quelques rares soldats qui bâillent à se décrocher la mâchoire. En 1832, les divers monuments qu'on voit aujourd'hui, casernes et bâtiments civils, n'étaient pas achevés ; les travaux ordonnés par décret de Napoléon, qui avait trouvé glorieux de donner son nom à la vieille ville des Rohan, avaient été interrompus lorsque l'argent avait manqué dans les caisses impériales, et les murailles, déjà dégradées, rendaient plus triste encore l'aspect de ce petit Versailles breton.

Cependant, à voir la façon dont le jeune ingénieur s'installa dans ce tombeau, on eût pu croire qu'il l'avait demandé comme une faveur ; devant ses camarades mêmes, les ingénieurs de la navigation du canal, il ne laissa pas échapper la moindre plainte : « 2,400 fr. de traitement ici, dit-il en riant, c'est une fortune ; on me reproche d'avoir fait quelques dettes ; si je reste à Pontivy, je deviendrai riche. »

Et de fait, il s'arrangea comme s'il devait y rester toujours. Au lieu de se loger en garni, ainsi que le faisaient les autres fonctionnaires, il prit une petite maison dans la vieille ville, la meubla de meubles qu'il fit venir de Lorient, et installa au rez-de-chaussée un laboratoire de chimie. Cela causa une telle révolution dans le pays, que, les jours de marché, les paysans venaient exprès dans la rue pour regarder ses appareils aux formes bizarres, les fourneaux cerclés de fer, les cornues aux longs cols, les soufflets, les manteaux qui encapuchonnaient les niches à évaporation.

Tandis qu'il devenait ainsi pour la population indigène une espèce de sorcier qu'elle tenait en légitime suspicion comme parent ou serviteur du diable, il se voyait, au contraire, accueilli à bras ouverts par le monde des fonctionnaires ; son succès s'expliquait par un mot : « Il ne s'ennuyait pas, et, au lieu de s'engourdir, il communiquait aux autres sa bonne humeur et son entrain. »

Le maire de Pontivy était à ce moment un banquier nommé Le Nestour, qui, au commerce de l'argent, joignait une infinité d'autres professions plus productives les unes que les autres : marchand de fer, marchand de grains, marchand de cuirs, marchand d'engrais ; il exploitait en outre trois ou quatre moulins à farine et un moulin à tan. M. Le Nestour, qui n'avait jamais trouvé le temps de se marier, avait pris chez lui, depuis qu'il était maire, une de ses nièces orpheline pour faire les honneurs de sa maison. Sans avoir une fortune égale à celle de son oncle, mademoiselle Colombe Le Nestour n'était point une nièce qu'on recueille par charité. Son père, mort principal du collége de Lamballe, lui avait laissé une dizaine de mille francs de rente, et ce revenu, s'ajoutant à ce qu'elle devait recueillir un jour dans la succession de son oncle qui n'avait que deux héritières, faisait d'elle un riche parti. Cependant, malgré cette position de fortune qui avait tenté tous les épouseurs de la Bretagne, et malgré ses vingt-deux ans, elle n'était point mariée : tous les prétendants qui s'étaient présentés, nobles ou bourgeois, industriels ou propriétaires, avaient été successivement refusés. « Mademoiselle Le Nestour se mariera le jour où les poules auront des dents, » disaient les commères. « Elle attend un prince », disaient les jeunes filles.

Cerrulas fut ce prince ; il parut, et, comme un héros des contes de fées, il plut : mademoiselle Colombe déclara à son oncle qu'elle avait enfin trouvé un mari.

— Mais il ne t'aime pas ! répondit l'oncle.

— Il m'aimera.

— Il n'a pas de fortune !

— Il aura la mienne.

— Il est prodigue, dépensier; il n'a aucun ordre dans ses affaires personnelles.

— J'en aurai pour lui ; par là je lui serai nécessaire, et ce sera un lien de plus qui nous unira.

— Il n'arrivera jamais à rien ; c'est un chercheur, ce n'est pas un homme pratique.

— Il le deviendra.

Pendant six mois, M. Le Nestour ne négligea rien pour la détourner de son idée : Cerrulas avait des dettes; son patrimoine avait été vendu et gaspillé; mal noté à cause de ses opinions, il était en outre accusé de négliger ses travaux pour s'occuper de recherches et de spéculations scientifiques qui n'avaient rien à voir avec les ponts-et-chaussées; pour ses amis, il pouvait bien être un esprit supérieur; pour ses chefs, il n'était qu'un mauvais fonctionnaire.

L'oncle parlait en homme d'affaires, la nièce raisonnait, ou, plus justement, sentait en femme passionnée; que pouvaient de pareils arguments sur son cœur épris?

Il y avait cela de particulier dans cet amour, qu'il avait pris naissance et s'était développé à l'insu de celui qui l'inspirait; mais de bonnes âmes se chargèrent de lui ouvrir les yeux et de faire son bonheur malgré lui; en même temps on manœuvra autour de l'oncle.

Enfin, le mariage fut décidé; mais, au moment de la signature du contrat, il survint un incident qui faillit rompre tout. Ne pouvant pas empêcher un mariage qui le blessait jusqu'au vif dans ses idées de paysan enrichi, le banquier avait voulu au moins atténuer, autant que possible, les mauvais effets qu'il devait avoir pour la fortune de sa nièce, et, dans ce but, il avait fait rédiger un projet de contrat où se trouvaient groupées les restrictions les plus étroites du régime dotal : au moins, si le présent était sacrifié, l'avenir était sauf; les mains liées quant au capital, Cerrulas ne pourrait jamais disposer que des revenus.

Épris de la femme ou voulant à tout prix la dot, il eût peut-être subi ces conditions, mais ce n'était point là son cas; se mariant par raison, par une sorte de résignation, parce que partout et du matin au soir on lui répétait qu'il devait épouser mademoiselle Le Nestour, il n'était disposé à aucune concession de caractère ou de dignité. Or, comme dans le contrat tel qu'il avait été préparé, la méfiance contre lui se lisait à chaque ligne, il le renvoya au notaire avec un petit billet expliquant en quelques mots tout simples, sans colère et sans dépit, les raisons pour lesquelles il se retirait : à ses yeux, le mariage devait être une association contractée pour l'intérêt commun des deux parties, dans laquelle tout, par conséquent, devait être en commun. Puis, sa lettre écrite, voulant échapper aux diverses explications et aux discussions, il partit pour une tournée d'inspection qui devait durer une quinzaine de jours.

A son retour il trouva chez lui un nouveau projet de contrat qui était absolument le contraire du premier : il portait stipulation du régime de la communauté avec les dispositions les plus libérales en faveur du mari.

En apprenant par le notaire la réponse de Cerrulas, mademoiselle Colombe était intervenue, et, après huit jours de lutte, elle avait obligé son oncle à céder.

— Tu es disposée aujourd'hui à toutes les concessions, dit celui-ci, parce que tu espères te rattraper plus tard. Eh bien ! je crois que tu te trompes. Tu te flattes que tu feras de ton mari ce que tu voudras ; j'ai peur que ce ne soit un faux calcul. Il est doux, je le veux bien ; honnête homme, c'est possible ; mais ce sont précisément ces honnêtes gens à l'apparence tranquille qui sont les plus durs à mener : ta volonté bretonne s'usera contre son égalité d'humeur; tu as vingt ans, et comme jusqu'à présent tu n'as trouvé personne pour te résister, tu te figures qu'il en sera avec ton mari comme il en a été avec ta mère, avec ton père et avec moi; je te le souhaite, mais je ne te le garantis pas. Tandis que ce que je t'affirme et te garantis, c'est que Cerrulas est un prodigue et qu'il te mangera ton avoir comme il a mangé celui qui lui est venu de ses parents. A ce moment-là tu verras que j'avais raison et tu viendras me demander le mien. Eh bien! je te préviens qu'il ne faudra pas compter dessus. Je n'ai pas travaillé toute ma vie pour me dire en mourant que ce que je laisse sera dépensé. Si tu es riche, si contre mon attente ton mari fait fortune, tu seras mon héritière; si, au contraire, tu as eu la faiblesse de te laisser ruiner, tu n'auras rien; je veux avoir la satisfaction de penser qu'après moi ma fortune grossira et ne diminuera pas.

Le mariage se fit. Contrairement aux prévisions de l'oncle Le Nestour, il commença par être heureux; Cerrulas n'avait point, il est vrai, rencontré dans sa femme l'idéal de douceur et de tendresse qu'autrefois il avait rêvé; elle avait des façons de dire « je veux, je ne veux pas; vous ferez ceci, vous ne ferez pas cela », et aussi « mon argent, ma fortune, ma maison », qui l'agaçaient lorsqu'il était seul avec elle et l'humiliaient lorsqu'elle se prononçait devant des étrangers; mais enfin comme elle n'ouvrait jamais la porte de son laboratoire, et comme elle le laissait manger gras le vendredi, c'est-à-dire comme il rencontrait une pleine liberté pour ses travaux et ses opinions, il ne se plaignait pas.

Les choses marchèrent ainsi un peu plus d'une année; puis, un jour, en l'absence de Cerrulas, on présenta une traite de MM. Herlofsen frères, tirée pour fournitures de produits chimiques, et s'élevant à plus de 5,000 fr., qui provoqua une explication catégorique entre les deux époux, et, finalement, une révolution.

— On m'a présenté une traite de 5,000 fr., dit madame Cerrulas lorsque son mari rentra.

— Tiens, c'est vrai, je l'avais oubliée.

— Je ne l'ai pas payée.

— Naturellement, mais je vais la payer, moi.

— Comment cela?

— Avec de l'argent, parbleu!

— Je le pense bien; mais d'où provient donc cet argent?

— J'ai transporté la créance Sarzeau; les fonds sont chez le notaire.

— Ma créance Sarzeau!

Jusque-là Cerrulas avait répondu à toutes ces questions avec une parfaite tranquillité; à ce mot « ma créance » il eut un mouvement de contrariété; mais aussitôt il reprit son calme ordinaire, et, regardant sa femme en souriant :

— Pour une personne qui entend les affaires, — et il est juste de reconnaître que vous les entendez très-bien, — vous avez une singulière façon de vous exprimer : « ma créance »; vous savez cependant que le mari administre seul les biens de la communauté, et qu'il peut les vendre sans le concours de sa femme; j'ai usé de mon droit et j'en userai à l'avenir quand cela sera nécessaire. Et puisque nous sommes sur ce sujet, je crois devoir vous prévenir que ces nécessités se présenteront peut-être bientôt. Jusqu'à présent mes recherches n'ont point exigé de grandes dépenses ; mais le moment est venu de pousser plus loin mes expériences, et elles sont coûteuses. En même temps, pour vous rassurer, je veux vous dire aussi que je touche au but, et que l'argent qui sort de nos poches aujourd'hui y rentrera bientôt, dans six mois, dans un an au plus tard, décuplé, centuplé.

Le procédé et le langage n'étaient pas rassurants pour une femme qui n'avait confiance que dans l'argent comptant. Elle s'adressa à son oncle et aux gens d'affaires. Que pouvait-on ? L'oncle répondit avec la secrète satisfaction de tous les prophètes :

— Je te l'avais bien dit!

Et les gens d'affaires ne purent que répéter à madame Cerrulas ce qu'elle savait déjà, c'est-à-dire que sa fortune étant mobilière, son mari en avait et en aurait la libre disposition jusqu'au jour où elle demanderait sa séparation de biens.

La séparation de biens pour une dépense de 5,000 fr., c'était aller vite, et puis c'était aussi provoquer une rupture, ce qu'elle ne voulait pas, car elle aimait son mari.

Incapable de modifier son caractère dur et obstiné, incapable aussi d'ouvrir son cœur à la confiance et à l'indulgence, elle se renferma dans une maussade résignation. Pendant ce temps les touries pleines de produits chimiques et les appareils soigneusement emballés dans de grandes caisses continuèrent d'arriver par le roulage ; mais, chose étrange ! on ne présenta plus de traites. Comment les fournitures étaient-elles payées ? Une bonne amie se chargea d'en donner l'explication : les traites restaient chez le banquier, où Cerrulas allait lui-même porter l'argent.

Absorbé dans ses expériences, il négligea si bien ses travaux d'ingénieur, qu'un jour ses chefs, après avoir épuisé les observations et les conseils, en vinrent aux menaces. Il répondit en envoyant sa démission ; puis, pour rassurer sa femme, il lui expliqua qu'il tenait enfin la découverte qu'il avait si longtemps cherchée ; cette découverte, qui donnait les moyens pratiques et économiques de remplacer la dorure au mercure par la dorure par voie humide, allait apporter une révolution dans l'industrie et faire la fortune de l'inventeur. Quel besoin de rester pauvre petit ingénieur à 2,400 fr. de traitement, quand la vente du brevet pouvait produire des millions ! Ne valait-il pas mieux partir pour Paris ?

C'était, pour elle, combler la mesure. En se mariant, elle avait entendu épouser un fonctionnaire et non un aventurier, elle refusait donc d'aller à Paris ; mère depuis six mois, elle ne voulait point exposer son petit Pascal aux maladies de Paris; à Pontivy, elle avait au moins sa famille pour la défendre.

Cerrulas, avec un caractère tout à fait différent de celui de sa femme, n'était pas moins ferme qu'elle dans ses résolutions. Il ne disait pas : « Je ferai, je veux », mais il faisait ce qu'il voulait, doucement et sans bruit. Il avait décidé de partir pour Paris, il partit.

— Quand vous voudrez me rejoindre, dit-il à sa femme en la quittant, je serai heureux de vous recevoir; vous n'aurez même pas besoin de me prévenir que vous arrivez. Je vous laisse Pascal, parfaitement rassuré sur lui ; je suis certain que vous l'élèverez pour le mieux ; je ne serai pas jaloux qu'il dise « maman » avant « papa », mais je vous demande cependant de lui apprendre à dire « papa. »

Cerrulas ne s'était jamais occupé pratiquement d'affaires industrielles; arrivé à Paris, il rencontra des difficultés sur lesquelles il n'avait pas compté : les semaines, les mois s'écoulèrent, dévorés en démarches qui chaque soir semblaient devoir aboutir et que le lendemain il fallait recommencer. Pendant ce temps, l'oncle Le Nestour mourut ; fidèle à sa parole, il n'avait rien laissé à sa nièce, et sa fortune considérable alla grossir celle d'un parent éloigné qui offrait des probabilités de stabilité. Occupé à démontrer à des capitalistes que son invention pouvait du laboratoire passer facilement dans l'industrie, Cerrulas ne revint point à Pontivy pour l'enterrement. Les mois s'ajoutèrent aux mois, et les lettres du mari à la femme devinrent de plus en plus rares ; toutes disaient que les difficultés étaient grandes, mais que le plus fort était fait, que l'on touchait au but et qu'avant trois jours l'affaire serait terminée avec un succès complet:

A la fin, madame Cerrulas se décida à partir pour Paris ; elle n'avait plus de parents qui la retenaient à Pontivy, et les nouvelles qui lui arrivaient incidemment sur la façon dont sa fortune était gérée étaient trop graves pour qu'elle ne dût pas intervenir.

Ses craintes se trouvèrent dépassées par la vérité : de la petite fortune qu'elle avait apportée en mariage, il ne restait intact qu'une ferme près de Loudéac, valant une trentaine de mille francs ; le reste avait disparu ou était engagé. Pour une femme qui avait à un si haut point la religion de l'argent, le coup était rude ; ce ne fut pas le seul qu'elle eut à supporter.

Harcelé chaque jour par les déceptions et l'injustice, Cerrulas n'était plus l'homme indulgent et placide qu'elle avait aimé ; et lui, qui autrefois avait supporté sans fâcherie ses plaintes peu raisonnables, ne voulut pas écouter ses reproches justement fondés. Des paroles irrémédiables furent prononcées, et les querelles devinrent quotidiennes avec tout un accompagnement de récriminations et d'accusations :

— Vous m'avez ruinée.

— Vous voulez m'abandonner dans la mauvaise fortune.

— Je veux surtout soustraire mon fils à votre influence.

Au lieu de demander la simple séparation de biens, comme tout d'abord elle en avait eu l'intention, elle demanda la séparation de corps qui fut prononcée. Par son jugement, le tribunal décida que, en considération de son jeune âge, l'enfant serait confié à la mère qui le garderait avec elle jusqu'à dix ans, et à ce moment le rendrait au père contre lequel les faits du procès n'avaient rien révélé de nature à le rendre indigne d'exercer la puissance paternelle.

A mesure que l'enfant grandit, cette pensée de le rendre à son père devint l'incessante préoccupation et la plaie dévorante de madame Cerrulas. Le rendre à son père pour qu'il subisse son influence, pour qu'il soit élevé par lui, pour qu'il reçoive ses idées, ses leçons, ses habitudes! N'était-t-il pas déjà trop ressemblant à ce père, et tout ne devait-il pas être mis en œuvre pour qu'il ne le connût jamais?

Après son procès, elle était rentrée à Pontivy, où elle avait vécu étroitement du faible revenu de la ferme qui lui était restée, n'ayant d'autre occupation que d'élever son petit Pascal, d'autre souci, d'autre but que d'étouffer en lui les idées et les dispositions qui pouvaient se rapprocher de celles de son père. Cette inquiétude devint bientôt si vive, qu'elle tourna à la manie, et s'imaginant que Cerrulas voudrait un jour ou l'autre la poursuivre, elle quitta la Bretagne après avoir pris toutes les précautions possibles pour cacher ses traces. Elle se retira à Dijon, où Pascal suivit comme externe les cours du collége.

Il grandit ainsi près d'elle, adoré, choyé, cependant sévèrement dirigé, et jamais il n'entendit parler de son père qu'avec une amertume contenue que par respect filial il n'osa pas se faire expliquer. Lorsqu'il fut reçu à l'École normale, sa mère vint avec lui à Paris, et lorsqu'il fut nommé professeur à Nantua, elle l'accompagna.

Mais, en arrivant, elle fut emportée par une fièvre de marais, et ce fut alors pour la première fois que Pascal entra en relations avec son père. Il lui écrivit pour lui annoncer la perte qu'il venait de faire : Cerrulas lui répondit une lettre affectueuse et digne. Ce fut tout.

III

De pareils rapports n'avaient pu développer une tendresse bien vive entre le père et le fils.

Cependant quand Pascal commença à comprendre ce que voulait dire le maître d'hôtel qui, par ses précautions oratoires avait embrouillé son récit au point de le rendre inintelligible, il n'eut qu'un mot :

— Partons !

Puis, lorsqu'ils furent descendus dans la rue, il allongea le pas de telle sorte que le maître d'hôtel dut rester en arrière.

— N° 17, dit celui-ci en s'arrêtant essoufflé ; mais ne vous tournez pas le sang, monsieur votre père est aussi bien que possible.

Bien lorsque le maître d'hôtel l'avait quitté, Cerrulas n'était plus dans le même état. Avec le calme ordonné par le médecin, l'amélioration eût peut-être continué, mais l'exaspération produite par la conversation qu'il avait subie avait eu pour effet immédiat de ramener le sang au cerveau et de provoquer une nouvelle congestion.

Engourdi dans un lourd sommeil, il ne bougea pas lorsque son fils ouvrit la porte, et celui-ci, ému et tremblant, s'étant penché sur le lit pour lui prendre la main, il demeura insensible ; si des bouffées d'air n'étaient point sorties avec bruit par l'angle de sa bouche contractée, on eût pu croire qu'il était mort.

Durant plusieurs jours son état fut des plus graves : continuellement absorbé dans une somnolence hébétée, il ne prononçait que quelques paroles incohérentes, n'achevant pas certains mots que ses lèvres se refusaient à former, et il se rendormait.

Enfin, vers le sixième jour, un peu de mieux se manifesta, et le médecin, qui, à chaque visite, était sollicité, harcelé par Loutrel et sa femme, permit qu'on le transportât chez Pascal.

Logé dans le faubourg de l'Andon, le quartier le plus éloigné mais aussi le moins cher de la ville, Pascal occupait un petit appartement dont les fenêtres donnaient sur la rivière et au delà sur les prairies ; toute la journée on entendait le clapotement de l'eau entre les cailloux et de temps en temps le meuglement d'une vache ou le hennissement des juments qui appelaient leurs poulains ; c'était un logement à souhait pour qui avait besoin de silence et de repos.

Le malade ne parut pas s'apercevoir de sa translation dans une nouvelle chambre, et pendant plus d'une semaine il se laissa soigner sans qu'on pût savoir s'il avait conscience de ce qui se passait autour de lui ; les rares paroles qu'il prononçait difficultueusement n'avaient aucun sens, bien que toutes cependant parussent se rapporter à un même sujet : « rayons solaires, forces perdues, calorique utile, unité des forces physiques. » Souvent ces paroles s'arrêtaient entre ses dents qu'il ne pouvait desserrer, et alors, sans faire d'effort pour les achever, probablement parce qu'elles satisfaisaient son esprit engourdi, il continuait.

Mais, vers le neuvième jour, c'est-à-dire le quinzième depuis son attaque, l'intelligence revint dans ses gestes plus libres, et son regard suivit les mouvements des personnes qui venaient dans sa chambre.

Pendant toute la journée c'était Pascal qui restait

près de lui ; mais de huit à dix heures le matin et de deux à quatre heures la soir, celui-ci était obligé d'aller faire sa classe au collége, et alors c'était sa propriétaire, une vieille veuve dévote, qui le remplaçait.

Quand c'était la veuve qui le veillait, Cerrulas restait presque toujours la tête collée contre la muraille ; au contraire, quand c'était son fils, il se tournait de manière à voir ce qui se passait dans la chambre, et il ne le quittait pas des yeux ; sans bouger, sans parler, il demeurait des heures entières à le regarder, mais ses lèvres qui s'agitaient sans former des paroles, ses prunelles qui s'allumaient de lueurs sombres, ses sourcils qui se relevaient et s'abaissaient en creusant des sillons sur son front, tout cela trahissait au dehors le travail de son esprit.

Resterait-il donc paralysé de la langue ? Le médecin affirmait que la guérison serait parfaite et même qu'elle serait prochaine ; mais Pascal n'osait pas se laisser convaincre. Pourquoi cette préoccupation douloureuse ? pourquoi ce mutisme ?

Lorsqu'il gardait son père, il s'installait devant une table poussée dans un coin de la chambre, et tantôt lisant, tantôt écrivant, il travaillait jusqu'au soir ; la nuit interrompait son travail. Le médecin ayant recommandé l'obscurité, on n'allumait jamais la lampe ; alors il allait s'accouder sur l'appui de la fenêtre, et, les oreilles occupées par le murmure régulier de l'eau courante, les yeux entraînés par les petits flocons de vapeurs qui çà et là s'élevaient au-dessus de la prairie humide, il restait absorbé dans sa triste rêverie.

N'aurait-il connu son père que pour le perdre aussitôt ? Qu'était ce père ? Jusque-là il s'en était peu inquiété ; mais à cette heure se posaient dans son esprit troublé des questions douloureuses.

Un soir qu'il s'était ainsi laissé aller au cours de cette curiosité rétrospective, il lui sembla entendre son père s'agiter sur sa couche. Il se retourna d'autant plus vivement que durant toute la journée celui-ci avait paru plus tourmenté et plus anxieux.

— Mon fils ! dit le malade.

C'était la première fois qu'il entendait cette voix ; il s'arrêta troublé, ému.

— Mon fils !

— Vous voulez quelque chose ? dit-il machinalement.

— Non, donne-moi ta main.

Remué jusque dans les entrailles bien plus par l'accent que par le sens de ces simples paroles, il s'approcha du lit et tendit sa main ; son père la prit, et, l'ayant serrée dans la sienne, il la porta à ses lèvres ; Pascal la sentit mouillée, brûlée par deux grosses larmes, et des larmes aussi en même temps jaillirent irrésistiblement de ses propres yeux.

— Oui, tu es un bon fils, assieds-toi là.

Et sans lui abandonner la main, il le fit asseoir sur la chaise qui était contre le lit.

Il y eut un long moment de silence ; la pâle lumière

de la lune, qui par les fenêtres tombait dans la chambre, éclairait en plein la tête de Cerrulas et montrait ses lèvres agitées d'un tremblement nerveux.

— Depuis deux jours, continua-t-il, j'ai assez ma raison pour comprendre; j'ai voulu t'observer, tu es un honnête garçon, tu as été un fils pour moi qui n'ai pas été un père pour toi; tu m'as secouru, soigné, moi qui t'ai...

Il s'arrêta un moment, et lui serrant la main :

— Non, continua-t-il, non, je ne t'ai pas abandonné; la vie, les circonstances nous ont séparés; ce n'est pas ma volonté. Ta mère.... Nous parlerons plus tard de tout cela, quand j'aurai ma tête et serai sûr de ma parole. Parle-moi de toi plutôt. Pourquoi es-tu professeur dans cette petite ville ? Si au moins tu étais heureux !

Heureux? il s'en fallait de tout; mal content, au contraire, irrité contre les hommes, accablé par les choses, à bout d'espérance, découragé.

Ce n'était point par vocation que Pascal s'était fait professeur, mais par soumission aux idées de sa mère. Celle-ci, qui avait passé ses premières années dans la vie universitaire, la connaissait bien : elle savait par expérience combien sont étroites les règles de conduite imposées aux professeurs, et elle voulait que ces règles, en contenant sévèrement son fils, l'empêchassent de s'engager dans la voie qu'avait suivie son père, si jamais, tôt ou tard, le sang paternel fermentait en lui. Dans cette carrière il n'arriverait probablement pas à une grande fortune, mais au moins il ne serait pas exposé à tomber dans ces entraînements dont elle avait souffert. Médiocrité n'est pas malheur.

Pascal n'avait fait que passer à Nantua. Nommé au lycée de Bourg, il avait pu croire tout d'abord qu'un brillant avenir s'ouvrait devant ses espérances : le proviseur l'avait pris en affection, le préfet l'avait choisi pour secrétaire particulier, l'Académie des Sciences et Arts avait créé exprès pour lui un cours de physique, et *le Propagateur de l'Ain* avait mis toutes les semaines trois colonnes à sa disposition. Ah ! quel plaisir d'être professeur, et quelle bonne mère que l'Université ! Mais bientôt la roue avait tourné. Le proviseur, qui était un honnête homme, fidèle à ses convictions, n'ayant pas voulu se prêter à une injustice cléricale, avait été mis en disponibilité, et le préfet presque en même temps avait été envoyé dans l'Ouest. Resté seul à Bourg, Pascal s'était trouvé sans défense contre ceux dont sa subite faveur avait allumé la jalousie, — et, ce qui pis est, sans défiance.

Il avait publié dans *le Propagateur* une série d'articles sur le dessèchement des étangs de la Dombes ; écrits surtout au point de vue de l'hygiène et de la météorologie, ces articles avaient produit une certaine émotion dans le pays et blessé des intérêts impatients. Au beau milieu de la polémique, alors qu'il était fort désagréablement attaqué dans son caractère et dans sa dignité, l'imprimeur-propriétaire le prévint qu'il ne voulait pas continuer une discussion qui lui faisait perdre des abonnés, et qu'il ne publierait plus une seule ligne de réfutation ou même de défense personnelle. Pascal avait accepté ces raisons sans douter de leur sincérité, et il avait renoncé à la lutte, n'ayant d'autre dépit que de ne pas pouvoir, par un dernier mot, indiquer clairement dans quel but elle avait été entreprise.

Pendant les premiers mois, sa classe avait été semblable à celle des autres professeurs, c'est-à-dire généralement calme ; tout à coup elle était devenue bruyante et difficile, avec des dispositions évidentes au tapage et à la révolte. Ses élèves étant de grands garçons, il avait essayé de leur parler raison, ne voulant pas les punir ; on lui avait ri au nez et donné un charivari. Il avait eu alors à endurer tous les mauvais tours que des élèves peuvent inventer contre un professeur qui est devenu leur bête noire. Ce qu'il y avait de particulier dans cette guerre, c'est qu'elle paraissait avoir surtout pour but de l'exaspérer, et, en le poussant à bout, de l'entraîner dans quelque sottise : cela était évident surtout pour deux de ses élèves, autrefois les meilleurs, maintenant les plus acharnés. Que leur avait-il donc fait ? Un vieux maître d'étude répondit au bout de trois mois à cette question qu'il se posait chaque jour avec toutes les angoisses de l'humiliation et de l'impuissance : « Vous payez la manière trop brillante dont vous avez débuté ici ; les élèves qui vous torturent ne travaillent pas pour leur compte, le coup est monté par des confrères jaloux, l'espionnage est organisé dans votre classe ; on espère que vous vous emporterez un jour et vous serez perdu ; demandez votre changement, ils sont plus forts que vous. » — Il n'était pas dans un âge où l'on se rend à de pareilles raisons ; il avait voulu lutter.

Un mois après, le proviseur le mandait pour qu'il eût à s'expliquer sur les faits les plus graves ; ces faits consistaient en ceci : au lieu de faire société avec ses collègues, il s'écartait d'eux et ne fréquentait que des personnes étrangères à l'Université ; ses relations dans la ville l'entraînaient à donner trop de répétitions, et ainsi à se fatiguer la poitrine et l'esprit, tandis qu'il devait réserver cette poitrine et cet esprit pour les employer au service de l'État ; il sortait dans la rue le cigare à la bouche, sans plus de gêne que s'il 'était officier ; enfin, il se promenait souvent le soir, entre onze heures et minuit, sur le Mail et le Quinconce avec toutes les allures d'un homme qui a un rendez-vous d'amour.

Pascal, qui avait souri aux trois premières accusations, rit franchement à la quatrième, et pria le proviseur de lui expliquer à quoi se reconnaissaient les allures d'un homme qui a un rendez-vous d'amour, afin que, quand il retournerait sur le Mail, il pût sûrement prendre celles d'un homme qui respire le frais.

Le proviseur était de nature majestueuse ; il goûta peu cette façon de se défendre et fit un rapport en conséquence. A quelques semaines de là, un inspecteur arriva au lycée ; la classe de Pascal fut soigneusement examinée, épluchée pour ainsi dire ; les élèves repondirent brillamment, trop brillamment même, et il fut constaté que l'enseignement du professeur était celui d'un cours de Faculté, non celui d'une classe de lycée : en cosmographie surtout, cet enseignement avait été beaucoup trop loin ; un père s'était plaint d'avoir entendu son fils faire des plaisanteries scandaleuses sur la création du monde et le déluge de Noé.

Les désordres qui avaient troublé la classe, les relations du professeur, ses cigares, ses rendez-vous amoureux, sa direction d'esprit, tout cela, groupé et commenté, fit sentir au ministre que ce jeune homme avait besoin d'une leçon qui, pour lui profiter, devait être sévère : de Bourg, il fut envoyé à Lombez ; d'un lycée à un collège communal.

Connaissant à peine le nom de Lombez, il vit dans un dictionnaire de géographie que c'était une petite sous-préfecture du Gers qui n'avait pas 2,000 habitants, et, après avoir été aux renseignements, il apprit qu'il aurait désormais un traitement de 900 francs. Il aurait pu n'en avoir qu'un de 700 francs ; il ne devait donc pas se plaindre, bien que la chute fût douloureuse.

Avec 900 francs, il était sage de renoncer aux cigares ; il ne fuma plus, et pour ne pas s'exposer à de nouvelles critiques sur son enseignement, il se renferma strictement dans le programme du baccalauréat que pendant quatre heures par jour il expliqua et réexpliqua aussi platement que possible aux trois élèves qui composaient sa classe.

Cette prudence ne le mit pas à l'abri d'une nouvelle enquête qui révéla qu'au lieu de dire la prière lui-même, il la faisait faire à tour de rôle par l'un de ses trois élèves. Invité à motiver cette dérogation aux usages pratiqués et surtout à expliquer pourquoi il n'avait jamais fait le signe de la croix au commencement et à la fin de cette prière, il avait répondu loyalement que, n'étant ni catholique ni hypocrite, il n'avait pas cru devoir s'unir aux manifestations d'une religion qu'il ne reconnaissait pas.

Qui aime bien, châtie bien ! L'Université n'eût pas été une bonne mère en ne donnant pas à ce jeune homme naïf les moyens de se repentir et en même temps de s'amender. Il fut envoyé à Condé-le-Châtel.

Ville de 8,000 habitants, au centre d'un pays riche, Condé, au point de vue matériel, valait beaucoup mieux que Lombez : les appointements étaient de 1,000 francs au lieu de 900 ; les élèves étaient au nombre de sept au lieu de trois. Au premier abord, ce changement paraissait donc plutôt un avancement qu'une punition ; mais en y regardant d'un peu plus près, on voyait bientôt où éclatait la sollicitude d'un grand-maître prenant soin de l'amélioration morale de ses professeurs. Bien que collége communal, Condé-le-Châtel était dirigé par un prêtre, et tous les professeurs que celui-ci avait sous sa direction étaient prêtres eux-mêmes ou membre d'un ordre religieux.

Pascal seul serait laïque, et on ne l'introduisait dans ce troupeau que parce que, voulant créer ce qu'on appelle en langage universaire un collége de plein exercice, c'est-à-dire qui prépare ses élèves au baccalauréat et aux examens des écoles du gouvernement, le principal avait besoin d'un professeur capable d'enseigner la chimie et la physique ; or, comme ces conditions se rencontrent rarement chez les bons pères, plus avancés dans les humanités que dans les sciences, il fallait bien qu'il le prît là où il le trouvait, c'est-à-dire dans cette Université qu'il haïssait.

Pour un homme qui, par respect de soi-même, se refusait à faire le signe de la croix, pareille compagnie n'était pas rassurante ; aussi, rentré à l'hôtel après avoir fait visite au principal, — portrait vivant de cet abbé Pirard, qui l'avait si vivement frappé dans *le Rouge et le Noir*, — prit-il une feuille de grand papier à lettre pour envoyer sa démission au ministre. Mais il fallait vivre ; la petite fortune de sa mère avait été sou à sou absorbée par son éducation ; il avait laissé quelques dettes à Lombez, ce qui ne doit pas paraître extraordinaire avec 900 francs par an ; comment les payer, s'il abandonnait l'Université ? A quoi était-il propre en dehors du professorat ? A l'industrie peut-être ; mais pour gagner de l'argent dans l'industrie, la première condition c'est d'avoir de l'argent : un cercle vicieux. Il s'était résigné.

On s'est en ces derniers temps apitoyé sur la situation des instituteurs. Celle des professeurs des colléges communaux, obligés de vivre non en paysans, mais en citadins, avec un traitement de 900 fr. ou de 1,000 fr. est tout aussi douloureuse ; elle mérite tout autant de pitié, et même elle crie plus fort justice ; mais comme ces professeurs qui vivent humblement cachés dans les villes, ne sont point les préparateurs, les manipulateurs du suffrage universel, on a tout le temps de s'occuper d'eux. Ils ne meurent pas tout à fait de faim, puisqu'ils ne se dévorent point entre eux ; ils peuvent attendre.

A la médiocrité de la position matérielle s'étaient joints pour Pascal les ennuis de la position morale. Traité par ses pieux collègues en brebis galeuse, il n'avait trouvé près d'eux que défiance ou hostilité ; sa classe elle-même lui avait été une occasion de contrariétés chaque jour nouvelles ; ses élèves, le voyant tenu en suspicion, l'avaient méprisé ; et comme la ville n'avait consenti à mettre à sa disposition, — pour la physique qu'une vieille machine électrique qui ne fonctionnait pas, — et pour l'histoire naturelle qu'un canard empaillé, ils s'étaient moqués de son enseignement.

Sa seule chance heureuse pendant deux années passées à Condé avait été de trouver un élève particulier. Revenu à la maison paternelle, cet élève, fils du banquier de Condé, M. Charlard, directeur du Comptoir de l'Ouest, avait voulu étudier les sciences, et son père lui avait monté un cabinet de physique avec un petit laboratoire de chimie.

Encore cette chance s'était-elle bientôt changée en une occasion de trouble et de chagrin. En plus de son fils, le banquier avait une fille, mademoiselle Laure Charlard, la perle de Condé. Mademoiselle Laure, ayant voulu assister aux expériences de physique amusante faites par son frère, avait produit sur le jeune maître une impression qui, à la longue, était devenue une passion profonde. Être amoureux de la fille d'un banquier quand on a 1,000 fr. d'appointements pour fortune présente, et 12 ou 1,500 fr. pour fortune à venir, n'eût-il pas mieux valu respirer tout de suite un flacon d'acide prussique?

C'était ainsi que, sans espérance dans la vie, sans espérance dans l'amour, il en était arrivé à un complet découragement.

En écoutant ce récit, dans lequel, bien entendu, la partie amoureuse ne fut même pas indiquée, Cerrulas laissa échapper des exclamations de pitié et de colère.

— Il faut, dit-il lorsque son fils eut cessé de parler, que tu quittes l'enseignement, tu mourrais à la peine ; tes études, par bonheur, t'ont préparé aux travaux industriels qui demandent de la science ; je crois avoir une bonne affaire à te proposer, la veux-tu ? demain je te l'expliquerai ; il est temps que ton père fasse quelque chose pour toi.

IV

Une bonne affaire ! Pendant quinze ans, Pascal avait entendu sa mère parler de ces affaires d'or qui doivent donner la fortune, et qui finalement donnent la ruine et le désespoir.

Pendant quinze ans, il avait entendu parler de la nature enthousiaste de son père, de ses rêves, de ses inventions, de ses déceptions et de ses douleurs.

Combien de fois ne lui avait-elle pas dit en l'embrassant :

— Pourvu que tu ne ressembles pas à ton père !

Combien de fois ne lui avait-elle pas expliqué qu'en demandant la séparation, elle avait eu surtout pour but d'empêcher l'influence paternelle de peser sur son éducation !

A son lit de mort elle était encore revenue sur ce sujet, et ses dernières paroles avaient été des recommandations de prudence et de défiance.

Dans ces conditions, il était assez naturel que Pascal ne fût pas disposé à accueillir avec enthousiasme cette prétendue bonne affaire. Aussi, malgré tout son désir de quitter Condé, se tenait-il sur ses gardes quand le lendemain son père l'appela près de son lit pour continuer l'entretien au point où il avait été interrompu la veille.

— Par ta mère, dit Cerrulas, tu as dû apprendre comment j'ai été amené à abandonner les ponts-et-chaussées. Dès l'école, j'avais travaillé la chimie avec intérêt ; envoyé en disgrâce à Pontivy, comme tu as toi-même été envoyé en disgrâce à Lombez et à Condé, je me remis au travail pour tuer le temps ; mais ce qui avait été distraction devint bien vite passion : c'est là un des malheurs de mon organisation de ne rien faire avec mesure. A cette époque, on s'occupait de chercher des procédés de dorure qui missent les ouvriers à l'abri de l'empoisonnement causé par les émanations mercurielles, et, après les améliorations proposées par Darcet, était venue l'invention de la dorure par voie humide, qui était un énorme progrès. Cependant le dernier mot n'était pas dit, car la dorure par voie humide ne remplaçait pas dans toutes ses applications la dorure par le mercure. La question restait posée, je l'étudiai : le grief le plus sérieux contre la dorure par voie humide consistait en ceci, qu'elle ne pouvait arriver, même dans les cas les plus favorables, qu'au degré d'épaisseur que la plus mauvaise dorure par le mercure atteignait. Après trois années de recherches et de travaux, je trouvai les moyens pratiques de corriger cet inconvénient. Tu es assez du métier pour comprendre quelles conséquences industrielles cela pouvait avoir. Je donnai ma démission et partis pour Paris, décidé à exploiter ou à vendre mon procédé. Dans mes expériences j'avais employé une grande partie du capital de ta mère ; je tenais à lui rendre une fortune plus belle que celle dont j'avais disposé.

J'avais la simplicité de tous les débutants qui se figurent que le monde attend avec impatience leur invention ; il fallut en rabattre. Mon histoire fut celle de tant d'autres : on m'accueillit un jour pour me repousser le lendemain ; on m'exalta par des éloges et l'on m'injuria ; ma vie s'épuisa en démarches, en espérances et en déceptions. Ta mère, naturellement, n'avait pas ma foi robuste ; elle se lassa la première.

Pascal avait écouté avec attention ce récit qui allait lui apprendre enfin à connaître son père ; mais, à ce mot, il fit un geste pour interrompre.

— Tu ne veux pas être pris pour un juge entre nous deux, continua Cerrulas qui comprit ce geste ; je ne le veux pas davantage. Si ta mère a eu des torts envers moi, je les ai oubliés, tandis que je me rappelle les miens. Tu peux donc être sans crainte, je ne dirai pas un seul mot contre elle ; d'ailleurs, je n'en ai pas d'autre à dire que celui-là : « elle se lassa », et encore faut-il que je reconnaisse qu'elle avait pour cela de bonnes raisons : la petite fortune qu'elle m'avait apportée en mariage paraissait engloutie, puisque je ne pouvais pas mettre mon procédé à flot, et je n'étais pas pour elle ce que j'aurais dû être. Elle demanda sa séparation, qui fut prononcée, — justement prononcée. Si j'avais rencontré des difficultés alors que j'offrais les garanties d'une certaine fortune, j'en rencontrai bien d'autres lorsque je n'eus plus rien que des dettes. Mais c'est une puissante force que la persévérance. Après trois années de luttes et d'efforts, j'arrivai enfin à constituer une société pour l'exploitation de mon procédé. Malheureusement j'avais perdu un temps précieux. Spencer et Jacobi avaient trouvé la galvanoplastie, et, après eux, Elkington en Angleterre, en France un de mes anciens camarades d'école, le comte de Ruolz, avaient découvert la dorure galvanique : mon invention devenait inutile. C'était à recommencer : je recommençai. Mes manipulations chimiques pour la dorure et l'argenture m'avaient fait voir combien le cyanure de potassium était difficile à fabriquer, et plus difficile encore à conserver ; indispensable pour la nouvelle invention de mes rivaux, je m'occupai d'améliorer sa fabrication ; je réussis. Il coûtait alors 500 fr. le kilogramme, il coûte aujourd'hui 10 ou 12 francs.

Ce fut mon premier succès. Misérable, poursuivi par mes créanciers, n'ayant rien à moi, mangeant, couchant au hasard, je n'avais pas eu le temps d'être père, et ne m'étais pas occupé de toi. Lorsque la fortune parut vouloir me sourire, je cherchai ta mère ; j'avais à cœur de lui restituer ce que je lui devais : puisque nous n'étions plus mariés, sa fortune n'était plus la mienne ; j'avais à cœur surtout de te voir. Je ne vous trouvai point, et j'appris à Pontivy que ta mère, prévoyant mes recherches, avait voulu les rendre vaines en disparaissant et en se cachant si bien que je ne pourrais jamais la découvrir. J'ai dit que je ne voulais pas l'accuser ; passons. D'ailleurs, si justes que puissent être mes plaintes, je n'ai pas le droit d'être sévère envers les autres. Nous voici arrivés dans ma vie à un point sur lequel je te dois la vérité, ou, plus justement, une confession entière.

Cerrulas s'arrêta et se renversa sur son oreiller ; puis, après quelques instants de repos, il reprit :

— Je n'ai jamais été ce qu'on appelle un homme sensible ; mais, tout comme un autre, j'ai eu de ces heures de faiblesse où le cœur, meurtri par les duretés de la vie, a besoin de sympathie et d'expansion. Or, la vérité est que la vie ne m'était pas douce. Dans un moment d'abattement je trouvai chez une femme aimante des consolations qui me relevèrent. De cette liaison naquit une fille qui, en venant au monde, tua sa mère. On t'a peut-être dit que j'étais une âme dure et égoïste, incapable de tendresse pour un enfant ; cependant je gardai cette enfant près de moi. Les hasards de la fortune me permettaient de faire ce que je voulais ; je pris une nourrice et j'élevai moi-même ma petite fille. Ce fut mon bon temps ; il me rappelait celui où avec ta chemise courte, qui descendait aux cuisses et laissait nues tes jambes potelées, tu essayais tes premiers pas avant qu'on te couchât. Il ne dura pas toujours. La roue tourna. Je dus renvoyer la nourrice dans son pays, faute de pouvoir la payer. Ma fille a grandi près de moi sans jamais me quitter, unie à ma bonne comme à ma mauvaise fortune, plus souvent à la mauvaise, hélas ! Aujourd'hui Abeille a dix-sept ans, et je te demande ton amitié pour elle : tu la verras quand tu viendras à Paris, et si, comme je le crois, tu acceptes les propositions que je veux te faire, tu auras souvent occasion de te trouver avec elle ; traite-la comme ta sœur ; c'est une bonne et courageuse enfant qui plus d'une fois m'est venue en aide par son travail ; elle donne des leçons de musique. Demain tu voudras bien lui écrire pour moi et la rassurer ; heureusement je lui avais annoncé un voyage d'une quinzaine ; mais, sans lettre depuis mon départ, elle doit me croire mort. Ceci dit, parce qu'il fallait le dire, j'arrive à l'affaire que je veux te proposer. Je te demande seulement auparavant quelques minutes pour me remettre.

Si la confession d'un fils à son père est quelquefois douloureuse, celle d'un père à son fils l'est toujours davantage : d'avance les circonstances atténuantes sont acquises à l'enfant, et d'avance aussi les circonstances aggravantes pèsent sur le père qui n'est presque jamais écouté avec indulgence. Cerrulas sentait les embarras de sa position, et l'émotion, pendant son récit, l'avait plus d'une fois serré à la gorge. Ce qui touchait à sa fille étant terminé, il continua plus librement :

— Ce qui m'a amené à Condé, c'est une affaire qui devait m'assurer un beau revenu et qui, je le crains, n'aura eu pour résultat que de me donner une attaque d'apoplexie. Tu connais le procédé Bessemer, qui a produit une révolution dans l'industrie métallurgique, en permettant de transformer sans dépense la fonte en acier. Jusqu'à présent ce procédé, bien qu'il soit très-largement applicable, n'était pas bon pour les fontes trop sulfureuses. J'ai trouvé un moyen de désulfurer ces fontes et par là de les rendre propres à être travaillées utilement par le procédé Bessemer. Ce moyen, fort simple, consiste à faire passer un courant d'air comprimé à travers le coke porté à une certaine température. Dégoûté des affaires industrielles qui m'ont si peu réussi, occupé d'ailleurs d'une découverte autrement importante que celle-là, j'ai cédé mon moyen à un riche propriétaire de Condé, le baron Ybert, qui possède des forges importantes dans le Berry : cette cession a été faite moyennant une part proportionnelle dans les bénéfices. C'est pour toucher ces bénéfices, qui, selon mes calculs, devaient être considérables, que je suis venu à Condé, et c'est en apprenant du baron qu'au-lieu de bénéfices, il y avait des pertes, c'est en me voyant indignement volé, que, dans un mouvement de colère, j'ai été frappé d'apoplexie. Mais je ne regrette pas cette attaque, puisque c'est à elle que je dois de t'avoir retrouvé et d'avoir pu t'apprécier. Je ne sais si ce récit t'a permis de te faire une idée de ce que je suis moi-même. En tout cas, il y a une chose qu'il a dû t'indiquer, c'est que si je suis un homme de travail, un savant en chambre, comme disent ceux qui ne m'aiment guère, je ne suis nullement un homme d'affaires : je n'ai pas d'esprit de suite, pas d'ordre, pas d'aplomb. Si toi, au contraire, tu as ces qualités qui me manquent absolument, si tu as hérité de la volonté de ta mère et de ses aptitudes aux choses d'argent, tu peux faire une belle fortune, une fortune immense en exploitant le procédé dont j'ai à te parler.

— Je n'ai jamais eu 500 fr. devant moi, interrompit Pascal en souriant, je ne connais donc pas mes aptitudes financières ; tout ce que je sais, c'est que j'ai une horrible peur des dettes.

— Eh bien ! c'est quelque chose : si j'avais eu ta timidité, je serais probablement millionnaire aujourd'hui. Enfin, écoute toujours ma proposition, et nous verrons après quel parti tu peux en tirer ; si tu ne veux pas exploiter mon brevet, tu pourras le vendre. Tu sais, n'est-ce pas, que dans le raffinage du sucre on se sert, pour la clarification et la filtration, de noir animal. Autrefois la filtration décolorante coûtait assez cher par suite de la quantité de charbon qu'elle consommait; aujourd'hui il n'en est plus ainsi, attendu que par des procédés de revivification on a trouvé moyen de faire servir le noir animal un grand nombre de fois, vingt ou vingt-cinq ; cependant la dépense se chiffre encore par de grosses sommes. Ainsi, rien qu'à Paris on consomme par jour 12,000 kilogrammes de noir animal ; or, ce produit coûtant 20 c. le kilogramme, c'est une dépense par jour de 2,400 francs, ou, par an, de près d'un million. Dans ces conditions, celui qui trouverait un agent remplaçant le noir animal et coûtant moitié moins cher serait donc certain de le faire universellement employer. Eh bien, cet agent, je l'ai trouvé dans un mélange d'argile et de bitume auquel j'ajoute des matières carburantes à bas prix, telles que le goudron, et que je chauffe à 260 degrés environ. Comment le goudron et le bitume mélangés avec de l'argile et calcinés dans des fours analogues à ceux qui servent pour les os donnent-ils un noir décolorant? C'est que la calcination du goudron et du bitume, — matières hydrocarburées, — laisse un dépôt de charbon exactement comme l'osséine ou la gélatine des os; et que le goudron et le bitume contiennent du charbon combiné avec de l'hydrogène comme de la gélatine. Comment ce charbon est-il décolorant? C'est qu'il se trouve disséminé dans l'argile naturellement poreuse et que les gaz qui se dégagent pendant la calcination ont d'ailleurs, après leur passage, laissé des cavités sans nombre extrêmement fines.

— Je crois comprendre, interrompit Pascal; mais un agent ainsi préparé ne doit pas enlever la chaux qui se trouve en excès dans les sucres.

— L'objection est juste, et je suis bien aise que tu me la fasses; elle est d'un esprit attentif; mais rassure-toi j'ajoute à mon composé du phosphate de chaux, et tu vois que l'inconvénient que tu signales est évité. Ainsi, au premier abord et en théorie, tu vois, n'est-ce pas? que mon procédé n'est pas absurde;

dans la pratique, il est extrêmement simple et facile à mettre en œuvre. J'ai fait de nombreuses expériences, et elles ont toutes fourni les résultats identiques à ceux obtenus avec le noir animal. Les deux noirs se valent, et l'un peut remplacer l'autre au choix de l'ouvrier. Or, en industrie, ce qui décide le choix, c'est le prix de la matière : la mienne, coûtant moitié moins cher que celle précédemment employée, doit donc lui être préférée. A quel prix me revient mon noir décolorant, vas-tu me demander ; l'écart entre le prix de revient et le prix de vente donne mon bénéfice ; il me coûte à peu près 50 francs la tonne, je le vends 100 francs, je gagne donc 50 francs ; 50 francs multipliés par 12 tonnes, chiffre de la consommation journalière de Paris, donnent un bénéfice de 600 francs par jour, soit 18,000 francs par mois ou 200,000 francs par an en somme ronde. Cela est quelque chose, n'est-ce pas ? cependant ce n'est pas tout, car je ne fais entrer que Paris dans mon calcul, et il nous reste la France et le monde entier où l'on fabrique du sucre. Seulement, maintenant donne-moi un crayon ; il y a un mois j'aurais fait ces calculs facilement, mais je n'ai plus la tête bien forte et les idées m'échappent.

Lorque Pascal lui eut donné un crayon et du papier, Cerrulas continua :

— Je n'ai pas exactement dans la mémoire les chiffres de la statistique, je ne peux donc te donner que des à-peu-près, mais c'en est assez pour établir des calculs que tu pourras préciser plus tard. Si la fabrication du sucre, en France, est de 400,000 tonnes par an, la quantité de noir animal employée est de 12,000 tonnes, attendu que la proportion employée est de 3 de noir pour 100 de sucre ; mon noir décolorant remplaçant le charbon, c'est donc 12,000 tonnes que j'ai à fournir, ce qui nous donne un bénéfice net et annuel de 600,000 francs. Les Anglais, les Allemands, les Américains consomment du sucre, et cette consommation s'élève à 2 millions 500,000 tonnes. Mettons 2 millions, afin de ne pas exagérer, et nous trouvons qu'il nous faut 60,000 tonnes de charbon coûtant 6 millions et donnant 3 millions de bénéfices ; 3 millions de bénéfices pendant quinze années de brevet, c'est 45 millions. Combien valent ces 45 millions pour l'inventeur ? 10 millions, est-ce trop ? Mettons 5, mettons 2, mettons 1. C'est ce million que je t'offre. Au lieu d'une chose aléatoire, j'aurais voulu t'en donner une certaine et tangible, mais je n'ai rien, mon cher enfant, je suis arrivé à soixante ans plus pauvre que lorsque je suis entré dans la vie ; je n'ai que quelques idées, je t'offre ce que j'ai ; aujourd'hui celle-ci, si elle te plaît, demain une autre, dix autres : de ce côté, je crois que je suis riche. Si mon père est si riche, te dis-tu sans doute, pourquoi n'exploite-t-il pas lui-même une de ses idées ? Pour bien des raisons. La première, je te l'ai déjà indiquée : si je vaux quelque chose comme chercheur, je suis complétement incapable comme industriel. Et puis vieux, usé, misérable, je n'inspire aucune confiance ; j'apporterais à des capitalistes le moyen de gagner 100 millions avec 100,000 francs, qu'ils me pousseraient à la porte sans même m'écouter ; un jeune homme n'est pas dans les mêmes conditions. Enfin, j'ai à poursuivre mieux que la fortune ; toutes ces idées qui aboutissent à une petite invention plus ou moins utile m'ont entraîné autrefois, aujourd'hui elles n'agissent plus sur moi : j'en trouve encore parce que c'est ma fonction d'en trouver comme la fonction d'un poirier est de donner des poires, mais sans aucun plaisir. Qu'importe l'argent à un homme qui vit très-largement avec 40 sous par jour ? Non, j'ai mieux que cela à faire, mieux à chercher au moins. Mon esprit s'est élargi en vieillissant ; j'ai vu plus loin, j'ai vu plus haut que quand j'étais jeune et ne pensais qu'à la satisfaction immédiate de mes désirs. Aujourd'hui j'ai une idée qui me tourmente et qui est le but unique de toutes mes pensées, de tous mes efforts : je cherche le moyen d'utiliser la chaleur solaire. Pour toi, savant, ce mot dit tout. Trouverai-je ? je le crois ; mais enfin si je meurs à la peine, j'aurai au moins l'honneur d'avoir cherché, — l'honneur, quand on aura trouvé, bien entendu, car jusque-là j'ai, aux yeux de bien des gens, le ridicule et la honte d'un fou qui poursuit l'impossible. Avec un pareil but donné à ma vie, tu dois comprendre que je ne peux pas prendre grand intérêt à mes anciennes découvertes ; c'est dans l'avenir que je vis, non dans le passé ; que m'importe ce dont je suis sûr ! dans la science comme dans l'amour, c'est l'incertitude qui passionne, et l'enthousiasme naît de l'espérance, non de la possession. Toi qui n'es pas tourmenté par de pareilles chimères, fais fortune puisque l'occasion s'en présente. Seulement, avant de te lancer dans les hasards de la vie industrielle, sache ce qu'elle est : d'un côté l'inventeur est exposé aux dédains, aux humiliations, à la négation, aux procès quand il réussit, à la haine, à tous les tourments de l'injustice bien souvent, presque toujours à la faillite et à la misère; d'un autre cependant, il arrive aussi qu'un inventeur qui a trouvé un fermoir de porte-monnaie gagne 2 millions et qu'un brevet pour une pâte imitant l'écaille donne 50,000 francs de rente ; — en un mot, c'est une loterie, c'est là sa puissance et sa faiblesse. Pèse bien tout cela avant de répondre à ma proposition ; examine mes chiffres ; évoque l'esprit sage et prudent de ta mère, demande conseil à son souvenir et ne te décide que dans quelques jours, quand tu pourras le faire en toute connaissance de cause. Aujourd'hui et pour l'heure présente, ce que je te demande c'est un verre d'eau, car j'ai longtemps causé et je meurs de soif.

V

Les chiffres ne perdent que ceux qui les connaissent et les aiment. Posez des chiffres pour le vulgaire, aussitôt il se défie ; faites-les manœuvrer, il se sauve.

L'homme compétent, au contraire, les aligne avec soin, les fait défiler par pelotons ou par masses, les groupe et les dispose pour l'effet cherché, puis, se prenant lui-même à ce jeu, il se laisse entraîner dans leur danse fantastique.

Aussitôt qu'il fut seul, Pascal voulut examiner les chiffres qui lui avaient été donnés par son père, et les soumettre à une critique rigoureuse. Le prix de revient du noir décolorant était peut-être fixé trop bas ; les 45 millions de bénéfices étaient de la fantasmagorie. Mais tous calculs faits et refaits, les bénéfices abaissés aussi bas que possible, les frais élevés au delà de toute prévision raisonnable, il était certain que l'affaire était excellente et qu'elle devait donner la fortune à celui qui l'exploiterait.

Faire fortune, c'est-à-dire franchir d'un bond la distance qui le séparait de Laure Charlard, et, devenu son égal, avoir le droit de lever les yeux sur elle, avoir le droit de parler sans qu'on pût le soupçonner de mêler la spéculation à l'amour.

Quelle fortune fallait-il pour cela ? On disait M. Charlard riche, très-riche. Sa maison de banque jouissait d'un crédit universel. Ses propriétés aux alentours de Condé, son château des Yvetaux dont il prenait le nom, son luxe, son importance, sa fierté, tout indiquait qu'il n'accepterait pour gendre qu'un homme considérable par le nom ou par l'argent. Un million suffirait-il ? Si bas qu'on estimât les bénéfices que donnerait le remplacement du charbon animal par le noir décolorant, ils devaient toujours s'élever à plusieurs millions.

Et il recommençait les chiffres pour arriver à un total qui justifiât ses espérances ; dociles sous ses doigts comme les tables tournantes sous ceux d'un spirite, ils répondaient ce que dictaient ses désirs.

Mais de bonne foi avec lui-même, il ne voulut pas s'en tenir à ces preuves, si concluantes qu'elles pussent paraître. Si les chiffres énoncés par son père étaient justes, il y avait quelque chose cependant qui pouvait très-bien n'être pas juste du tout, c'était le procédé nouveau. Son père ne disait pas avoir expérimenté en grand ce procédé ; admirable dans un laboratoire, il pouvait donc être détestable dans une raffinerie. Combien sont fréquentes ces déceptions, combien fréquentes aussi sont les illusions des inventeurs ! Ce père qu'il ne connaissait pas se révélait avec toutes les apparences d'un homme excellent, mais le cœur ne sert à rien dans les opérations de la science ; c'est la fermeté de l'intelligence qui est nécessaire, c'est la droiture du jugement, la froideur de la raison. Avait-il ces qualités ? n'était-il pas, au contraire, un homme d'imagination et d'enthousiasme, se laissant entraîner par la recherche de l'impossible ? Ses travaux sur la chaleur solaire, dont il parlait si passionnément, semblaient bien indiquer ce caractère ; alors quelle confiance avoir dans la solidité de ses découvertes ?

La substitution de la chaleur solaire à la chaleur produite par le combustible, bois ou charbon, est une idée admirable au premier abord ; il n'y a bientôt plus de forêts, et dans trois ou quatre cents ans les mines de charbon seront épuisées ; que deviendront alors l'industrie et la navigation ? l'homme n'aura plus qu'à mourir de froid et de faim, et les derniers vivants retourneront à la vie sauvage. Il est donc temps d'aviser et de prendre la chaleur à une source inépuisable, c'est-à-dire au soleil. Voilà comment raisonne le vulgaire, et c'est parfaitement raisonné. Mais comment poursuivre les conséquences de ce raisonnement ? Comment emprunter la chaleur au soleil ? C'est là que la science intervient pour montrer que désirable et faisable ne sont pas toujours synonymes.

Il est vrai, dit-elle, que le bois est de la chaleur solaire emmagasinée, c'est-à-dire que pendant le jour, sous l'influence des rayons solaires, les feuilles ayant absorbé l'acide carbonique de l'air, la plante s'est assimilé le charbon que cet acide contient, de sorte que la quantité de chaleur solaire absorbée dans ce phénomène reparaît tout entière lorsque, dans la combustion de la plante, les composés de charbon sont détruits. Donc si, pour soustraire la chaleur au soleil et l'emmagasiner, on pouvait compter sur une réaction analogue à celle de la nature, ce serait parfait. Mais comment arriver à cela ? C'est là ce qu'il faut trouver, et tout de suite se présente une difficulté insurmontable qui résulte de la vaste étendue des feuilles de l'arbre. Ceux qui cherchent un procédé analogue à celui de la nature ont-ils quelquefois compté les feuilles d'un chêne, ont-ils calculé quelle surface absorbante elles développent ?

Il est vrai encore, dit la science, qu'en chauffant la soudure de deux métaux on produit de la chaleur ou de l'électricité : établissez donc beaucoup de soudures sous l'équateur et vous aurez un immense foyer de chaleur. Mais alors, pour utiliser cette chaleur, il faudra transporter toutes les usines et tous les ouvriers sous l'équateur même, ou bien si vous voulez l'amener en Europe par des fils comme ceux du télégraphe, il faudra que vous trouviez un moyen d'empêcher la déperdition, déperdition qui est d'autant plus grande que la distance à parcourir est plus considérable.

Pascal était un savant ; il raisonnait scientifiquement, et l'idée de son père, qu'il ne connaissait pas d'ailleurs, lui paraissait impraticable comme l'avaient été celles de Salomon de Caus, de Belidor, de Ducarla, de La Cliche ; l'invention du noir décolorant n'était-elle pas de même nature ?

Le seul moyen qui se présentât pour sortir de cette incertitude était que Pascal fît lui-même l'expérience du procédé ; ce qui était assez facile, car s'il n'y avait point de raffinerie à Condé, il y avait une fabrique de sucre de betterave que M. Charlard avait établie dans sa ferme des Yvetaux. A faire cette expérience dans ces conditions, il y avait même un autre avantage que celui d'être fixé sur la valeur du procédé, c'était de convaincre M. Charlard de son excellence et, par là, de le décider peut-être à prendre un intérêt dans l'affaire. Or, c'était là un point important ; car, si belle que fût cette affaire, il fallait de l'argent pour la mettre en bon chemin. Où trouver cet argent ?

— Eh quoi ! s'écria M. Charlard lorsque Pascal lui expliqua la première partie de sa demande, c'est-à-dire celle qui était relative seulement aux expériences à faire dans la ferme des Yvetaux, — vous voulez devenir industriel, vous, mon cher ami, vous, un professeur, un homme de science ! — et un éclat de rire formidable lui coupa la parole.

Arrivé à une haute position sociale sans avoir jamais appris autre chose que les quatre règles de l'arithmétique à l'école de son village, M. Charlard ressentait d'instinct un sentiment de dédain pour la science, et surtout pour ceux qui la pratiquent. Pour lui, le notaire qui avait fait son droit était un mauvais notaire, et il avait quitté l'architecte de la ville, qui était un des bons élèves de l'École des Beaux-Arts, pour donner toutes ses constructions à un maçon qui ne savait pas lire. Mais en même temps, par une anomalie qui se rencontre quelquefois chez ces sortes de natures, il avait voulu que ses deux enfants fussent poussés aussi loin que possible dans leur instruction ; sa fille, élevée à Paris, avait eu tous les maîtres supplémentaires qu'on peut donner à une femme, et il avait tenu à ce que Pascal enseignât à son fils plus de chimie et de physique qu'on n'en apprend généralement dans les classes universitaires. Au sujet de l'instruction, il

pensait et il agissait comme au sujet de la noblesse :
— « Les nobles, disait-il souvent, à quoi est-ce bon? des propres à rien, des niais, des gueux. » — Et quand un petit gentilhomme des environs venait à lui pour un emprunt ou l'escompte d'un billet, il le traitait avec le mépris le plus outrageant, ne consentant finalement à lui rendre service que si celui-ci s'abaissait à l'appeler : « Monsieur des Yvetaux. »

— Si vous voulez faire de l'industrie, continua-t-il quand son rire fut calmé, commencez donc, mon cher, par vous associer avec un homme pratique. Un savant, à quoi est-ce bon ? je vous le demande. Est-ce que vous saurez marcher seul? A votre *avoir* on peut inscrire, je crois, la droiture, l'ordre et la prudence, mais à votre *doit* il faut inscrire par contre la timidité, l'inexpérience, le trop de facilité à la confiance; la balance ne donne pas un bon commerçant.

C'était son habitude de balancer ainsi le compte moral de chacun, et cette façon de procéder lui avait valu une belle collection d'ennemis.

— Au reste, dit-il en terminant, ces observations n'ont pas pour but de vous refuser; la sucrerie est à votre disposition. Si vous réussissez, reparlez-moi de votre affaire, il y a peut-être une combinaison à trouver.

C'était au château des Yvetaux que cet entretien avait lieu; lorsque M. Charlard fut parti pour retourner à sa maison de banque, Pascal monta au laboratoire, car c'était le jour et l'heure de la leçon de physique, mais ce fut mademoiselle Laure qu'il trouva, et non son élève.

— Est-ce que monsieur votre frère n'est pas au château? dit-il.

— Je croyais Adolphe ici, je suis bien surprise.

La vérité est qu'elle n'était nullement surprise; elle savait que son frère Adolphe était à une partie de chasse, et c'était en entendant Pascal sonner à la grille, qu'elle était montée au laboratoire pour se donner la satisfaction de mettre le jeune professeur dans l'embarras. Miss Forest, sa demoiselle de compagnie, avait voulu l'accompagner; mais comme la pauvre Anglaise avait gâté une robe le matin en la taillant, Laure l'avait engagée à réparer sa sottise le plus vite possible.

Touchant à sa vingtième année, mademoiselle Laure était le type parfait de la belle fille normande, — modelé ferme et pur du buste, ovale angélique de la figure, fraîcheur et velouté de la carnation, éclat et profondeur des yeux, splendeur de la chevelure, elle avait tout; malheureusement les qualités morales n'étaient point en harmonie avec les qualités physiques, et cette admirable jeune fille, qui dans la rue forçait le passant le plus calme à se retourner, était dans la vie une assez désagréable personne. Elle avait perdu sa mère n'ayant pas encore cinq ans, et, confiée alors à une institutrice sotte et majestueuse, elle ne l'avait quittée que pour aller à Paris dans le couvent le plus aristocratique et le plus cher qu'on avait pu trouver. De ce couvent, où elle avait passé quatre années, elle était revenue aux Yvetaux avec une collection de défauts acquis qui avaient modifié ses dispositions natives : l'enfant volontaire, mais cependant douce et bonne, s'était changée en une jeune fille dure, hautaine, dédaigneuse et méprisante. A force d'entendre parler d'argent, elle en était venue à croire que la fortune est tout en ce monde, et lorsqu'on annonçait une personne qu'elle ne connaissait pas, son premier mot était : « Qu'est-ce qu'elle a ? » Elle avait 50,000 fr., 100,000 fr. de rente, c'est bien, on pouvait l'estimer et la voir. Au couvent, elle avait formé un cercle d'une dizaine de filles de banquiers ou d'industriels, d'où avaient été rigoureusement exclues celles de leurs camarades qui n'étaient que nobles. A son arrivé à Condé, son père avait voulu lui créer quelques relations parmi les jeunes filles de la ville, mais elle les avait si bien humiliées et rebutées, que tout de suite le vide s'était fait autour d'elle. Loin de s'en trouver blessée, elle s'en était enorgueillie. Mais n'ayant plus personne à mortifier, elle s'était rabattue sur son entourage et sa famille ; — miss Forest, humble par nécessité et patiente par caractère ; — son père, homme remarquable sans doute par ses connaissances pratiques, mais qui, ignorant et grossier, ne pouvait comprendre une jeune fille comme elle, douée de tous les talents et pratiquant remarquablement tous les arts ; — son frère, vulgaire dans ses conversations et plat dans ses idées.

Lorsque Pascal était entré aux Yvetaux, elle avait décidé que le jeune professeur deviendrait amoureux d'elle et qu'il lui servirait de poupée pour jouer à l'amour, comme autrefois les bébés en carton lui avaient servi de poupée pour jouer à la maternité. Déjà elle avait inspiré trois ou quatre passions qui l'avaient vivement amusée : une à son maître de piano, qui malgré ses soixante ans s'était laissé ridiculiser par elle ; une autre à son maître de gymnastique, qui n'était qu'un simple sergent de pompiers ; une autre encore à un jeune homme qu'elle n'avait jamais vu qu'à la distance de cinq ou six cents mètres quand, par sa fenêtre, il lui adressait les signaux les plus délirants ; la dernière enfin au frère d'une de ses amies qu'elle avait rencontré une seule fois au parloir, et qui était mort en Afrique un peu de maladie et beaucoup d'amour, disait-elle ; maintenant, pour se consoler de cette perte, qui lui avait inspiré une romance, il lui plaisait de se faire aimer par le professeur de son frère. Il était jeune, intelligent, beau garçon ; c'était un excellent instrument que le hasard lui mettait sous les doigts et qui valait mieux que les mauvais chaudrons qu'on trouvait à Condé ; elle pourrait jouer dessus les morceaux les plus passionnés, ce serait très-drôle et sans danger. Quel danger peut redouter une jeune fille millionnaire d'un homme qui, pour toute position, a 1,000 fr. de traitement ?

La parfaite convenance de Pascal avait enhardi sa coquetterie. Le trouvant entreprenant, elle se serait arrêtée dans son jeu par crainte de se compromettre ou de s'engager ; le trouvant au contraire plein de retenue et de discrétion, toujours maître de lui-même, de ses paroles comme de ses regards, dans la joie comme dans le chagrin, elle avait pris plaisir à exalter des sentiments qu'elle était certaine de pouvoir conduire à son gré. Il était vraiment très-bien lorsque, ne se croyant pas observé, il attachait sur elle ses grands yeux attendris et qu'il la contemplait dans une religieuse extase.

Lorsqu'il se trouva seul avec elle dans le laboratoire, il éprouva cet embarras douloureux sur lequel mademoiselle Laure avait compté, et il resta quelques instants sans qu'il lui vînt une parole. Cependant comme il fallait dire quelque chose ou s'en aller, ce qu'il ne voulait pas, il lui proposa de commencer la leçon en attendant que M. Adolphe arrivât.

— Comme voudrez, dit-elle nonchalamment.

La leçon ce jour-là portait sur la dilatation des gaz ; il se mit à préparer les appareils nécessaires aux démonstrations ; mais comme par suite de son émotion ses mains tremblaient, il laissa tomber un tube thermométrique qui se brisa ; le mercure, divisé en mille globules, s'éparpilla sur le parquet. Cela fit beaucoup rire mademoiselle Laure, et comme l'embarras de Pascal s'en augmentait, elle lui demanda avec une petite pointe d'ironie s'il était malade.

Il resta quelques secondes fort embarrassé, mais enfin, prenant son courage, il répondit qu'il n'était pas malade, mais seulement tourmenté par un entretien qu'il venait d'avoir avec M. Charlard, entretien qui pouvait décider son avenir.

A ce mot, elle leva les yeux sur lui et le regarda avec curiosité :

— Votre avenir ? dit-elle d'un ton qui signifiait : « Comment ! vous avez de l'avenir, vous ? »

— Mon père, qui a recouvré la raison depuis quelques jours, a vu que la position de son fils n'était pas des plus brillantes, il a voulu me venir en aide en m'offrant une découverte qu'il vient de faire et qui peut apporter une grande amélioration dans l'industrie des sucres, en enrichissant celui qui l'exploitera. J'ai demandé à M. votre père la permission d'expérimenter cette découverte dans sa sucrerie, et c'est encore tout troublé de notre conversation que j'ai maladroitement laissé tomber ce tube. On ne passe pas avec indifférence de rien à la fortune.

— A la fortune ! dit-elle en le regardant plus curieusement encore.

— Si, comme tout le fait croire, le procédé de mon père réussit, il peut donner rapidement plusieurs millions de bénéfices.

— Des millions !

— Mon père arrive à un total de 45 millions ; mais sans aller jusque-là, ce qui est une grosse exagération, on peut compter cependant sur une belle fortune.

Elle était assise dans un grand fauteuil en bambou où elle avait coutume de se placer pendant les leçons ;

elle se leva vivement, et, allant à la cheminée, elle tira le cordon de la sonnette avec un mouvement nerveux et impatient. Une femme de chambre entr'ouvrit la porte.

— Dites à miss Forest de venir ici tout de suite.

Puis, cet ordre donné, elle retourna s'asseoir dans son fauteuil et regarda très-attentivement les globules brillants du mercure.

Pascal resta immobile, stupéfait; il n'avait rien compris à cette vivacité de mouvement; il ne comprenait pas davantage le changement subit qui s'était opéré dans les manières et dans l'attitude de la jeune fille. Assurément il en était la cause, mais comment? qu'avait-il dit?

Il avait dit un mot qui, comme le *Sésame* des contes orientaux, avait ouvert le cœur de la fille du banquier, — la fortune. Il allait avoir la fortune; il pouvait donc parler. Par un mouvement instinctif, elle avait voulu que la présence de miss Forest vînt la mettre à l'abri de paroles qu'elle craignait maintenant.

Miss Forest ne se fit pas attendre; à peine fut-elle entrée dans le laboratoire, que Laure releva les yeux sur Pascal, et, le regardant avec un gracieux sourire :

— Quelle est donc cette expérience que vous voulez faire ici? demanda-t-elle.

Trop épris pour suivre ce qui se passait dans le cœur de celle qu'il aimait, trop naïf pour le deviner. Pascal, heureux d'être interrogé, se mit à faire le professeur et à expliquer longuement les propriétés décolorantes du charbon. Il était si joyeux d'être attentivement écouté, qu'il eût parlé toute la journée.

— Mais, dit-elle tout à coup en l'interrompant, si ce procédé donne les résultats que vous espérez, vous ne resterez pas professeur ?

— Assurément, non.

— Alors vous quitterez Condé ?

— J'irai à Paris avec mon père.

— Ah !

Sur ce « Ah ! » il y eut un silence.

Mais dans le cœur de Pascal aussi et à son insu, il s'était fait un changement : le courage lui était venu de prononcer des paroles qu'il eût autrefois refoulées.

— Je ne suis pas encore riche, il s'en faut de tout, et je n'ose pas trop me laisser aller à mes rêves ; mais si je désire si ardemment la réalisation de ces rêves, ce n'est pas pour jouir des satisfactions que donne la fortune. Je vous assure que l'idée d'avoir des équipages et des domestiques me laisse parfaitement indifférent. Si je souhaite la fortune, c'est pour l'indépendance morale qu'elle donne ; c'est pour être maître de moi, maître de ma vie, maître de mes sentiments.

Miss Forest écoutait ces paroles obscures sans y rien comprendre ; à ce mot, elle crut qu'elle était sur la voie.

— Un honnête homme, dit-elle dogmatiquement, qu'il soit riche ou pauvre, est toujours maître de sa conscience.

— Vous croyez cela, miss ? le croyez-vous aussi,

mademoiselle Laure ? croyez-vous qu'un homme pauvre a le droit d'ouvrir son cœur à de certains sentiments ?...

— Je n'ai pas d'idées là-dessus, dit-elle ; ce sont des sujets bons à traiter avec la sage miss Forest.

Puis tout de suite, comme si elle voulait adoucir ce que ces paroles avaient de cassant :

— A quand vos expériences ? dit-elle.

— Aussitôt que le charbon demandé à Paris sera arrivé.

— Voudrez-vous nous permettre d'y assister ? Je souhaite votre succès de tout cœur, je vous l'assure.

Disant cela, elle leva les yeux sur Pascal et le regarda longuement ; puis, faisant un signe à miss Forest :

— Voulez-vous que nous descendions ? dit-elle ; Adolphe ne rentrera pas probablement, nous remettrons la leçon à un autre jour.

VI

Le château des Yvetaux est à quinze cents mètres à peine de Condé-le-Châtel, et l'on s'y rend de la ville par le chemin le plus frais peut-être de toute la Normandie. D'un côté court la rivière bordée de saules et d'aunes, de l'autre se déroulent à perte de vue les

gras pâturages dans lesquels en tout temps l'herbe
foisonnante monte jusqu'aux genoux des bœufs et des
juments. L'épaisseur de l'humus et les eaux chargées
d'engrais qui humectent continuellement les racines,
donnent aux arbres une vigueur et une intensité de
verdure qui défient la chaleur des étés les plus brû-
lants. Comme le bois abonde dans le pays, on n'attend pas impatiemment que les arbres soient arrivés à point pour les abattre ; mais on les laisse debout
tant qu'ils peuvent se soutenir, de sorte qu'ils se mê-
lent dans l'harmonieuse confusion de la nature : les
jeunes à l'écorce saine et brillante, les vieux aux
troncs creusés par l'âge, par le travail des insectes ou
le bec en coin des oiseaux grimpeurs : dans ces trous
remplis d'un terrain végétal, les plantes parasites se
développent avec force, les unes grimpant autour des
branches, les autres retombant en guirlandes. En aucun
temps le soleil ne peut pénétrer cet épais feuillage, et
pendant la chaleur du jour les bêtes de la prairie
viennent chercher un abri sous sa voûte : les bœufs
qui se couchent la croupe dans l'eau, tassés les uns
contre les autres ; les mouches qui tournent au-dessus
d'eux ou parmi les herbes fleuries de la berge, les oiseaux chasseurs d'insectes qui, toujours affamés, ne
se reposent jamais, les mésanges, les fauvettes, les
martins-pêcheurs au plumage radieux.

Bien que Pascal connût les moindres brins d'herbe
de ce chemin qu'il avait si souvent parcouru, il lui
sembla, quand il sortit des Yvetaux, qu'il le voyait

pour la première fois. Les fleurs n'avaient jamais eu un éclat si brillant, un parfum si pénétrant ; le murmure de l'eau courante, le bruissement des feuilles, le bourdonnement des insectes, le chant des oiseaux, les bruits mystérieux de la prairie ne lui avaient jamais dit tant de choses douces et délicieuses ; les bœufs eux-mêmes, le mufle tendu vers lui, paraissaient s'associer à sa joie, et leurs grands yeux mouillés le regardaient avec contentement.

Il revint lentement, à petits pas, mais, prêt à entrer dans la ville, il retourna en arrière ; il avait besoin de silence, de solitude, de recueillement. Il s'oublia si bien dans ses rêveries d'amour, que pour la première fois de sa vie il laissa passer l'heure de sa classe sans en avoir conscience ; et quand l'horloge de l'Hôtel-de-Ville le tira de son oubli, il ne s'en occupa pas autrement ; dans son cœur gonflé, il n'y avait point de place pour les contrariétés ou les soucis de ce monde.

A la fin cependant il se décida à rentrer ; mais à peine avait-il ouvert la porte, que son père, frappé de l'enthousiasme qui éclatait dans son regard, lui demanda ce qui était arrivé.

Que Laure eût un sentiment de tendresse pour lui, et que cette tendresse touchât à l'amour, il n'en doutait plus maintenant, lui qui pendant deux années avait cru que sa passion était insensée ; mais s'il s'enhardissait jusqu'à se faire cet aveu à lui-même, il n'eût jamais osé le faire à un autre.

— Je viens de voir M. Charlard, répondit-il, et il

serait possible qu'il voulût bien prendre un intérêt dans notre affaire.

— M. Charlard est un banquier, n'est-ce pas ?

— Oui ; il a fondé il y a quelques années le Comptoir de l'Ouest, qui est une grande maison de banque dans le genre du Comptoir d'escompte, et qui fait des affaires considérables.

— Eh bien, défie-toi de lui ; c'est le conseil que je te donne.

— Mais pourquoi ?

— Parce que c'est un homme de finance, et pour rien autre chose, puisque je ne le connais pas : pour moi, tous les financiers sont des vers rongeurs ; laissez-les pénétrer dans une affaire et ils n'ont d'autre souci que de s'en nourrir ; ils agissent comme ces vers dont j'ai oublié le nom, qui, développés dans le corps d'une chenille, ne la tuent pas tout d'un coup, mais la laissent s'engraisser, ne lui mangeant que les parties qui ne sont pas nécessaires à la vie ; par ce moyen, la chenille travaille pour le vers, et celui-ci ne la tue que quand il ne trouve plus rien de bon à en tirer : j'ai toujours vu ceux qu'on appelle les grandes intelligences financières procéder ainsi avec ces autres intelligences qu'on appelle les travailleurs ou les inventeurs. Si ton M. Charlard est une de ces grandes intelligences, tiens-toi en garde contre lui : la défiance de l'inventeur doit être en proportion de la richesse du financier. C'est une règle que j'écrirai en tête du martyrologe des inventeurs. Est-ce un malin ?

— Il a la réputation d'être très-capable et très-riche.

— Alors sois très-défiant.

— Je ne demande pas mieux que de ne pas m'adresser à lui ; mais, pour entreprendre l'affaire que vous me proposez si généreusement, il faut de l'argent ; je n'en ai pas. Dois-je refuser celui qu'on mettra peut-être à notre disposition ?

— Je ne dis pas cela ; il ne faut jamais refuser l'argent, mais il ne faut l'accepter qu'avec de prudentes réserves. Que demande-t-il, ton banquier ?

— Nous n'avons pas discuté les conditions ; avant tout, il voudrait voir par lui-même une expérience de votre noir décolorant : il a une sucrerie dans sa ferme, il la met à notre disposition.

— Cela est très-facile ; je ne peux pas fabriquer ici mon noir, mais j'en ai à Paris une quantité plus que suffisante pour une expérience ; je vais écrire à Abeille de me l'envoyer ; aussitôt qu'il sera arrivé, nous donnerons à ton banquier la preuve qu'il désire.

Le noir arriva quatre jours après, et Pascal courut aux Yvetaux se mettre à la disposition de M. Charlard. Laure déclara à son père qu'elle serait très-curieuse d'assister à l'expérience, qui fut fixée au lendemain, dans la matinée.

M. Charlard, qui n'avait reçu d'autre éducation que celle qu'il s'était donnée, avait grand souci dans la vie d'agir toujours et avec tout le monde conformément aux lois les plus rigoureuses de la politesse et des convenances : quand il ne connaissait pas ces lois, ce qui lui arrivait souvent, il aimait mieux aller au delà que rester en deçà : en écrivant aux gens, il était « leur très-humble serviteur », et il prenait sa distance pour signer ; quand il tirait son chapeau à quelqu'un, c'était avec un « j'ai bien l'honneur » aussi respectueux que le salut lui-même.

Au moment où Cerrulas et Pascal allaient partir pour les Yvetaux, ils virent s'arrêter devant leur maison la calèche de M. Charlard qui venait les chercher ; le valet de pied en grande livrée était porteur d'une lettre par laquelle le banquier « avait bien l'honneur de présenter ses très-humbles salutations à MM. Cerrulas père et fils et les prier à déjeuner aussitôt après l'expérience. »

— En route pour la fortune, dit gaiement Cerrulas lorsqu'il fut assis dans la calèche, et ne versons pas.

— Ce serait dur.

— Tu tiens donc bien à la fortune ? Rassure-toi, tu l'auras ; l'affaire est certaine.

— N'est-ce pas que le chemin est admirable ? dit Pascal en montrant à son père les herbages au milieu desquels ils passaient.

— C'est le chemin du paradis.

Il ne croyait pas dire si vrai : Pascal était réellement un bienheureux arrivant au ciel.

Sa Divinité les reçut à la descente de la voiture ; moins cérémonieuse que son père, qui endossait régulièrement son habit noir au saut du lit, elle était en toilette du matin, mais tout à l'avantage de sa beauté, dont la splendeur n'éclatait jamais plus magnifiquement que dans la simplicité du négligé. Cerrulas, qui ne l'avait jamais vue, fut ébloui, et ses regards allèrent avec une curiosité soupçonneuse d'elle à son fils et de son fils à elle.

On se dirigea vers la sucrerie, qui s'élevait à l'extrémité de la ferme. La cour était pleine de mouvement et de bruit. C'était l'époque de la récolte, et des environs, à dix lieues à la ronde, les paysans arrivaient conduisant de grandes voitures chargées de betteraves; partout on voyait les betteraves empilées en tas sous les pommiers, et de leur collet décapité coulait une liqueur épaisse et rouge comme du sang coagulé. Les cheminées de l'usine vomissaient des tourbillons de fumée et l'on entendait le ronflement des appareils en mouvement, tandis que du côté opposé sortaient d'une longue étable des mugissements de bœufs. Par un fait caractéristique, qui jusqu'à un certain point explique la nature de M. Charlard, c'était l'engraissement de ces bœufs qui l'avait engagé à établir une sucrerie dans sa ferme. A l'état libre et dans les meilleurs prés, les bœufs, en se gorgeant d'herbes nuit et jour, ont besoin de cinq ou six mois pour engraisser. Dans l'étable, nourris de pulpes de betterave, ils sont bons à envoyer à la boucherie au bout de trois mois. « A quatre-vingt-dix jours je m'engage à livrer cinquante bœufs gras. » La formule avait séduit le banquier par son côté commmercial, et il avait fait construire une sucrerie afin d'avoir de la nourriture pour ses bœufs.

— Est-ce que mademoiselle veut assister à nos expériences? demanda Cerrulas en voyant Laure les accompagner; ce n'est guère intéressant pour une jeune fille.

— Je ne pense pas comme vous, dit-elle les yeux baissés, et le désir seul que j'ai d'un succès est déjà de l'intérêt.

Ah! comme Pascal eût voulu se prosterner à ses pieds et baiser le bas de sa robe!

Le jus de la canne ou le jus de la betterave, avec lesquels on fabrique le sucre, ne sortent pas du moulin ou de la presse incolores; ils sont teintés au contraire plus ou moins fortement. Pour les décolorer, il faut leur faire subir une opération qui a reçu le nom de filtration décolorante, et qui consiste à leur faire traverser plusieurs couches de noir animal. C'était cette opération qu'allait faire Cerrulas; seulement, au lieu du charbon animal qui est habituellement employé, il se servirait du noir décolorant qu'il avait inventé.

Deux filtres furent préparés; dans l'un, au-dessus du double fond percé de trous, on déposa des couches successives de charbon animal; dans l'autre, on disposa de la même manière des couches de noir décolorant, et, après avoir recouvert la dernière couche de charbon ou de noir d'une toile métallique, on fit arriver la matière sucrée en même temps dans les deux filtres.

Ceux qui assistaient à l'opération présentaient entre eux un curieux contraste : Cerrulas, qui présidait et ordonnait, était calme et sûr de lui-même; il donnait ses instructions tranquillement, en souriant, avec des paroles affectueuses pour les ouvriers qu'il appelait « mes enfants; » M. Charlard était poliment attentif ; Pascal, blanc comme un linge, tremblait de tout son corps; Laure regardait les filtres sans se laisser détourner d'un côté ou d'un autre. — Quant à M. Adolphe, l'élève de Pascal, il paraissait s'ennuyer profondément, et de temps en temps il répétait une seule phrase, toujours la même, qu'il adressait aux ouvriers : « Dites donc, vous autres, tâchez donc de vous dépêcher un peu, si ça ne vous gêne pas; j'ai une faim de chien, savez-vous. » Les ouvriers se dépêchaient, et tout en travaillant regardaient Cerrulas, se demandant si celui-là aussi n'était pas un de ces brigands qui s'amusent à inventer des drogues ou des machines pour diminuer les salaires.

Comment le sirop allait-il sortir des deux filtres? Toute la question était là. L'un ne serait-il pas plus blanc que l'autre ?

Goutte à goutte il commença à couler ; Laure leva les yeux sur Pascal, qui la regardait ; mais tous deux en même temps ils se détournèrent du côté de la chaudière. La masse de sirop filtré augmenta et monta le long des parois.

— Vous voyez! s'écria Pascal, ne pouvant se contenir.

— Les deux sont pareils, répondit Laure.
— Parbleu ! fit Cerrulas.

En effet, il n'y avait aucune différence entre les deux filtrations : le charbon animal et le noir décolorant avaient donné le même résultat. L'expérience était décisive.

— Cela vaut un million ? dit Laure en prenant le bras de Cerrulas.

— Dix millions, quinze, vingt peut-être, cela dépend de l'habileté de celui qui exploitera ce procédé. Mon fils est un esprit intelligent.

— Et un noble cœur.

— Un trop bon fils pour n'être pas un excellent mari.

On déjeuna gaiement : la seule figure maussade fut celle de M. Adolphe.

— Tout ça, c'est admirable, dit-il en manière de conclusion, j'estime les inventeurs, mais j'en voudrais un qui réduisît la charge en douze temps à six temps. Voilà qui serait amusant.

— Vous voulez donc être soldat ? interrompit Cerrulas.

— Je l'aurais voulu, si le capitaine l'avait permis ; mais il me force à travailler la physique, la mathématique et toutes les sciences en *ic* ; tout ça, parce que c'est *chic* ; voilà le *hic*.

Et il se mit à rire, enchanté de sa spirituelle plaisanterie.

Pascal était dans un tel ravissement, qu'il trouvait

son ancien élève étourdissant d'esprit : ce n'était plus un simple élève, c'était un beau-frère.

Lorsque le café fut servi, M. Charlard, qui était un homme pratique, demanda poliment s'il n'était pas temps de s'occuper d'affaires.

— Quant à moi, dit Cerrulas en riant, permettez-moi de vous répondre que si vous avez des affaires à traiter, je n'ai pas à m'en mêler : je ne suis qu'un manœuvre ; voilà le patron.

Il désigna son fils par un coup d'œil affectueux.

— Veuillez donc vous entendre avec lui ; ce qu'il fera sera bien fait. Je ne suis qu'un enfant, un vieil enfant, je demande à rester avec les enfants. Voulez-vous accepter mon bras, mademoiselle, je serai très-heureux si vous consentez à montrer votre admirable jardin à un vieux bonhomme qui depuis longtemps ne connaît plus les fleurs.

Ils sortirent, et M. Charlard emmena Pascal dans son cabinet.

— Il est certain, dit-il en s'asseyant, que l'expérience a réussi, et bien que je ne sois qu'un ignorant dans ces sortes de choses, je crois qu'elle est concluante. Combien coûte le produit employé par monsieur votre père ? la question est là désormais. Si le prix de revient est ce que vous annoncez et le prix de vente moitié plus bas que le noir animal, il y a de beaux bénéfices à faire ; dans ces conditions, on peut donc traiter. Voici ce que je vous propose. Je vous ouvrirai un crédit de 100,000 fr., et ce crédit sera une sorte de commandite. Je ne vous verserai la somme de 100,000 fr. que proportionnellement à vos besoins de fabrication et sur preuves justificatives : nous partagerons les bénéfices.

— Également ?

— Non ; vous m'abandonnerez 25 pour 100.

— A Paris seulement mes bénéfices doivent être de 200,000 à 300,000 fr. par an ; c'est donc 50,000 fr. que vous prélèverez sur nous ; en deux ans vous rentrerez dans le capital avancé. En quinze ans pour 100,000 fr., vous toucherez 750,000 fr. Et notez que je ne parle que de Paris ; reste la France, restent les pays étrangers dans lesquels nous aurons à vendre notre brevet.

— Je vois que vous comptez bien, et j'aime ça ; mais moi aussi je compte. J'aurais pu vous proposer une association pure et simple avec partage par moitié, car si vous apportez votre procédé, moi j'apporte mon capital ; dans la pratique des choses, l'un vaut l'autre, avec cette différence cependant que sans mes 100,000 fr. votre procédé ne vaut rien, tandis que, sans votre procédé, mes 100,000 fr. valent toujours 100,000 fr., c'est-à-dire entre mes mains 3 ou 400,000 fr. En vous demandant le quart des bénéfices je ne suis donc pas un égorgeur. Au reste, si vous trouvez que c'est trop, adressez-vous ailleurs ; ce que j'en fais est pour vous obliger.

Quelque disposé qu'il fût à suivre les conseils de son père, Pascal ne pouvait pas cependant contredire un si brave homme. Il le laissa donc continuer.

— Je vois deux manières de tirer parti de votre procédé : ou vous l'exploitez vous-même, ou vous vendez votre brevet. C'est cette dernière manière que je vous conseille. On ne sait pas ce qui peut arriver : votre invention est excellente aujourd'hui, demain on peut en trouver une autre qui supprimera et le noir animal et le noir décolorant. Donc si vous en trouvez 1 million ou 1 million 500,000 fr., vendez ; vous me donnerez 250,000 fr. pour ma part ; vous mettrez dans ma banque les 7 ou 800,000 fr. qui vous resteront, et je vous ferai un beau revenu. Si vous ne pouvez pas vendre, naturellement il faudra exploiter ; dans ce cas, je vous donnerai un caissier que je vous demande de prendre, ce sera une garantie pour vous... et pour moi.

Pascal écoutait, prêt à tout accepter, mais bien plus préoccupé d'une toute autre idée que de discuter ses intérêts.

— Défendez-vous donc ! s'écria M. Charlard, impatienté de ce silence, ou je perds ma confiance en vous.

— Que voulez-vous que je réponde ? je trouve vos propositions raisonnables, je ne peux pas les combattre.

— Alors, si vous les acceptez, je ferai préparer un acte que nous signerons demain.

Sans répondre, Pascal resta les yeux fixés sur une des feuilles du parquet.

— Eh bien ? demanda M. Charlard.

Il fallait se décider.

— Eh bien! moi aussi j'ai une proposition à vous adresser. Vous estimez, n'est-ce pas? que l'invention de mon père doit me donner plus de 200,000 fr. par an, ou, si j'en vends le brevet, plus de 1 million. Si cela se réalise, me trouverez-vous indigne.....

— Indigne de quoi?

— Indigne de prétendre à la main de mademoiselle Laure.

— Vous... Laure, ah! ah! mon cher...

Il se leva vivement et fit deux ou trois tours dans son cabinet; il paraissait suffoqué.

— C'est fini, pensa Pascal le cœur serré, il va me mettre à la porte.

Enfin M. Charlard s'arrêta et se campant en face de lui :

— Ce que vous me dites-là me surprend étrangement.

— Croyez, monsieur, que mademoiselle Laure ne soupçonne même pas.

— Mademoiselle Laure n'a rien à voir dans tout ceci, et moi, je n'ai pas de réponse à vous faire aujourd'hui; gagnez votre million; gagnez-en deux, nous causerons; alors il en sera temps.

— Eh bien! demanda Cerrulas en rentrant, êtes-vous d'accord.

Pascal regarda le banquier.

— Parfaitement d'accord, et j'espère que nous le serons toujours.

Le père et le fils s'en revinrent lentement vers Condé, et pendant près d'un kilomètre ils marchèrent côte à côte sans échanger une parole.

— Je parie, dit tout à coup Cerrulas, que tu t'es laissé mettre dedans ?

— Et pourquoi donc, mon père ?

— Parce que mademoiselle Charlard est une très-belle et très-charmante fille.

— N'est-ce pas? oh! mon bon père, je suis bien heureux.

— Allons, tant mieux, je comprends maintenant pourquoi tu tiens tant à faire fortune ; à ton âge aimer l'argent si passionnément ! tu me faisais peur.

VII

L'acte rédigé sur les bases posées par M. Charlard fut signé le lendemain à midi : à une heure Pascal envoya sa démission au ministre.

Ce fut un jour de bonheur ; l'heure de la délivrance avait sonné.

— Il était temps, dit Cerrulas, dans deux ou trois ans tu aurais été capable de donner ta démission un jour de colère ou de dignité, mais tu n'aurais pas été capable d'autre chose. Le fonctionnaire perd vite l'habitude de la volonté et de l'initiative, et le jour où il s'aperçoit que le métier de fonctionnaire est une duperie, il comprend en même temps, s'il a conservé quelque intelligence, qu'il n'a plus la force nécessaire pour en exercer un autre.

Les préparatifs de départ ne furent pas longs : tout le mobilier de Pascal tenait à l'aise dans une malle, encore le contenant valait-il mieux que le contenu. Cette malle, il l'avait achetée chez un layetier de la Croix-Rouge le jour où il avait été nommé professeur, et il l'avait prise d'une bonne grandeur, solide, avec des coins en cuivre. Les coins s'étaient usés dans les nombreux changements de résidence, mais la malle ne s'était jamais remplie. Après cinq années passées au service du gouvernement, elle était plus légère qu'au moment où il avait quitté Paris ; les bonnes chemises de toile cousues par sa mère avaient disparu, et aussi successivement tout le linge ; l'habit noir et le paletot avaient singulièrement diminué de poids, malgré les reprises et les pièces.

Le principal du collége crut devoir lui témoigner qu'il le regrettait, et en même temps il lui adressa une remontrance amicale sur son coup de tête.

— Un fonctionnaire ne doit jamais donner sa démission ; se faire mettre en disponibilité, passe encore ; mais par la démission on perd ses droits à la retraite ; sans doute un traitement de 1,000 fr. est peu de chose, mais l'honneur d'appartenir à l'enseignement ne vaut-il pas...

L'heure du départ vint à propos au secours de Pascal.

Il lui restait une dernière visite à faire : elle avait pour but de payer les frais de séjour et de maladie de son père au *Bœuf couronné*. La sollicitude de M. et de Mme Loutrel, qui s'était manifestée si souvent pendant la maladie de Cerrulas, s'affirma une fois encore et d'une façon tout à fait touchante dans la rédaction de la note ; au milieu des articles divers pour logement, bougie, bois, chauffage, linge, préparation de médicaments, fourniture de glace, s'en détachait un ainsi conçu :

« Soins et inquiétudes pendant six jours, à raison de : par journée cinq francs, et par nuit huit francs, soixante-dix-huit francs, ci. . . . . . . 78 fr. »

Pascal était dans un de ces moments heureux où toutes les choses se prennent par le beau côté. Cet article, au lieu de le fâcher, le fit beaucoup rire, et la seule observation qu'il se permit, fut de demander si les inquiétudes de la nuit ne pouvaient pas être taxées au même prix que celles du jour.

Cela fut impossible ; à 78 fr. il n'y avait pas un sou à diminuer ; c'était un prix d'ami.

— Pensez donc, monsieur, s'écria le maître d'hôtel, aux tourments de ma femme pendant ces six jours ; elle n'a pas dormi un quart d'heure tranquille ; à chaque instant elle me réveillait pour me dire :

« Pourvu qu'il n'en meure pas. » Elle a maigri de plus de trois livres.

— Mon mari ne vous parle pas de lui ; il en avait perdu le boire et le manger.

Évidemment, dans de pareilles conditions, 78 fr. n'étaient pas assez, puisque ça ne mettait la graisse perdue par Mme Loutrel qu'à 26 fr. la livre. Pascal paya.

La voiture de correspondance du chemin de fer passait devant le château des Yvetaux. Pascal tint absolument à monter sur l'impériale : peut-être aurait-il la bonne fortune d'apercevoir Laure dans le jardin ; en tout cas, il aurait le bonheur de voir plus longtemps le toit sous lequel elle dormait et les arbres qui lui donnaient leur ombrage. Mais à peine la voiture sortait-elle de la ville que de gros nuages noirs, qui depuis le matin menaçaient, crevèrent et que la pluie se mit à tomber à flots.

— Voulez-vous descendre dans l'intérieur? demanda le cocher qui s'enveloppait dans sa limousine.

— Non, merci, répondit Pascal, qui n'avait, pour s'abriter, que son mince paletot.

Le cocher le regarda d'un air ahuri ; mais cet homme primitif ignorait qu'il y a des jours où la pluie ne mouille pas. Il se mit à chanter :

> Il pleut, il pleut, ça mouille,
> C'est la fête à la grenouille.

Laure avait sans doute pensé comme le postillon, car elle n'était pas dans le jardin, à sa place habituelle, sur une terrasse ombragée de tilleuls, qui dominait la route. Pascal aperçut seulement une forme blanche derrière l'une des fenêtres du salon; mais la distance ne lui permit pas d'échanger avec elle un dernier regard, le regard d'adieu dont il s'était promis une si grande joie.

Il était dix heures du matin lorsqu'ils débarquèrent à Paris, dans la gare Montparnasse.

— Où donc prenez-vous la rue de la Sablonnière? demanda Pascal lorsque son père eut donné au cocher l'adresse à laquelle il fallait les conduire.

— Dans la rue Picpus; c'est une sorte de ruelle qui conduit à la rue de Reuilly. Je suis venu là il y a sept ans pour m'y cacher pendant un jour ou deux; depuis je n'ai jamais pu en sortir. J'étais poursuivi par un créancier et sous le coup de la contrainte par corps : on me filait, comme disent MM. les gardes du commerce. Un ami était propriétaire de ce terrain sur lequel s'élevait une baraque qui avait été abandonnée par un charpentier mauvais payeur. Il m'offrit un logement dans la baraque, et il eut la complaisance d'y faire porter un lit en fer; c'est le lit qui me sert encore aujourd'hui. Pendant trois mois, j'ai vécu si bien caché, que les recors ont dû m'abandonner. La deuxième semaine, Abeille est venue me rejoindre. Pendant ces huit jours, j'avais arrangé la baraque; avec des planches j'avais établi des cloisons; nous avions trois

pièces, maintenant nous en avons cinq ou six ; le tout
est en planches, bien entendu, avec un toit en carton
bitumé. Le terrain, avant d'être un chantier de charpentier, avait été un jardin de maraîcher ; les arbres,
dont les racines n'étaient pas mortes, ont repoussé ;
notre hutte disparaît sous les vignes. Dans le quartier,
il paraît que l'on m'appelle « le sauvage de la rue de
la Sablonnière », cela fâche Abeille ; moi, cela me fait
rire. Du reste, quand tu auras vu notre campement,
tu trouveras que le mot est juste : d'un côté, les murs
d'un grand couvent de femmes ; de l'autre, des jardins
de maraîcher ; au bout, du côté de la rue de Reuilly,
une fabrique de caoutchouc ; au milieu, notre terrain
envahi par une végétation de forêt vierge qui depuis
sept ans n'a pas été dérangée ou soignée : un sen-
tier se tortille à travers les plantes et aboutit à notre
baraque, qui, avec son revêtement de vignes, a l'air
d'une hutte de feuillage.

— Eh quoi ! pensait Pascal en écoutant ces explications données avec gaieté, voilà l'existence misérable
d'un homme qui a remué des millions.

Ses habitudes de régularité et son éducation de fonctionnaire se révoltaient à l'idée de ces mœurs de bo-
hème.

— Puisque je parle de la maison, continua Cerrulas,
il faut en même temps que je te dise quelques mots de
celle qui l'habite. Si tu t'attends à trouver une jeune
fille correcte, élégante et distinguée comme mademoiselle Charlard, tu te prépares une déception. Or rien

n'est plus mauvais qu'une déception de ce genre ; on en revient quelquefois, mais le plus souvent on reste à jamais sous son impression première, ce que je ne voudrais pas, car je désire vivement qu'il s'établisse entre vous une amitié fraternelle. Malgré ma vie tourmentée, Abeille ne m'a jamais quitté ; cela est étrange n'est-ce pas ? qu'un des enfants, et celui-là même qui avait tous les droits, vive loin de son père, tandis que l'autre reste près de lui ; enfin, cela est ainsi ; tu sais pourquoi et tu sais comment. Elle a été élevée exclusivement par moi, sans jamais recevoir les soins d'une femme. Elle s'est donc développée en toute liberté : elle est la nature même, — sa nature. Lorsqu'elle était encore un bébé, j'ai tâché de lui inventer un joujou nouveau tous les jours, et je crois que j'en ai trouvé un assez grand nombre pour faire la fortune de dix marchands de jouets d'enfant : on ne saurait croire quelles ressources inépuisables offre la physique. Quand Abeille a grandi, je me suis appliqué à faire son instruction sans la tourmenter ; en notions générales, elle sait ce qu'on peut savoir ; mais le détail, elle ne l'a guère étudié. Comment notre monde a été formé, je le lui ai fait comprendre ; mais les noms des différentes formations, à quoi bon les lui apprendre ? L'histoire de l'humanité, elle la connaît depuis le premier âge jusqu'à nos jours ; mais la chronologie des empereurs d'Allemagne, elle ne s'en doute pas. Homère lui a appris la guerre de Troie ; Plutarque, l'antiquité ; quelques Mémoires : Retz, Saint-Simon, madame Roland, l'histoire de France ; de même que les livres de Huber, de Réaumur lui ont donné des notions sur l'histoire naturelle. Pour lui démontrer le système du monde, j'ai recouru tout simplement à une goutte d'huile : dans un vase j'ai mis un mélange d'eau et d'alcool, au centre duquel j'ai placé la goutte d'huile ; dans cette goutte d'huile j'ai introduit une aiguille à laquelle j'ai imprimé un mouvement de rotation ; alors elle a vu la sphère huileuse s'aplatir aux pôles ; du renflement de son équateur s'est échappé un anneau qui s'est rompu en globules dont chacun a commencé à tourner autour de la masse centrale ; et c'est ainsi qu'elle a compris et senti l'ordonnance des mondes. Cette instruction, tu le penses bien, n'a été ni régulière ni méthodique. Le plus souvent, pendant que je travaillais ou quand j'étais sorti, elle restait livrée à elle-même et elle faisait alors, elle lisait ce qu'elle voulait. Quand je rentrais ou quand j'interrompais mes recherches au moment du manger, nous causions. Elle me questionnait et je répondais de manière à lui donner l'idée de me poser de nouvelles questions. Ces heures ont été et sont encore les meilleures de ma vie. Quelle joie de voir une intelligence s'éveiller et grandir ! C'est un grand et profond sentiment que la paternité de l'esprit. Ne va pas te figurer que ces entretiens avaient lieu autour d'une table bien servie, entre la poire et le fromage, alors que les domestiques permettent la conversation à leurs maîtres ; non. D'abord nous n'avions pas et nous n'avons pas de domestiques. Nous avions une table, il est vrai, nous en avions même plusieurs, mais, par suite d'un mystère resté inexpliqué, elles étaient et elles sont encore toujours encombrées. Nos repas se faisaient plus simplement; en hiver, debout au coin de la cheminée ; au printemps, dehors, dans le jardin, à l'exposition d'un bon soleil ; comme nos plats n'ont jamais été bien compliqués, toute place nous était bonne pour les manger sous le pouce, et plus on était près du puits, moins on avait à se déranger pour boire. Par exemple, il faut convenir qu'à ce régime la gourmandise ne s'est pas développée. C'est ainsi qu'Abeille a grandi sans contrainte dans ses goûts ou ses sentiments, de sorte qu'elle a un caractère, une physionomie propre. J'ai pour principe que tout le monde doit travailler; d'ailleurs, quand ce principe n'eût pas été le mien, les circonstances me l'imposaient : si je venais à manquer, il ne fallait pas qu'elle fût exposée à mourir de faim. Le hasard voulut qu'elle eût des aptitudes remarquables pour la musique. Elle étudia donc la musique. C'est là ce qui a été le plus pénible dans notre vie ; car je ne pouvais pas lui servir de professeur, et un piano coûte terriblement cher. Nous sommes cependant sortis de cette difficulté. Elle a un piano, oui, un piano dans notre hutte, et, trois fois par semaine, elle prend ses leçons au Conservatoire dans la classe de madame Raphélis qui la regarde comme sa meilleure élève. La chère petite donne déjà des leçons ; elle ne gagne pas de grosses sommes, car elle ne peut pas se faire payer cher.; pourtant elle gagne quelque chose ; et plus d'une fois, je peux bien te le dire, ce quelque chose nous est arrivé à point pour nous donner à manger.

— A manger !

— Eh ! monsieur le professeur, habitué à recevoir la pâtée et la niche, il y a des hommes d'une autre valeur que la mienne qui ont fait plus que moi pour le bonheur de la société, et qui cependant sont morts de misère. Ai-je le droit de me plaindre, moi qui suis vivant ?

La voiture, après avoir traversé le pont d'Austerlitz, s'était engagée dans le faubourg Saint-Antoine, et elle était arrivée dans des rues bordées de longs murs ou de cloisons en planches.

— Vous arrêterez après le porche qui est là-bas, dit Cerrulas en se penchant par la portière.

— Quel numéro ?

— Il n'y a pas de numéro : la porte en planches au milieu de la cloison.

— Gredin de quartier, murmura le cocher.

Lorsque la porte fut ouverte, Pascal se trouva dans un grand terrain clos de murs qui paraissait s'étendre loin dans le sens de la profondeur. Mais l'œil n'allait pas jusqu'au bout, arrêté qu'il était par une végétation sauvage d'herbes et d'arbustes qui avaient tout envahi ; des buissons de lyciet inextricablement emmêlés avec des ronces, des vignes rampantes, qui, s'accrochant à tous les appuis qu'elles rencontraient, escaladaient les murs ou tapissaient le sol de leurs larges feuilles, des chardons, des roses trémières, des orties par buissons impénétrables, surtout des orties.

Après s'être avancé de quelques pas, il aperçut tout au fond du terrain la hutte dont son père lui avait parlé ; les plantes grimpantes qui l'avaient escaladée jusqu'au toit lui faisaient une parure de feuillage. Elles n'avaient respecté qu'une grande terrasse vitrée qui se trouvait à l'une des extrémités, placée là comme une serre. En pleine campagne ou à la lisière d'un bois, elle n'eût point eu un trop triste aspect, et les gens disposés aux idées bucoliques auraient peut-être trouvé que c'était un joli petit ermitage ; son caractère misérable lui venait de sa position au milieu de Paris.

Aux alentours de cette hutte, les herbes folles et les plantes avaient été coupées, et ça et là on voyait des machines et des appareils aux formes étranges pour le vulgaire, mais qui pour Pascal avaient une signification. Sans s'être jamais occupé des applications industrielles de la chaleur solaire, il avait étudié les différents systèmes qui depuis longtemps sont nés à ce sujet. Il reconnut les caisses rectangulaires de verre blanc inventées par Saussure, les cloches de Ducarla ; puis il vit aussi des chaudières en cuivre recouvertes de cloches de verre concentrique, et sur de grands bocaux des chapiteaux d'alambic à tête de Maure. Mais tout cela semblait abandonné depuis longtemps.

— C'est par le moyen des réflecteurs, dit-il, que vous cherchez ?

— Par les réflecteurs et autrement, répondit Cerrulas, qui ne parut pas vouloir continuer l'entretien sur ce sujet.

En même temps on entendit les accords d'un piano.

— Ma petite Abeille est à la maison, dit-il joyeusement en se mettant à courir.

Pascal le suivit lentement, et, arrivé à la porte, il s'arrêta : par cette porte restée ouverte, il apercevait l'intérieur de la première pièce : quelques chaises en paille, une table encombrée comme l'est celle d'un marchand de curiosités, et, sur le carreau raboteux, toute sorte d'appareils de physique et de chimie.

Au moment où il allait franchir le seuil formé d'un mauvais tronc de bois, il vit son père s'avancer, tenant à son bras une jeune fille qui tout de suite lui plut par sa physionomie heureuse et sympathique.

— Voici ta sœur, mon cher Pascal, dit Cerrulas.

Pascal fit quelques pas au-devant d'elle et lui tendit la main :

— Voulez-vous que je vous embrasse ? dit-il.

— Oh ! bien volontiers, si vous voulez permettre que je te tutoie.

Ils s'embrassèrent un peu cérémonieusement, mais sans aucun embarras, tandis que Cerrulas se détournait pour cacher deux grosses larmes qui roulaient sur ses joues.

— Maintenant, dit-il, il faudrait déjeuner.

— Déjeuner ! s'écria Abeille.

— Tu ne voulais donc pas déjeuner, toi ?

— Mais si, j'ai mon déjeuner tout prêt.

— Nous allons le partager avec toi.

— Je n'ai que des crevettes, et puis il n'y a plus d'assiettes dans la maison.

— Comment cela ! il n'y a plus d'assiettes.

— Ah ! voilà, c'est tout une histoire. Tu es parti le jeudi soir ; le vendredi matin, avant d'aller au Conservatoire, j'étais en train d'étudier mon concerto, tu sais, le deuxième concerto de Hummel, quand j'entends frapper à grands coups à la porte de la rue ; mais je ne me dérange pas, parce que j'en étais au passage où j'accroche toujours la double note avec le trille, ti, ti, ti, la, la, la in ; mais ça ne sert à rien, j'accroche tout de même. On frappe, on refrappe, je vais ouvrir. C'était un huissier et des hommes ; l'huissier me dit qu'il vient pour saisir.

— Tiens, c'est vrai, j'avais oublié de t'en prévenir.

— Quand j'aurais été prévenue... Enfin je lui explique que tu es en voyage. Il répond que cela ne fait rien, et il entre. Je lui dis que « je m'oppose » ; je ne savais pas très-bien ce que cela signifiait, mais je le dis à tout hasard, parce que je te l'avais déjà entendu dire une fois. Il me répond encore que cela ne fait rien. Sans doute cela était vrai, car il entre et referme la porte. Je ne savais que faire, je le prie de s'en aller ; il me regarde en riant et il vient jusqu'ici. J'avais la tête un peu perdue, et puis en même temps j'étais en colère parce que l'huissier riait. — Mais il n'y a rien dans cette bicoque, dit-il lorsqu'il est entré, il n'y en aura pas seulement pour les frais. Tous ces cuivres et ces bocaux, ça ne vaut pas le diable. Alors il se met à chercher partout, et c'est en cherchant qu'il accroche nos trois assiettes, qui tombent sur le carreau et se cassent. Cela les fait rire encore davantage. Arrivés dans ma chambre, ils voient mon piano, et l'huissier s'écrie : — Voilà notre affaire. — Mon piano! mon pauvre piano ! Je lui explique qu'il est à moi, que j'en ai besoin, il rit plus fort; moi, j'avais les yeux pleins de larmes. A la fin il me dit qu'il va partir. Je lui demande ce que j'ai à faire; il me répond : — Si l'on ne forme pas opposition, ou si l'on ne paye pas, vous serez vendus... Pense un peu dans quel état j'arrive au Conservatoire; Mme Raphélis allait fermer la porte de la classe : elle me gronde d'être en retard, je pars à pleurer. Après la leçon, elle m'interroge. Je lui raconte tout, et elle m'emmène chez elle, où, de nouveau, il me faut tout raconter à M. Raphélis. — « La pauvre petite ! disait Mme Raphélis. » Et, après le rire de l'huissier, cela me faisait du bien les bonnes paroles. Mais ce qui m'a fait plus de bien encore, ç'a été quand M. Raphélis m'a dit que je pouvais me rassurer, qu'il se chargeait de tout, et que jusqu'à ton retour l'huissier ne pourrait rien faire. Voilà.

— De sorte, dit Cerrulas en la prenant dans ses bras, qu'il n'y a plus d'assiettes.

Pendant ce récit, Pascal avait attentivement regardé sa sœur. Avec ses grands yeux profonds et perçants, avec ses beaux cheveux qui, tressés en deux nattes, pendaient dans son dos presque jusqu'à terre, elle était vraiment charmante ; elle l'était surtout par le naturel de ses attitudes, la vivacité, la franchise de son regard, la mobilité de sa physionomie parlante.

— Allons déjeuner au restaurant, dit-il ; cela te plaît-il, petite sœur ?

— Je crois bien ; seulement je demande un restaurant où l'on donne de la bonne soupe.

— De la soupe pour déjeuner ?

— Oui, je n'en ai pas mangé depuis que père n'en fait plus dans sa marmite solaire.

— Vous faisiez votre soupe au soleil ? demanda Pascal.

— Avec un bocal placé au foyer d'un réflecteur, j'obtenais un excellent consommé en quatre heures ; après une heure d'insolation, les trois litres d'eau bouillaient ; mais cela n'est rien.

Abeille, qui était dans le plus simple négligé, entra dans sa chambre pour s'habiller, et Cerrulas étant aussi sorti, Pascal resta seul.

La partie de la baraque qui était à gauche paraissait affectée à l'habitation, et celle qui était à droite, aux expériences. La pièce du milieu, dans laquelle se trouvait Pascal, était un terrain neutre. Par la table, il appartenait à l'habitation ; par les appareils déposés çà et là, au laboratoire.

La porte qui de cette pièce communiquait avec la partie de droite étant ouverte, Pascal aperçut divers instruments qui lui donnèrent le désir de les examiner de plus près ; précisément parce que son père semblait peu disposé à lui parler de ses travaux sur la chaleur solaire, il avait grande envie de voir dans quel sens ces travaux étaient dirigés.

Il entra.

Cette chambre contenait une multitude d'instruments entassés en désordre et couverts de poussière. On comprenait tout de suite qu'ils n'avaient pas été touchés depuis longtemps, et plusieurs même manquaient de quelques pièces qui avaient dû être empruntées pour des recherches subséquentes. Pascal les reconnut sans peine pour ceux qui avaient dû servir à étudier la théorie mécanique de la chaleur : il connaissait bien lui-même cette partie de la physique pour avoir suivi attentivement les travaux de MM. Mayer, Joule et Tyndall; leurs instruments lui étaient familiers, ainsi que ceux de Clausius, de Thomson, de Favre. Évidemment son père les avait fait fonctionner autrefois pour se rendre un compte net et précis de la question. Parmi eux se trouvaient : — l'appareil au moyen duquel la chute d'un corps est convertie en chaleur par le frottement ; — le moteur de Favre qui sert à mesurer le travail mécanique de la chaleur de la pile voltaïque ; — les appareils de démonstration de Tyndall ; puis des cylindres à vapeur, des tracés de courbe du travail utile, puis les traités de Clausius, de Verdet, de Briot, de Hirn de Zeuner mêlés à des traités généraux de physique qui tous signifiaient : Théorie mécanique de la chaleur. Déchiquetés, fripés, maculés, ils disaient combien souvent ils avaient servi.

Cette pièce n'apprenait rien à Pascal sur les recherches de son père ; il passa dans celle qui s'ouvrait à côté.

Au centre se trouvaient deux appareils descendant du toit et perçant le plancher pour se perdre dans le sous-sol. Tout autour, pêle-mêle, des morceaux de bois mal rabotés, ajustés avec des bandes de caoutchouc, des ficelles, des tringles et une quantité de bibelots pris dans les petits bazars et employés aux usages les plus étranges. A côté de ces essais informes, des appareils parfaits tenus avec soin, des galvanomètres de Ruhmkorff, des calorimètres, des thermomètres destinés à la mesure des phénomènes de la chaleur.

Les deux grands appareils différaient entre eux.

L'un provoqua vivement l'attention de Pascal ; il était composé de deux tiges verticales parallèles et de deux espèces dans lesquels il eut la surprise de trouver la Lavradine et le Collarène, qui par leur union donnent une pile thermo-électrique, dont chaque couple équivaut à quatre éléments de la pile de Bunsen. Ces minéraux rares nouvellement découverts et qu'on ne trouve qu'en petits fragments, son père avait su les obtenir artificiellement par des procédés chimiques en tiges très-longues. Le mécanisme joint à cette pile montrait qu'il était là pour marcher par le courant thermo-électrique donné par la chaleur solaire.

L'autre appareil se composait de tuyaux diversement contournés, d'excentriques et de tiroirs, c'était une espèce de machine à vapeur d'un dessin nouveau; il n'y avait pas de chaudière; probablement, elle était sur la terrasse, ni de condensateur, il devait être dans le sous-sol.

Un escalier de meunier, une sorte d'échelle conduisait de cette pièce sur la terrasse; Pascal le gravit. Cette terrasse, exposée en plein midi, était couverte en partie d'un petit toit vitré qui abritait des produits chimiques de toute espèce, et surtout des carbonates naturels dans des tonneaux, les uns pleins, les autres à moitié vides. Pascal comprit que c'étaient ces carbonates que son père voulait faire détruire par le soleil afin d'en isoler le charbon. Une multitude de réactions étaient tentées, et plusieurs mélanges étaient exposés au soleil.

Ainsi les recherches de son père avaient été poursuivies dans plusieurs directions; dans les unes, c'étaient les procédés chimiques qui avaient été explorés; dans les autres, les procédés physiques. Où en était-il?

Vivement ému, il se préparait à redescendre l'escalier, quand, chose étrange, il lui sembla entendre le ronflement d'une machine venant de la pièce où se trouvaient les deux appareils. Il dégringola l'échelle.

Personne n'était dans la pièce, mais tout seuls et d'eux-mêmes les deux appareils fonctionnaient; la machine-outil, en communication avec la machine à vapeur, tournait.

Quel était ce miracle? ce n'était point un miracle,

ou tout au moins c'en était un explicable : lorsqu'il étaient arrivés à Paris, le soleil était caché derrière des nuages, mais depuis les nuages s'étaient dissipés, le soleil avait dardé ses rayons sur la terrasse, et sa chaleur avait mis les appareils en mouvement.

Au même instant Cerrulas parut dans le cadre de la porte :

— Eh bien ! dit-il, tu veux donc surprendre mon secret ?

Mais Pascal, anéanti par la surprise et l'émotion, resta immobile sans répondre ; ses yeux allaient de son père à la machine et de la machine à son père. Puis enfin, se jetant dans les bras de celui-ci :

— Oh ! mon père, s'écria-t-il, mon père !

— Eh ! parbleu, oui, cela marche. Me croyais-tu un fou ? Mais ce n'est rien : c'est de la science, ce n'est pas de l'industrie. Il faut autre chose, et je le trouverai. En attendant, ne nous laissons pas mourir de faim et allons déjeuner. Abeille nous attend.

VIII

Le lendemain, le premier soin de Pascal fut de choisir un logement. Il voulait le prendre assez grand pour le partager avec son père et sa sœur, car cette vie de bohémiens sous une hutte choquait ses idées sociales, mais Cerrulas s'y opposa.

— Que tu ne te réunisses pas à nous, je le comprends, dit-il; car, lors même que la disposition intérieure de notre baraque permettrait cette réunion, le succès de ton affaire l'interdirait. Quel capitaliste voudrait traiter avec un homme demeurant rue de la Sablonnière, au fond d'un terrain vague, dans une hutte en planches? d'un million il n'offrirait par 100 fr... Mais moi, je n'ai pas d'affaires à traiter avec les capitalistes. Ce terrain m'est commode pour mes expériences, disposé à souhait pour mes appareils. La lutte me plaît; depuis sept ans j'y ai été heureux malgré notre misère. Enfin tu n'es pas maître de ton argent, il est à ton associé; tu dois l'employer au succès de ton affaire et non à nos besoins. Plus tard, quand la fortune sera venue, nous verrons; je serai le premier alors à te demander de faire quelque chose pour Abeille. Jusque-là laisse-nous vivre comme nous avons vécu.

Il prit donc un logement pour lui seul rue de Picpus, à quelques pas de la rue de la Sablonnière, qui venait d'être occupé par un officier en garnison à la caserne de Reuilly, et qui se trouvait dans des conditions décentes.

L'invention du noir décolorant datait déjà de près de deux années. Au moment où il l'avait trouvée, dans la fièvre de la joie et de l'espérance, Cerrulas avait pris tous les brevets nécessaires pour s'en assurer la possession en France, en Europe et en Amérique. Mais entre le jour de la délivrance de ces brevets et le jour de leur exécution, il s'était écoulé des semaines et des mois pendant lesquels l'enthousiasme s'était refroidi, et l'idée de l'application industrielle de la chaleur solaire un moment écartée, reprenant son pouvoir despotique, l'avait irrésistiblement dominé. Alors il avait remis à plus tard pour tirer parti de ses brevets. Son procédé de désulfuration des cokes, qu'il venait de vendre dans des conditions avantageuses, devait lui fournir des ressources plus que suffisantes pour continuer ses recherches et ses expériences ; à quoi bon s'imposer les tracas ou tout au moins les distractions d'une opération commerciale, quand chaque heure perdue profitait peut-être à un autre qui arriverait avant lui? Pour lui désormais il n'y avait plus qu'une seule chose dans le monde — la chaleur du soleil — et comme tous ceux qui sont sous l'obsession douloureuse d'une idée fixe, il voyait partout des concurrents et des rivaux : un esprit intelligent pouvait-il avoir un autre sujet de réflexions et de recherches que la chaleur solaire ?

Débarrassé des formalités préparatoires qui retardent toujours la prise d'un brevet, Pascal pouvait donc, dès son arrivée à Paris, commencer et poursuivre son affaire ; — ce qu'il fit.

Pour obéir aux conventions prises avec M. Charlard, on ne devait établir une usine pour la fabrication du noir décolorant que s'il était impossible de vendre les brevets, soit à un raffineur qui voudrait, en se les appropriant exclusivement, gêner ses concurrents, soit à un industriel qui voudrait les exploiter.

Avant de consentir cette convention, Pascal avait longtemps discuté, car il lui paraissait étrange que pour une somme payée immédiatement on sacrifiât les produits considérables qui leur seraient acquis chaque année pendant la durée des brevets; mais comme M. Charlard en avait fait une condition absolue, il avait dû céder. On ne pousse pas la lutte jusqu'à l'obstination avec un homme qui vous apporte 100,000 fr. Jusqu'à un certain point, Pascal trouvait cette libéralité du banquier inexplicable; son désir de vente étant inexplicable aussi, il y avait une sorte de compensation.

Tout le sucre qui se consomme en France n'est point raffiné à Paris, mais c'est à Paris que se trouvent quelques-unes de raffineries les plus importantes et les plus riches.

A cette époque, la plus considérable de ces raffineries était celle de Grande-Pinte, qui avait reçu son nom du quartier dans lequel elle s'élevait. Occupant tout l'espace compris entre la rue de Charenton et le chemin de fer de Lyon, avec lequel elle se raccordait par un embranchement, cette raffinerie, établie à portée des arrivages de la matière première et dans d'excellentes conditions matérielles, avait donné à son propriétaire, M. Féline, une très-grosse fortune et l'avait placé à la tête du commerce parisien.

6.

La position de cette maison, son importance, la notoriété qu'elle s'était acquise dans le monde entier la désignaient naturellement au choix de Pascal, et ce fut par elle qu'il décida de commencer ses démarches.

— Ne te flatte pas trop de l'idée d'un succès, dit Cerrulas lorsque son fils lui communiqua son intention ; si Féline pouvait t'acheter ton brevet moyennant un morceau de pain, comme il me l'eût payé à moi-même, par exemple, l'affaire se serait faite très-probablement, car ton brevet peut lui faire gagner 2 ou 300,000 fr par an ; mais tu ne meurs pas de faim, tu es soutenu par un capitaliste solide, tu demandes un prix raisonnable, je doute qu'il traite dans ces conditions. A ces gens-là il faut des moutons à égorger.

Pascal se dit que son père était bien pessimiste ; et, sans se laisser ébranler dans ses espérances, il se dirigea vers le quartier de la Grande-Pinte. Il avait revêtu d'élégants habits neufs qui avaient été apportés le matin, car on ne va pas proposer une affaire de plusieurs millions dans le costume râpé d'un maître d'étude de province.

La raffinerie de la Grande-Pinte, qui, pour traiter 200,000 kilogrammes de sucre, emploie 10 générateurs à vapeur donnant une force de 1,000 chevaux et consommant 50 tonnes de charbon par vingt-quatre heures, s'annonce au loin par un gros nuage de fumée noire que vomissent continuellement les hautes cheminées des pompes à feu et des fours à revivification.

En franchissant la large porte qui ouvre sur la rue,

Pascal eut un mouvement de fierté comme si cette usine allait lui appartenir pour une bonne partie. De son habileté et de sa force dépendaient maintenant son avenir et celui de Laure.

En homme qui ne doute de rien et qui apporte avec lui une fortune, Pascal demanda à voir M. Féline. Mais M. Féline n'était point ainsi visible pour le premier venu. Il lui fallut beaucoup de patience et une persévérance intelligente pour être admis auprès de l'ingénieur qui dirigeait l'usine.

Aux premiers mots, celui-ci l'arrêta poliment :

— Monsieur, dit-il, depuis dix ans je m'occupe de l'industrie des sucres, et pendant ces dix années j'ai vu au moins deux cents personnes qui avaient inventé de nouveaux procédés de décoloration.

Pascal eût reçu un coup de marteau-pilon sur la tête, qu'il n'eût pas été mieux aplati. Il lui fallut plusieurs secondes pour se remettre. Alors il commença à expliquer l'invention de son père et les propositions qu'il voulait soumettre à M. Féline.

— Je rapporterai ces propositions à M. Féline, dit l'ingénieur en rompant l'entretien ; s'il juge à propos de les discuter avec vous, il aura l'honneur de vous prévenir.

Ce fut tout ce que Pascal put en tirer ; le procédé paraissait-il mauvais, ou bien paraissait-il bon, l'ingénieur ne s'expliqua pas, et rien dans ses paroles ou dans son attitude ne trahit au dehors son sentiment.

Eh quoi ! c'était là l'accueil qu'on faisait à une invention qui allait révolutionner l'industrie des sucres ! Pascal sortit indigné. Ces gens étaient des routiniers, des sourds qui ne voulaient pas entendre, des aveugles qui ne voulaient pas voir. Ils ne méritaient pas de participer à la fortune qu'il leur apportait.

Huit jours s'écoulèrent sans qu'il reçût de réponse à sa proposition. A bout de patience, il allait s'adresser à un autre raffineur, lorsqu'une lettre le prévint que M. Féline l'attendait le lendemain, chez lui, rue de la Chaussée-d'Antin.

Ceux qui passent rue de la Chaussée-d'Antin devant une large porte cochère enchâssée entre deux hautes maisons ne peuvent guère se douter que derrière cette porte se trouve l'un des plus beaux et des plus curieux hôtels de Paris ; mais si la porte s'ouvre pour donner passage à une voiture, ils aperçoivent une longue allée plantée de vieux ormes, et au bout de cette allée qui s'enfonce entre deux murs, s'élève, se détachant sur un fond de verdure, une construction dans le style du Garde-Meuble qui, toutes proportions observées, a la grâce et la beauté de ce palais, — c'est l'hôtel de M. Féline.

A raison de l'heure matinale qui lui avait été fixée, sept heures, Pascal avait pensé qu'il trouverait M. Féline au saut du lit ou en train de prendre son premier déjeuner, et qu'il pourrait lui expliquer son affaire tranquillement en ne négligeant aucun détail.

On le fit entrer dans un salon qui précédait le cabinet du commerçant, et il tomba au milieu d'une douzaine de personnes qui, arrivées avant lui, attendaient leur tour d'audience. Toutes ces personnes se connaissaient et causaient. Au bout d'une demi-heure, il sut quelle haute position occupait dans l'administration, la politique, la finance, le commerce, celui qu'il avait cru n'être qu'un simple raffineur. Il y avait là des directeurs de grandes sociétés de crédit, des administrateurs de compagnies d'assurance, des industriels, des ingénieurs, des faiseurs d'affaires. Peu de temps après lui entra dans le salon un nouveau venu qui, au lieu d'attendre, alla frapper à la porte du cabinet et entra aussitôt. Il portait à sa boutonnière une rose de décorations multicolores, et dans son bras il tenait une grosse serviette de maroquin sur laquelle on lisait en lettres d'or : « Préfecture de la Seine, secrétariat général. »

Pascal, qui pendant ses huit jours d'attente avait cru que M. Féline voulait employer avec lui le système de l'impatience, commença à croire que son invention, malgré ses admirables résultats, pouvait bien n'être que peu de chose aux yeux d'un homme qui avait de pareilles affaires.

Les heures s'écoulèrent ; les personnes arrivées passaient dans le cabinet, et il en survenait d'autres qui faisaient antichambre ou passaient aussitôt. Trois ou quatre fois M. Féline reconduisit ces personnes jusqu'à la porte de son cabinet, et pour l'une d'elles il vint jusqu'au milieu du salon.

Pascal put alors l'examiner ; c'était un petit homme

très-gras, aux bras courts, marchant posément, avec précaution, la tête droite, immobile, comme si cette tête était une cruche pleine d'un liquide précieux que le moindre mouvement pourrait faire déborder : il était habillé de vêtements en gros drap, sa cravate blanche était un mouchoir de coton, ses souliers en cuir lacés laissaient voir des bas bleus. En tout, la simplicité d'un homme qui est obligé d'observer une rigoureuse économie.

Et cependant ce bonhomme économe était l'un des plus riches commerçants de France : il était de toutes les grandes affaires, sociétés de crédit et de banque, chemins de fer, mines, exploitations, navigations, assurances : président des unes, administrateur des autres, conseil de toutes. Pas une grande opération ne se fondait sans qu'on demandât son concours ; et son nom était cliché à la troisième page des journaux, sous la rubrique : « membre du conseil de surveillance » de toutes les Sociétés qui pêchaient dans l'eau trouble de la publicité.

Bien entendu, un homme aussi considérable n'avait pas pu rester en dehors des conseils du gouvernement. Il n'était pas député, parce que les électeurs parisiens n'avaient pas voulu de lui, mais il était de toutes les commissions auxquelles on peut être nommé quand on est recommandé et poussé par beaucoup de millions. Et malgré tout cela, pas le moins du monde fier, le bon bourgeois parisien. Ce n'est pas lui qui eût jamais blessé personne par l'étalage de sa richesse ou de son importance. Bien au contraire, humble avec chacun, simple avec tous, le riche comme le misérable. Quand il était obligé de parler de sa fortune, il disait « mon petit avoir »; quand il s'agissait de sa maison de campagne, magnifique château sur les bords de la Seine, aux environs de Poissy, il ne la désignait jamais sous un autre nom que « ma maisonnette. » — « Elle n'est guère belle, mais j'ai fait ce que me permettait mon petit avoir pour la mettre en valeur. J'ai construit cette année quelques châssis à primeurs pour avoir des pêches au mois de février. L'année dernière, je me suis ruiné à élever un jardinet d'hiver pour y placer un araucaria de 20 mètres. » Et quand on le consultait sur quelqu'un, quelle modestie dans ses appréciations ! « Dans ce qu'il est, c'est un homme qu'on peut obliger de 100,000 fr.; dans ce qu'il est, c'est un commerçant sûr. » Naturellement il suffisait qu'un homme si riche et si bienveillant fît partie d'une société pour que ses confrères le plaçassent aussitôt à leur tête; il se laissait faire avec une inépuisable bonne volonté, non par amour-propre, mais parce que, comme il le disait lui-même, il se croyait en situation de rendre quelques services. Alors il ne ménageait ni son temps ni sa peine ; et bien qu'il ne fût pas orateur, il ne reculait jamais devant un discours à prononcer dans les sociétés de bienfaisance; même dans les comices agricoles ou horticoles il trouvait toujours quelque bonne parole à dire. Une de ses allocutions prononcées au comice horticole de Meulan donne une idée de son genre d'éloquence par cette péroraison : « Nous ne terminerons pas sans signaler les pensées mises au concours ; certes elles étaient belles et variées, mais combien moins belles cependant et moins variées que celles que les nombreux visiteurs de notre Exposition emporteront dans leur tête et dans leur cœur ! » Tout l'homme était dans cette phrase dont les sceptiques seuls pouvaient se moquer.

Vers dix heures, le salon se trouva vide, Pascal pensa que son tour était arrivé ; mais pendant une demi-heure on le laissa encore attendre ; puis enfin M. Féline ouvrit la porte de son cabinet, et du seuil lui fit signe qu'il pouvait entrer.

M. Féline s'assit devant un bureau chargé de papiers, et, regardant Pascal d'un air sévère :

— Vous êtes la personne dont m'a parlé le directeur de mon usine ? dit-il.

— Oui, monsieur, répondit Pascal, qui, mal assis sur sa chaise, se sentait gauche et tremblant.

— On me dit que vous avez inventé un nouveau noir décolorant appelé, selon vos espérances, à remplacer le charbon animal. C'est là votre prétention ?

Un juge d'instruction qui interroge un criminel ne le fait pas plus durement.

— Sans doute, continua M. Féline, vous désirez faire des expériences et vous avez pensé à la raffinerie de la Grande-Pinte : eh bien ! Monsieur, la raffinerie est à votre disposition, vous vous entendrez avec mes chimistes; l'industrie doit venir au secours de la science, ce sont deux sœurs.

Et, sur cette belle phrase, il repoussa une feuille de papier, qui était devant lui. Si Pascal avait osé lever les yeux, il aurait trouvé dans cette feuille couverte de barbouillages l'explication de la longue attente qui lui avait été imposée après le départ de toutes les personnes qui avaient reçu audience.

La dernière de ces personnes était le directeur d'une Compagnie financière qui avait fait signer à M. Féline un certain nombre d'actions; or, ce qui coûtait le plus à cet homme heureux, c'était de donner sa signature; non pas qu'il considérât qu'une signature apposée au bas d'une action engageait à quelque chose; il avait à ce sujet des idées que les tribunaux auront bien de la peine à détruire chez les financiers; mais sa répugnance tenait à une tout autre raison.

Il était arrivé à Paris à quinze ans, venant d'Auvergne, sans un sou dans la bourse et sans autre instruction dans la tête que celle qu'il avait pu attraper l'hiver à l'école de son village, mais comptant réussir par deux forces dont il se sentait richement pourvu : une volonté de fer et une persévérance opiniâtre. L'argent était venu, petit à petit d'abord, plus vite ensuite, et la bourse s'était remplie; mais la tête, dont il ne s'occupait pas, était restée vide. Que lui importait? c'était la fortune qu'il voulait. A la longue il l'avait obtenue, et plus considérable, plus prodigieuse qu'il n'avait pu la rêver. Mais cette fortune, par la loi d'attraction ordinaire aux choses de ce monde, avait appelé les honneurs et les fonctions importantes, alors il avait reconnu avec désespoir qu'un métal brut prend mal la dorure, et que, pour qu'il simule le vrai, il faut qu'il ait reçu au moins une certaine préparation. Bonne au bas d'un billet qui ne devait circuler que parmi les escompteurs du quartier des halles, la signature « Féline », tracée dans un caractère primitif, en lettres maladroites et disgracieuses, devenait peu convenable au bas d'une délibération de la commission municipale ou d'un procès-verbal d'une grande Société financière. Que n'eût-il donné pour avoir la signature rapide, élégante ou négligée de ces pauvres diables qui ne possédaient pas seulement 100,000 fr. de rente ! Avec la persévérance qu'il mettait à tout, il travaillait cependant courageusement pour l'acquérir; mais le succès répondait mal à ses efforts. Malgré les innombrables feuilles de papier qu'il consommait dans ses essais, les lettres restaient grossières, les parafes enfantins : pour l'écriture aussi bien que pour les manières, l'élégance et la simplicité ne s'improvisent pas.

En entendant parler d'expériences à la Grande-Pinte, Pascal, surpris, se recula.

— Vous n'avez rien à craindre, poursuivit M. Féline; vous trouverez auprès de mes chimistes toutes les facilités désirables ; dans ce qu'ils sont, ce sont des esprits sûrs.

— Mais ce n'est pas d'expériences qu'il s'agit, interrompit Pascal ; ces expériences ont été faites, elles ont pleinement réussi ; je venais vous proposer mon brevet.

— Un brevet à moi, monsieur ; je n'ai jamais acheté un brevet, cela est contraire à mes principes ; je ne reconnais pas le brevet. Qu'est-ce qu'un brevet ? Une entrave à l'industrie. De quel droit venez-vous gêner mon commerce ?

— Du droit qu'a tout propriétaire d'empêcher autrui de se servir de sa chose sans lui payer une redevance.

— Sa chose ! mais comment un brevet est-elle votre chose plutôt que la mienne ? Ce que vous avez trouvé, je pouvais le trouver moi-même.

— Pourquoi ne l'avez-vous pas trouvé ?

— Parce que je ne l'ai pas cherché.

— Moi, je l'ai cherché parce que j'avais un intérêt ; si cet intérêt n'avait pas existé, je n'aurais jamais cherché, et par conséquent je n'aurais pas trouvé. Croyez-vous vraiment qu'un pauvre diable de professeur comme moi s'amuserait à poursuivre la découverte d'une invention rien que pour avoir le plaisir de penser que cette invention fera la fortune d'un grand industriel. On ne se dit pas : « Si je trouvais un nouveau charbon décolorant, cela pourrait faire gagner 100,000 ou 200,000 francs par an à M. Féline ; il faut que je donne tout mon temps et toute mon intelligence à cette recherche, cela lui sera agréable » ; non, on se dit : « Cela me fera gagner un million ou deux », et l'on cherche courageusement. Est-ce que si vous aviez travaillé pour enrichir les épiciers qui vendent vos produits, vous auriez déployé la même ardeur à faire fortune ?

— Ma fortune est à moi ; elle offre tous les caractères de la propriété.

— Et mon idée ? on gagne une fortune pour en jouir. Moi je poursuis la réalisation d'une idée, pour moi d'abord cela est vrai, mais en même temps pour les autres qui jouiront de mon invention tandis qu'ils ne jouissent pas de votre fortune. Mettons en commun les produits du travail matériel et du travail intellectuel, je le veux bien ; mais si vous voulez partager avec moi sans me permettre en même temps de partager avec vous, non.

— Vous êtes socialiste, monsieur, nous ne pouvons pas nous entendre ; moi, je ne suis pas socialiste.

— Vous ne l'êtes pas pour ce qui vous appartient, mais pour ce qui appartient aux autres ?

— Mon cher monsieur, je vous ai déjà dit que je ne vous reconnaissais pas de droits à votre invention ; et d'avance, sans la connaître, je suis certain de vous le prouver. Voyons, de quoi s'agit-il ?

Pascal expliqua la composition du nouveau noir décolorant et ses propriétés. Pendant qu'il parlait, M. Féline se leva, et prit un volume manuscrit qu'il se mit à feuilleter.

— Très-bien ! dit-il, voici votre brevet.

Et comme Pascal ouvrait des yeux étonnés :

— J'ai soin, dit-il, de faire copier tous les brevets

qui, de près ou de loin, se rapportent à l'industrie des sucres.

— Puisque vous ne les achetez jamais? hasarda Pascal.

M. Féline ne répondit pas ; il n'était pas dans ses habitudes de donner ainsi l'explication de ses actions.

— Par une note de mes chimistes mise en marge de votre brevet, poursuivit M. Féline, je vois que votre noir décolorant n'est qu'un perfectionnement des schistes carbo-bitumineux de Ménat dans le Puy-de-Dôme, qui ont été déjà essayés. Vous voyez donc que vous n'avez rien inventé du tout, et que, comme tant d'autres, vous avez pris un brevet pour exploiter avec monopole une chose qui appartient à tout le monde. C'est toujours la même histoire.

— Pardon ; le charbon que donnent les schistes de Ménat n'enlève pas la chaux mise en excès dans les liquides sucrés, et mon noir l'enlève parfaitement ; ces schistes ont encore cet inconvénient de contenir du bisulfure de fer qu'il est impossible de séparer et qui, passé à l'état de protosulfure, réagit sur la matière colorante des sirops et augmente leur intensité au lieu de les décolorer. Vous voyez donc que nous avons trouvé quelque chose. Il est vrai que ce quelque chose nous ne l'avons pas tiré de rien ; mais c'est la loi de la nature. Voilà pourquoi, ayant trouvé ce procédé qui, pour une industrie comme la vôtre, peut donner une économie considérable, je venais vous proposer de vous le céder.

— Je vous ai répondu là-dessus; je me croirais complice d'un acte indélicat en achetant un brevet.

Il n'y avait qu'à quitter la place. Pascal se leva.

Mais avant qu'il arrivât à la porte, M. Féline l'arrêta :

— Il faut dire aussi, fit-il d'un air fin, que votre procédé, dans ce qu'il est, tombe trop facilement sous le coup de la contrefaçon. Je ne sais pas ce qu'il vaut, mais s'il donne les résultats que vous annoncez, vous pouvez être certain d'avance qu'il sera contrefait par tout le monde et qu'on se passera de vous. Vous chauffez à 260 degrés, dites-vous, je chauffe à 250 ou à 270 degrés : vous employez du goudron, j'emploie, moi, une autre matière carburante à bas prix ; comment me prendrez-vous !

— Est-ce qu'un honnête commerçant ose se faire contrefacteur ?

— Je ne sais pas, et cependant ne devrions-nous pas tous nous entendre pour échapper aux inventeurs qui nous exploitent et rendre au domaine public ce qu'ils ont eu l'adresse d'en soustraire ? Il y a des circonstances où le devoir d'un citoyen est d'entrer en révolte contre la loi. Tenez, monsieur, avant de sortir d'ici, laissez-moi vous donner un conseil: vous êtes jeune, professeur, m'avez-vous dit; moi, je suis vieux et j'ai l'expérience des affaires et du commerce. Renoncez à votre brevet, notez que je ne dis pas à votre procédé. Laissez-le tomber dans le domaine public, et contentez-vous de la part glorieuse qui revient aux savants, lesquels ont toujours donné libéralement le fond sur lequel on a greffé les inventions industrielles. C'est le conseil d'un homme qui veut vous éviter des tracas. D'autres que vous sont entrés dans cette pièce et se sont assis à la place que vous occupiez tout à l'heure ; à tous j'ai tenu le langage que je vous tiens aujourd'hui. Les uns m'ont écouté, les autres ont, malgré tout, voulu lutter. Eh bien ! vous ne savez pas ce qu'est cette lutte d'un homme seul contre une coalition d'intérêts.

— Il a la loi pour lui.

— La loi ! Vous ne savez pas ce que peut la loi. Il y a déjà plusieurs années, un appareil a apporté dans l'industrie du raffineur une révolution autrement capitale que celle que vous proposez : c'est la turbine de MM. Rohfs et Seyrig, qui a réduit la durée du raffinage à moins de jours qu'on n'employait de mois avant eux. Eh bien! lisez l'histoire de leurs batailles : pendant sept années, ils ont plaidé, gagnant ici, perdant là, et cela contre un seul contrefacteur ; lisez l'histoire des luttes de Sax, le fabricant d'instruments, qui ont duré treize ou quatorze ans ; lisez celles qui se sont engagées pour les brevets de Christofle, et qui ont nécessité plus de deux cents jugements. Les inventeurs ont triomphé, me direz-vous. C'est vrai : on leur a payé des dommages-intérêts, mais on ne leur a pas payé le temps perdu dans ces procès, l'énergie déployée par eux ; on ne leur a pas payé leurs misères et leurs souffrances. Le brevet d'invention est un engrenage : une fois qu'on s'est laissé prendre par un doigt, la main est attirée ; après la main, vient le bras ; après le bras, le corps. Encore un coup, renoncez à votre brevet : si vous aimez la tranquilité, retournez à votre classe.

Cet accueil était loin de celui que Pascal avait espéré; cependant il ne sortit pas découragé.

— Bah ! se dit-il, celui-là est trop riche, il est gavé, il n'a plus faim ; un autre sera plus empressé.

X

Mais, chez les autres, si l'accueil différa, le résultat fut à peu près le même : personne ne voulut acheter son brevet. Chez celui-ci on ne l'écoutait même pas, et aux premières paroles qu'il prononçait pour expliquer son invention, on le mettait à la porte avec ce mot qui a déjà tant servi : « Est-ce que vous croyez naïvement qu'on vous a attendu pour marcher ? » Chez celui-là on lui répondait : — « Fabriquez et offrez-nous votre produit ; s'il est bon, nous l'emploierons ; s'il n'est pas ce que vous dites, nous vous le laisserons. »

A cela il n'y avait rien à répliquer, et Pascal était bien obligé de reconnaître que c'était là la marche naturelle et raisonnable ; mais ce n'était point celle indiquée par M. Charlard.

— Fabrique ! répétait chaque jour Cerrulas ; le père de la belle Laure te fait perdre ton temps et ta peine ; quand tu vendrais ton brevet 5 ou 600,000 fr., ce qui serait énorme, tu ne gagnerais pas la dixième partie de ce que l'exploitation te donnera. Fabrique !

Mais Pascal se regardait comme engagé d'honneur à ne renoncer à la vente du brevet que quand il aurait frappé à toutes les portes, et il continuait à frapper. D'ailleurs, si certains que fussent les résultats de la fabrication, ils ne seraient pas immédiats ; du jour au lendemain les centaines de mille francs ne tomberaient pas dans sa caisse, il faudrait attendre, attendre peut-être plusieurs années avant que les bénéfices fussent réguliers, tandis que la vente du brevet lui mettait immédiatement une grosse somme dans la main qui lui permettait de dire à M. Charlard : « Un million, est-ce assez ? » Qu'il vendît le brevet, et dans quelques semaines Laure était sa femme ; qu'il fût au contraire obligé de s'engager dans les lenteurs, dans les incertitudes de la fabrication, et pendant ce temps la jeune fille pouvait se lasser, un autre pouvait lui plaire ; qui est sûr du cœur de la femme ? C'étaient là de bonnes raisons pour l'éperonner, lui donner une fiévreuse activité, et malgré les échecs, les déceptions, les humiliations, l'empêcher de lâcher pied.

En même temps qu'il frappait à la porte des autres, on frappait aussi à la sienne.

7.

Deux choses manquent généralement aux inventeurs : la pratique des affaires et l'argent. Dominés, entraînés par leur idée fixe, ils n'ont jamais vu dans la vie que la poursuite de cette idée, et le jour où elle a pris corps, où le moment est venu d'en tirer parti, ils ne savent à qui s'adresser, quelle marche suivre, quelles formalités remplir; quelques-uns même ne peuvent pas écrire la demande de brevet qui doit leur donner la fortune. Quand ils le peuvent, ils sont parfois arrivés à un tel état d'épuisement qu'il leur est impossible de trouver les 100 fr. exigés par l'État comme premier versement. Pour leur venir en aide, — au moins c'est la prétention qu'elle affiche, — il s'est créé une industrie qui a pour but ostensible de prendre les brevets en France, en Angleterre, partout, et de faire des avances aux inventeurs. Si une invention de mérite se produit, ceux qui exploitent cette industrie — et le nombre en est grand — se précipitent sur l'inventeur qui devient leur gibier, — gibier poursuivi, harcelé, traqué comme l'est le malheureux lièvre qui un jour d'ouverture de chasse s'est aventuré dans la plaine Saint-Denis.

Aussitôt que le bruit se fut répandu — et ce bruit courut rapidement — qu'une nouvelle invention allait remplacer le noir animal dans le raffinage des sucres, Pascal vit arriver chez lui les plus ardents de ces chasseurs. Celui-ci était le seul qui pour un prix fixe au-dessous de ce que demanderaient les agences rivales pouvait organiser son affaire ; celui-là était le seul en position de vendre un brevet avantageux ; c'était lui qui avait déjà vendu un brevet pour le caouthouc 3 millions, un autre brevet pour l'acier 2 millions. Sa sonnette tintait toute la journée, et son oreille était remplie du mot million répété sur tous les tons.

Cependant les semaines et les mois s'écoulèrent sans que ces millions arrivassent : les capitalistes ne voulaient pas seuls risquer l'affaire ; il fallait former une Société. Et alors tous les ennuis, toutes les incertitudes, tous les retards de cette gestation : on signerait définitivement le lendemain ; le lendemain, c'était pour la semaine suivante ; la personne qui devait apporter la grosse somme était embarquée sur le premier transatlantique attendu à Liverpool.

Après les agents pour la vente du brevet, arrivèrent ceux qui avaient trouvé un perfectionnement au noir décolorant Cerrulas, perfectionnement sans lequel ce noir n'était rien ; ceux-là demandaient modestement la moitié des bénéfices à venir, menaçant de faire des procès si on les refusait.

Tous les soirs, Pascal tenait M. Charlard au courant de ses démarches, lui disant franchement ses espérances aussi bien que ses déceptions.

A la fin, les déceptions l'emportèrent sur les espérances, et les preuves s'ajoutèrent aux preuves, démontrant jusqu'à l'évidence que l'on n'arriverait jamais à un résultat tant qu'on s'en tiendrait aux intermédiaires. Il fallait donc exploiter. Ce fut le conseil que M. Charlard donna lui-même.

La fabrique de caoutchouc qui se trouvait derrière le terrain de Cerrulas était vacante par suite de faillite, Pascal la loua et commença aussitôt les travaux nécessaires pour organiser les bâtiments et les fours qui devaient servir à la préparation de son noir.

Ce fut dans sa vie un bon moment que celui où il vit entrer les maçons la pioche sur l'épaule : c'en était fini de l'impatience, des tracasseries, de la fièvre; on allait désormais marcher régulièrement.

Les travaux de transformation de l'usine n'étaient pas considérables, il s'entendit avec les entrepreneurs pour qu'ils fussent poussés activement, et il s'établit lui-même dans le chantier pour exercer une active surveillance. Cependant, malgré cette surveillance et malgré son activité qu'il tâchait de communiquer aux ouvriers, les travaux ne marchèrent point comme il l'avait espéré. Un jour, les plombiers manquaient; le lendemain, les maçons; un autre jour, les fumistes.

Les appareils devant servir à la fabrication de son noir étant à peu près du même genre que ceux qui sont en usage pour la calcination des os, il avait pris pour organiser leur installation un contre-maître qui sortait d'une fabrique de noir animal. Celui-ci était venu s'offrir lui-même, et les renseignements obtenus par Pascal étant favorables, il l'avait engagé. C'était un Parisien nommé Lemarrois, dont la figure chafouine et cauteleuse n'était point faite pour inspirer une vive confiance, mais on ne peut pas exiger chez des ouvriers la tête vénérable d'un bon curé de village ou d'un honnête magistrat.

Un jour que Pascal avait été obligé de sortir, il trouva, en rentrant, le chantier vide ; bien que ce fût l'heure du travail et qu'il eût laissé chacun à sa tâche, il n'y avait plus personne, ni ouvriers ni contre-maître. Il était à arpenter de long en large son terrain, marchant les poings serrés, en proie à une colère impatiente, lorsqu'il vit son contre-maître entrer en faisant des zigzags, avec toute l'attitude d'un homme ivre.

D'un bond il fut sur lui.

— Oui, monsieur, dit Lemarrois, se retenant à une chaudière posée sur le sol, je le suis, je le suis tout à fait, ah ! mais là, ce qui s'appelle tout à fait.

— C'est comme cela que vous prenez mes intérêts ?

— Ah ! monsieur, je ne fais que cela ; c'est pour vous que j'ai bu ; à chaque coup je me disais : C'est pour M. Pascal, ça lui fera du bien, faut se dévouer pour ses maîtres, Lemarrois, et je buvais. J'ai tant bu que je le suis. N'est-ce pas que je le suis bien ?

— Allez-vous coucher, nous causerons demain.

— Non, non, je ne veux pas me coucher, je veux causer tout de suite parce que voyez-vous, quand je suis à jeûn je suis un gredin, un pas grand'chose, le fils à mon père, quoi ; mais quand je suis plein, je suis un honnête homme, le vrai fils à ma mère. Oui, monsieur, je veux vous causer en honnête homme.

— Eh bien! parlez, dit Pascal que ce langage commençait à surprendre.

— C'est ce que je veux; mais je crois que je ne le suis pas encore assez; je vas aller en reprendre un verre, voulez-vous? Non? Alors je vas essayer tout de même; mais ça n'ira pas aussi bien, je vous préviens. Enfin voilà. Vous êtes fâché, n'est-ce pas, parce que les travaux n'avancent pas. Eh bien! vous me donnez 8 fr. pour les faire marcher; mais il y en a d'autres qui me donnent 12 fr. pour qu'ils ne marchent pas, et ils ne marchent pas.

Quels étaient ceux qui recouraient à de pareils moyens? Pascal interrogea son contre-maître en s'efforçant de garder sa patience et son sang-froid. Celui-ci se défendit longtemps, parla de son père, de sa mère; mais il n'était pas en état de garder une longue discrétion, il finit par lâcher le nom qu'on lui demandait : c'était celui d'un fabricant de noir animal, un M. Midoucet, qui dirigeait une des grandes fabriques de Paris sur le quai de la Rapée; bien qu'étant en exploitation sous la raison sociale Midoucet et Cie, cette fabrique appartenait presque en totalité à M. Féline, et même, aux yeux de bien des gens sûrement informés, Midoucet n'était qu'un simple gérant, l'employé de Féline, qui trouvait ainsi moyen, en se faisant le fournisseur de ses concurrents, de les tenir entre ses mains puissantes.

— Il a fallu que je me soûle pour vous dire tout ça, continua Lemarrois : il y a longtemps que ça me gêne ; tous les jours je tâchais de me mettre en train, mais je n'en avais jamais assez ; aujourd'hui, je le suis bien, n'est-ce pas ?

Pendant plus d'une heure Pascal resta attéré : c'était donc là la guerre qu'on allait lui faire. Mais peu à peu il se remit. Dans quelques jours sa fabrique fonctionnerait. Que pourrait alors la concurrence contre lui ? Qu'avait-il à craindre ? A la fin, il faudrait bien que la victoire restât à ses produits, puisqu'ils étaient supérieurs à ceux qu'ils allaient remplacer.

X.

Les démarches et les négociations de Pascal avaient eu au moins cela de bon qu'elles lui avaient créé des relations parmi ceux qui s'occupent de l'industrie des sucres. Tous les raffineurs ne l'avaient pas reçu de la même façon que le propriétaire de la Grande-Pinte.

— Si votre invention donne les résultats que vous annoncez, lui avait dit un des concurrents de Féline, votre fortune est faite ; avant trois mois vous aurez la fourniture de toutes les raffineries de France. Marchez sans crainte.

D'autres s'étaient engagés d'avance à lui prendre

ses produits aussitôt qu'il pourrait les fabriquer régulièrement et les fournir à époque fixe.

En même temps, au milieu de ses courses à travers Paris, il avait rencontré plusieurs de ses anciens camarades qui comme lui avaient abandonné l'Université, car il appartenait à cette génération de normaliens qui, ayant trop de fierté dans le cœur pour supporter les humiliations et les misères qu'on lui imposait, s'est trouvée avoir assez de talent dans la tête pour se conquérir une belle position littéraire. Presque tous ceux avec lesquels il renoua connaissance avaient un journal dans lequel ils disaient ou pouvaient faire dire ce qu'ils désiraient. Avec ce puissant esprit de camaraderie qui se forme dans les écoles spéciales, ils avaient voulu venir en aide à Pascal ; on avait rappelé les travaux de son père, on avait parlé de son invention, et le noir Cerrulas était célèbre avant d'être fabriqué.

Qu'importaient alors les ruses et les hostilités de concurrents comme Midoucet? S'ils recouraient à des moyens déloyaux, n'était-ce pas la preuve la plus certaine qu'ils avaient peur, et, par conséquent, la preuve certaine aussi qu'ils se sentaient d'avance incapables de lutter contre la nouvelle invention ?

Il fallait se hâter et n'avoir d'autre souci pour le moment que d'activer les travaux.

Il ne sortit plus, afin d'être pendant toute la journée derrière les ouvriers.

— Le patron se défie de moi, dit Lemarrois.

— Un peu ; votre conduite à venir dire si j'ai tort. Un autre à ma place ne vous eût pas gardé.

— Ça, c'est vrai, et vous ne vous en repentirez pas ; on a du cœur tout de même, vous verrez ça ; mais franchement, est-ce que celui qui paye un pauvre homme pour être un gredin n'est pas le gredin lui-même ?

Sous la direction de Pascal, le travail marcha plus régulièrement, et, malgré quelques retards inexplicables, on put bientôt fixer le jour où l'on commencerait à fabriquer.

M. Charlard annonça qu'il viendrait à Paris pour ce moment. Et dans un post-scriptum il ajouta que Laure l'accompagnerait pour passer une semaine avec lui.

Pascal vit dans ce voyage de la jeune fille un témoignage de tendresse. Depuis sept mois il était éloigné d'elle ; il fut l'homme le plus heureux du monde.

A sa joie pourtant se mêla un sentiment de malaise et d'inquiétude. Il connaissait Laure, il savait combien elle était curieuse de se rendre compte de tout ; assurément, elle voudrait voir son père et Abeille. Comment la recevoir dans la baraque de la rue de la Sablonnière ?

L'éducation qui lui avait été donnée par sa mère et le milieu dans lequel il avait vécu ne lui permettaient pas de s'élever au-dessus de certaines considérations bourgeoises. Seul il pouvait être frappé de ce qu'il y avait de grand dans la vie de son père. Mais que Laure vînt descendre à la porte de la rue de la Sablonnière et qu'il eût à la conduire par la main dans cette hutte de planches, jamais il ne trouverait la force de lui dire : — « Regardez cette cabane et le vieillard qui l'habite : la cabane est une hutte de sauvage ; le vieillard est un des grands esprits de notre temps, une intelligence d'élite ; il avait fortune, amis, position, femme, enfant, il a tout quitté pour la science ; pauvre aujourd'hui, il a, par les combinaisons de son esprit, fait gagner des millions à des gens qui l'ont dépouillé et que la société a récompensés à sa place ; en ce moment il a voué sa vie à la recherche d'une invention qui, s'il la trouve, sera aussi utile à l'humanité que l'a été la découverte de la machine à vapeur. Pour poursuivre cette idée, il a depuis dix ans travaillé sans relâche, nuit et jour, sous l'obsession de la même idée, et pendant ces dix ans, à mesure qu'il avançait vers son but, il a fait successivement des découvertes qui suffiraient à la réputation de dix savants patentés et rentés ; pour l'aider, sa fille jeune et belle est venue s'enfermer avec lui ; ils sont là tous deux, vivant de privations, dépensant à peine quelques sous par jour, et encore ces quelques sous sont-ils apportés bien souvent par l'enfant qui les a laborieusement gagnés. Est-ce que cela ne frappe pas votre imagination de jeune fille et votre cœur de femme ? est-ce qu'au-dessus de ce toit de planches moussues ne rayonne pas devant vous une auréole assez brillante pour élever vos yeux vers le ciel et les empêcher de se poser sur la terre ? »

Il craignit que Laure, sensible aux seules pauvretés

de cette vie, ne fût frappée que par le côté misérable qu'elle présentait : — le seuil en bois de la porte d'entrée, les fenêtres sans rideaux, les chaises boiteuses, le parquet pourri, au travers duquel passaient souvent les pieds, — et il voulut adoucir autant que possible l'impression première qu'elle en devait recevoir.

Il avait des ouvriers à sa disposition, il les envoya de la rue de Reuilly à la rue de la Sablonnière ; les menuisiers refirent le parquet et rajustèrent les fenêtres ; les peintres lessivèrent les portes et collèrent du papier sur les cloisons ; des chaises neuves remplacèrent celles sur lesquelles on ne pouvait s'asseoir qu'à condition de posséder le talent d'un équilibriste ; des rideaux furent posés aux fenêtres, et une allée tracée à travers les broussailles du jardin fut recouverte d'une bonne épaisseur de sable jaune.

Sa grande inquiétude dans ces travaux était que son père ne lui demandât ce qu'ils signifiaient, mais Abeille le rassura.

— Pourvu que tu ne retires pas à père la chaise sur laquelle il est assis, il ne s'apercevra de rien.

Et, de fait, il continua à aller et venir comme si rien n'était changé : quand il passait à un endroit où le parquet avait été pourri pendant plusieurs années, il glissait le pied pour ne pas faire un trou.

La seule observation qui vint prouver qu'il fût sensible à ce qui passait autour de lui eut lieu à propos d'une table neuve apportée le matin même par Pascal. La vieille table sur laquelle se prenaient les repas était toujours encombrée de mille objets : des livres, des instruments, des appareils qu'on se contentait de pousser un peu. Mais sur la belle table neuve, tout cet entassement avait disparu. Au déjeuner, Cerrulas allongea machinalement le bras pour prendre un livre que, bien entendu, il ne retrouva pas.

— Si tu veux toujours ranger, dit-il à Abeille, tu vas nous mettre dans un désordre au milieu duquel il sera impossible de se reconnaître.

Et ce fut tout. Ainsi encouragé, Pascal ne s'arrêta plus dans ses idées de luxe. Il acheta un tapis en feutre anglais à 2 fr. le mètre, qu'il posa lui-même dans la pièce où se trouvait le piano, ce qui fit de cette pièce une sorte de salon, et il offrit à sa sœur un meuble dont depuis deux ans elle rêvait toutes les nuits, sans avoir jamais entrevu un moyen pratique pour l'obtenir, — un tabouret à vis pour son piano.

Il ne s'en tint pas là encore : un jour, en sortant du Conservatoire, il prit Abeille et la conduisit dans un magasin de nouveautés pour qu'elle se choisît une robe de soie, une robe de soie qui faisait froufrou, sa première robe de soie. Elle en fut cependant moins heureuse qu'elle ne l'avait été du tabouret. Puis du magasin de nouveautés on passa à un magasin d'habillements. Le seul vêtement que Pascal eût vu à son père consistait dans un habit noir, l'habit qu'il portait lors de son attaque à Condé; mais depuis ce temps cet habit avait reçu bien des taches, bien des brûlures, et ses déchirures avaient tant de fois été rapprochées, qu'il était devenu de moitié trop étroit.

— Si nous offrons ce bel habit tout neuf à père, dit Abeille, il ne le prendra pas ; je le mettrai près de son lit pendant qu'il dormira, et il l'endossera pour le vieux.

Il l'endossa, en effet, sans rien dire ; mais au déjeuner il fit une observation qui prouva qu'il s'était aperçu d'un certain changement dans ses habitudes.

— Il faudra que je prenne de l'exercice, dit-il ; depuis six mois je ne suis pas sorti, je maigris ; voyez donc comme je suis à l'aise dans mon habit, je peux le boutonner.

Désormais Laure pouvait arriver, rien de trop misérable ne choquerait ses beaux yeux.

Le matin du jour où Pascal attendait M. Charlard, il reçut une visite qui troubla singulièrement la joie de son attente ; ce fut celle d'un huissier lui apportant une sommation d'avoir à payer la somme de 15,754 francs pour solde de fournitures de chaudronnerie et de fumisterie à lui faite par Lanzirolli, entrepreneur.

Cette somme il la devait, sauf règlement du mémoire bien entendu, mais il avait été convenu avec l'entrepreneur qu'elle ne serait payable que six mois après l'achèvement des travaux.

Il courut chez l'entrepreneur ; mais quand il parla de la convention, sur les clauses de laquelle il comptait, celui-ci demanda où était cette convention. Rien n'avait été écrit, il avait besoin de son argent immédiatement, il poursuivrait avec rigueur.

Le soir, M. Charlard donna à Pascal l'explication de cette poursuite étrange.

— Mon cher associé, dit-il, vous avez, sans vous en douter, soulevé contre vous bien des intérêts : cette sommation de Lanzirolli est une manœuvre de vos concurrents, qui espèrent vous arrêter avant même que vous n'ayez marché. Moi-même, je vous avoue que si je n'avais pas vu vos expériences, je vous aurais abandonné, tant les manœuvres tentées autour de moi ont été habilement ourdies : les choses en sont venues à ce point, qu'une personne qui a des intérêts considérables dans ma maison de banque a voulu reprendre ses fonds parce qu'on lui avait dit que j'étais entraîné dans une affaire industrielle qui devait me ruiner. Ainsi attendez-vous à une guerre implacable. Quant à la sommation de ce matin, ne vous en inquiétez pas je vous fournirai l'argent le jour où il faudra payer.

Laure déclara que comme elle avait pris grand plaisir aux expériences qui avaient été faites à la ferme des Yvetaux, elle tenait à visiter la fabrique de la rue de Reuilly.

Le lendemain de son arrivée à Paris, elle descendit de voiture avec son père à la porte de l'usine. Pascal vint les recevoir en costume de travail, les mains pleines de bitume, la figure noircie par la fumée, et tout de suite il lui présenta Abeille ; quant à Cerrulas, qui était au milieu des ouvriers, il n'était pas dans ses habitudes de se déranger pour les jeunes filles ou pour les capitalistes ; il avait bien voulu prendre un jour à la chaleur solaire pour le donner à son fils, mais c'était tout ce qu'il pouvait faire.

D'ailleurs le moment était décisif ; c'était la première fois qu'on opérait industriellement, c'est-à-dire en grand. Les pots en fonte dans lesquels on avait chauffé le mélange destiné à remplacer les os allaient être assez refroidis pour qu'on pût les ouvrir : quel résultat donnerait cet essai !

— Eh bien ? demanda Laure lorsqu'on retira le couvercle.

— C'est parfait ! dit Cerrulas ; maintenant il n'y a qu'à continuer, je n'ai plus rien à faire ici.

Laure trouva l'installation de la rue de la Sablonnière très-originale, et elle voulut bien dire qu'elle avait toujours cru que l'habitation d'un savant devait être ainsi ; il manquait seulement une tête de mort comme chez le docteur Faust. Elle se fit expliquer par Pascal quels étaient les appareils qui se trouvaient dans les pièces servant de laboratoire.

— Ainsi, dit-elle en levant sur lui ses grands yeux, demain peut-être votre père sera Papin ou Fulton.

Elle fut parfaite de bonne grâce avec Abeille, et, en partant, elle l'invita à dîner pour le lendemain ; après le dîner ils iraient tous les quatre à l'Opéra, où M. Charlard avait retenu une loge.

— Comment trouves-tu mademoiselle Laure ? demanda Pascal à Abeille.

— C'est la plus belle femme que j'aie vue.
— Elle te plaît?
— Je l'aime déjà.
— Est-ce que vous avez parlé de moi?
— Beaucoup.
— Ah! Et qu'est-ce qu'elle t'a dit?
— Ah! voilà, je ne m'en souviens pas.
— Je ne te demande pas ses paroles mêmes, mais à peu près leur sens.
— Leur sens, c'est facile, leur sens, c'est que tu es un peu simple.
— Simple!
— Oui, ou bien aveugle : simple parce que tu ne sais comprendre que ce qu'on te dit; aveugle parce que tu ne sais pas voir.
— Petite sœur!
— Est-ce que tous les hommes sont comme vous, mon grand frère? Heureusement je ne suis pas un homme, moi, et par conséquent j'ai vu, j'ai compris.
— Et qu'as-tu compris?
— Demande au petit appareil qui te fait toc, toc, là! dit-elle en lui frappant sur la poitrine, il te répondra mieux que personne; car si une petite fillette comme moi peut comprendre bien des choses, elle ne doit rien dire.

Et elle se sauva en riant.

Les bonheurs comme les malheurs marchent par troupe : le lendemain, au moment où Pascal allait quitter la fabrique pour se rendre au dîner de M. Charlard, il reçut la visite d'un industriel arrivant de Lille pour traiter du droit de fabrication et de vente du nouveau noir décolorant dans les départements du Nord.

Pascal, fier de ce premier succès, emmena l'industriel chez le banquier, et quelques jours après fut signée une licence qui, pour les seuls départements du Nord, assurait à la société Cerrulas un bénéfice annuel de cent mille francs sans qu'elle eût un centime à risquer.

— Mon cher ami, dit M. Charlard lorsque Pascal lui apporta le double de cet acte, je vais répondre à la proposition que vous m'aviez faite aux Yvetaux. Je vous l'avoue, j'avais souhaité pour gendre un homme qui ne serait ni dans les affaires ni dans l'industrie; mais on ne réalise pas toujours ce qu'on a désiré. Si dans six mois notre brevet a donné les résultats qu'il promet en ce moment, vous serez le mari de Laure. Jusque-là, je vous demande encore de ne point lui parler de votre amour; mais comme je comprends votre impatience et même vos inquiétudes, car j'ai été jeune, je veux vous dire ceci qui vous rassurera peut-être et vous donnera bonne espérance. Il y a un mois, un mariage très-avantageux s'est présenté pour ma fille : la fortune était en rapport avec la mienne; le jeune homme était élégant, beau garçon, elle a refusé.

Cet entretien avait lieu le jour même du départ du

banquier et de sa fille pour Condé ; Pascal voulut les conduire jusqu'à la gare. Le train quittait Paris à onze heures du soir.

Pascal s'en revint lentement à pied : il était fou de joie. Maintenant ce n'était plus le doute et l'angoisse, dans six mois elle serait sa femme; ce n'était plus l'espérance, c'était la certitude.

La route est longue de la gare Montparnasse à la rue de Reuilly ; il la trouva trop courte ; volontiers il fût resté à se promener dans la rue pour conter son bonheur aux étoiles.

Depuis l'installation de la fabrique, il avait quitté son appartement de la rue de Picpus, et il logeait dans une petite pièce du rez-de-chaussée qui faisait suite aux bureaux ; le caissier qui lui avait été donné par M. Charlard, le père Scouflers, logeait au-dessus.

Rentré dans sa chambre, Pascal voulut se coucher ; il était une heure du matin, et le lendemain il devait se lever à cinq heures pour l'arrivée des ouvriers.

Mais il lui fut impossible de rester en place, il étouffait ; il sortit dans la cour pour respirer un peu. Il était à se promener, la tête perdue dans le ciel, lorsqu'il lui sembla apercevoir une lueur qui éclairait la fabrique. Mais comme on avait cessé de travailler à sept heures, c'est-à-dire depuis plus de six heures, il crut qu'il se trompait. Cependant il s'approcha d'une fenêtre pour regarder.

Tout au fond de l'atelier, dans un endroit encombré de matières facilement combustibles, une lumière vacillait. Sans se donner le temps de voir ce qu'était cette lumière, il courut à la porte; mais il n'avait pas la clef, il ne put pas entrer. Alors, enfonçant une fenêtre vitrée, qui s'écroula avec fracas, il sauta dans l'atelier et courut à la lumière. Elle était produite par une sorte de mèche en chanvre imprégnée d'une matière résineuse qui brûlait lentement ; un mètre à peu près était déjà consumé; encore vingt-cinq centimètres, c'est-à-dire un quart d'heure à peine, et elle atteignait un amas de fagots.

Pascal n'eut qu'à marcher sur la mèche pour l'éteindre ; la nuit se fit, nulle part ailleurs il n'aperçut de lumière.

Il resta atterré, tremblant, mouillé de sueur : la porte en s'ouvrant brusquement le rappela à lui : c'était le père Scouflers qui, réveillé par le fracas des vitres cassées, s'était levé et qui arrivait sa chandelle à la main.

— Eh bien ! monsieur, qu'y a-t-il ? s'écria-t-il lorsqu'il reconnut son patron.

— Regardez.

Scouflers était un bonhomme méthodique qui ne parlait pas à la légère : il regarda la mèche, la sentit, mesura la partie brûlée et aussi la partie qui restait à brûler encore.

— Ça, dit-il enfin, c'est une mèche, et ça c'est un tas de fagots ; le tout a été préparé pour incendier la fabrique ; un quart d'heure plus tard, elle flambait ; les précautions étaient bien prises.

Elles l'étaient bien, en effet. Les seaux pleins d'eau disposés dans l'atelier en prévision d'incendie avaient été répandus, et les robinets d'eau avaient été fermés au dehors à la prise générale.

Malgré les recherches auxquelles on se livra, il fut impossible de découvrir comment on s'était introduit dans l'atelier et comment on en était sorti ; les portes étaient toutes bien closes.

— Ça, dit Lemarrois le lendemain matin, c'est un coup monté par Midoucet.

Afin d'empêcher que pareille tentative se renouvelât, Pascal décida qu'il coucherait dans l'atelier ; quand il serait obligé de sortir le soir, ce serait Scouflers qui monterait la garde à sa place.

XI

On dort mal quand on a peur, surtout quand on a peur du feu.

Pascal avait pris toutes les précautions qu'on peut inventer contre l'incendie ; des tuyaux avaient été posés de manière à lancer des gerbes d'eau de cinq mètres en cinq mètres et à submerger l'atelier en quelques minutes ; la tête de son lit touchait au robinet qui commandait ce système de grandes eaux, et il n'avait que le bras à allonger pour le mettre en mouvement; cependant ses nuits étaient à chaque instant troublées; il rêvait flammes, effondrements, pompiers, et l'odeur du roussi le réveillait en sursaut.

Alors, au lieu de se rendormir, il se levait pour faire une ronde. La fabrique, les magasins, la cour, il visitait tout, et quand un chat blotti dans un coin sombre dardait sur lui ses prunelles scintillantes, il avait un mouvement instinctif de frayeur.

Un soir qu'il longeait le mur de la rue de Reuilly, parcourant la cour et sondant de son œil inquiet les profondeurs de l'ombre, il entendit dans le silence un murmure de voix confuses, un cri plaintif, un grand soupir, un gémissement qui partait de la rue, puis presque en même temps, sur le pavé du trottoir, le pas lourd de plusieurs hommes qui se sauvaient en courant.

Il écouta : les pas mouraient dans le lointain et l'on n'entendait plus que le grincement du réverbère qui se balançait au bout de sa chaîne. Cependant le cri avait été si poignant qu'il ne put pas s'en tenir à ce silence et qu'il ouvrit la porte de la rue; une masse noire était étendue sur le trottoir, à cinq ou six mètres de la porte. Il courut à elle; c'était un homme qui ne donnait plus signe de vie.

Il le prit dans ses bras et l'entra dans la maison; en quelques secondes le bonhomme Scouflers fut éveillé, et deux ouvriers qui maintenant couchaient à la fabri-

8.

que arrivèrent aussi. Pendant que Pascal et le caissier soignaient le blessé, les ouvriers couraient chercher un médecin et le commissaire.

Le médecin parut le premier, le blessé commençait à recouvrer connaissance; la blessure qu'il avait reçue dans le dos était un coup de couteau qui, par miracle, n'avait point perforé les poumons; elle était grave, mais non fatalement mortelle. A l'arrivée de l'inspecteur de police il put expliquer comment il avait été assailli ; à Paris depuis deux jours seulement, il revenait du théâtre et il se dirigeait vers le boulevard extérieur, où il logeait chez un oncle; passant devant la porte de Pascal, à une quinzaine de mètres du réverbère, c'est-à-dire alors qu'il était dans l'obscurité, deux hommes s'étaient jetés sur lui et il avait senti le froid du couteau qui pénétrait dans le dos; celui qui frappait pendant que l'autre lui tenait les bras avait dit : « Voilà qui te décollera ou décolorera mon vieux. » Il était tombé évanoui sur le pavé et il ne savait rien autre chose.

— Monsieur est votre parent? dit l'inspecteur en regardant Pascal.

— Pas du tout.

— On l'aurait cru.

En effet, entre Pascal et le blessé il y avait une certaine ressemblance : même âge, même forme de barbe, même démarche; la nuit ils pouvaient très-bien être pris l'un pour l'autre.

Malgré ses recherches, la police ne trouva rien, n

les coupables ni le mobile qui avait pu les pousser à commettre cet assassinat sur un inconnu qui n'avait point été volé.

Ce crime mystérieux ne devait pas cependant rester toujours une énigme, et au moment où Pascal n'y pensait plus, il eut l'explication de ce qui, au premier abord, avait paru incompréhensible.

Par prudence il ne sortait que rarement le soir, aimant mieux s'en rapporter à lui-même pour la surveillance qu'au bonhomme Scouflers qui pouvait s'endormir et laisser la fabrique brûler. Cependant il avait parfois des rendez-vous d'affaires qui le retenaient à Paris et le faisaient rentrer tard. Alors il s'en revenait à grands pas, mécontent, inquiet, disposé à voir partout des incendies dans ces réverbérations rouges qui la nuit, sans causes explicables, illuminent si souvent le ciel de Paris. Un soir, deux ou trois semaines après le coup de couteau donné devant sa porte, il s'en revenait ainsi, mais ce jour-là dans les meilleures dispositions de confiance et de bonne humeur ; il avait signé une licence avec un industriel de Marseille, et c'était un nouveau bénéfice annuel d'une cinquantaine de mille francs s'ajoutant à ceux qui étaient déjà assurés. L'affaire avait traîné en longueur, il avait fallu échanger des milliers de paroles inutiles avec le Marseillais, et minuit sonnait lorsqu'il quitta l'omnibus à la rue du Faubourg-Saint Antoine.

Le temps était sombre, il tombait une petite pluie de brouillard qui épaississait encore l'obscurité, les becs de gaz brûlaient mal, et leur lumière, réfléchie par les flaques d'eau, éclairait la rue déserte d'une façon incertaine et changeante. Pascal marchait rapidement, son parapluie baissé en avant pour s'abriter de la bruine qui lui frappait dans la figure. Tout à coup, sans qu'il les eût vu venir ou sortir d'une embrasure de porte, il se trouva en face de deux hommes et, surpris de cette brusque apparition, il sauta de côté par un mouvement instinctif et nerveux. Il était à ce moment à une centaine de mètres de chez lui, à l'encoignure d'une ruelle qui descend vers la rue de Charenton.

Dans son brusque mouvement, son parapluie s'était rejeté en arrière et la lumière d'un bec de gaz l'avait frappé en plein visage.

— C'est bien lui, dit l'un des hommes.

Il n'y avait plus de doute possible, on l'attendait ; en se jetant de côté il s'était rapproché de la muraille ; vivement il lui tourna le dos pour faire face aux deux hommes ; il était temps : ceux-ci s'élancèrent sur lui ; il abattit son parapluie devant eux. C'était une arme bien faible pour les arrêter, cependant elle fit dévier le coup qu'ils voulaient porter. Pascal se sentit atteint à l'épaule d'une déchirure qui glissa tout le long du bras ; cinq centimètres plus haut, l'arme s'enfonçait dans le cou. Il recula encore de quelques pas pour s'adosser, mais au lieu de faire résistance et de lui servir de point d'appui, la porte qu'il toucha de son dos céda ; elle était poussée, non fermée à la serrure.

Les deux hommes s'étaient arrêtés un moment.
— Eh bien ? demanda l'un.
— Le coup a dû glisser.
— Allons-y.

Ses quelques secondes de répit avaient donné le temps à Pascal de se reconnaître : tenant une main en avant pour parer les coups, il passa l'autre derrière son dos, et, entr'ouvrant doucement la porte, il se glissa dans l'entrebâillement ; aussitôt il la repoussa de toutes ses forces, et le pène claqua avec un bruit sec : elle était fermée.

Des imprécations et des jurements éclatèrent dans la rue, se mêlant à des plaintes et à des gémissements.

— Il m'a écrasé les doigts dans la porte !
— Fais-moi la courte-échelle.
— J'ai la main broyée.
— Eh bien ! de l'autre.

Maintenant l'attaque allait venir par-dessus le mur, mais au moins Pascal n'aurait affaire qu'à un seul homme ; il est vrai qu'il n'était pas armé, tandis que le brigand avait un couteau. Il regarda autour de lui : il était dans un jardin de maraîcher, au milieu de carrés de légumes : malgré l'obscurité il crut voir un tas de bâtons à quelques pas de lui ; c'était en effet une botte d'échalas ; vivement il en prit un gros comme le poignet et long de quatre ou cinq pieds. Maintenant il pouvait se défendre ; cette certitude lui rendit le sentiment des choses et il se mit à crier:

peut-être personne ne répondrait-il, mais peut-être aussi son appel serait-il entendu.

Tout en criant, il ne quittait pas des yeux le chaperon du mur ; par où l'escalade se ferait-elle ? Le mur était long. Si elle se faisait à l'une des extrémités l'homme tombait dans le jardin sans qu'il pût l'en empêcher, et alors ses chances de défense s'amoindrissaient.

Le hasard vint à son secours : juste en face de lui, une tête parut au-dessus du chaperon. Il n'attendit pas qu'elle se fût élevée davantage, et d'un violent coup de son échalas il la faucha. La tête disparut exactement comme celle du commissaire au théâtre de Guignol.

Les jurements recommencèrent, et Pascal continua de crier de toutes ses forces.

— Le coup est manqué, dit l'un des hommes.

— Il faut que je le saigne.

— Sauvons-nous, ou je te lâche.

— Je te paierai ton coup de bâton ; compte là-dessus.

Mais Pascal s'inquiéta peu de cette menace ; les hommes s'éloignaient en courant ; il respira.

Derrière lui, dans le jardin, il se fit un grand bruit, et trois ou quatre hommes apparurent dans l'obscurité.

— Le voilà ! le voilà !

Pascal allait-il avoir à se défendre contre ceux qui venaient à son secours ? Il jeta au loin son échalas.

Les maraîchers sautèrent sur lui, et deux le saisirent par chacun un bras. Comme il n'opposait pas de résistance, il put bientôt se faire écouter et il expliqua comment il se trouvait dans le jardin. On alla chercher une chandelle, le maître maraîcher le reconnut; en même temps on examina la blessure qu'il avait reçue, elle était insignifiante, le couteau avait seulement effleuré la peau de l'épaule et coupé le drap du paletot sur toute la longueur du bras.

— Nous allons vous reconduire, dirent les maraîchers.

Et ils lui firent cortége jusqu'à sa porte.

Pascal passa la nuit à réfléchir, pour savoir s'il devait parler de cette agression ou la cacher; et finalement il décida de ne rien dire; la façon presque miraculeuse dont il avait échappé, grâce au hasard de la porte ouverte, ne pouvant que donner l'idée de recommencer un autre jour ce qui avait manqué ce soir-là.

Mais le lendemain matin tout le monde dans le quartier parlait de l'attentat de la nuit : les jardiniers s'étaient rencontrés avec les ouvriers de la fabrique à l'heure du vin blanc, et les conversations allaient leur train.

On se rendait en procession à la poterne du maraîcher pour voir l'empreinte rouge des quatre doigts écrasés dans la feuillure.

Lemarrois répéta son mot ordinaire :

— C'est encore un coup monté par Midoucet.

— Quel est donc ce Midoucet? demanda Pascal, agacé d'entendre toujours le même nom.

— Ce n'est pas facile à dire : où l'on commence à le trouver, c'est en 1848, dans la garde mobile où il est officier ; aux journées de juin, il passe du côté du peuple avec sa compagnie. Tant que l'insurrection tient bon, il tient bon aussi, mais quand l'armée commence à tirer des hauteurs de Belleville sur le faubourg, il comprend qu'il ne sera pas du côté des vainqueurs, et ça lui donne à réfléchir : il commandait une des barricades de la rue de la Roquette : au moment de l'assaut par la ligne ; il parvient à sortir de la barricade et à gagner les rangs de la ligne. Il se présente comme un officier fait prisonnier par les insurgés, et il demande à conduire la troupe à l'assaut de la barricade qu'il a en réalité défendue pendant trois jours. Le colonel le fait placer à côté de lui, la barricade est emportée ; il ne reste que six gardes mobiles debout « Fusillez-moi ces brigands-là ! » dit Midoucet ; et on les fusille. Ce n'était pas bête, n'est-ce pas ? puisque tout le monde étant mort, personne ne restait pour lui dire : « Tu étais avec nous. » Mais sur les six, il y en a un qui est mal fusillé, ce qui est bien étonnant, car dans ces moments-là on vous fusille toujours plutôt trop que pas assez ; enfin c'est comme cela. Celui-là en réchappe, et trois semaines après, quand il est guéri, il voit passer mon Midoucet à la tête d'une compagnie, décoré, chamarré. C'était un homme qui avait du cœur ; il va au conseil de guerre.

et il le dénonce en se dénonçant lui même. Mon Midoucet est condamné et transporté. Mais la transportation, ça n'est pas fait pour ces gens-là. Il se sauve en Espagne. De l'Espagne il passe en Amérique. Qu'est-ce qu'il y fait ? on ne le sait pas au juste, des journaux, des affaires, mais enfin il n'y fait ni sa fortune ni sa réputation. A l'amnistie il rentre et M. Féline le prend pour commis, puis quand il achète la fabrique du quai de la Rapée, il l'y place comme gérant ; il faut croire qu'il avait reconnu en lui des qualités bonnes pour ce qu'il en voulait faire. Depuis qu'il est là il s'est montré l'homme le plus dur qu'il y ait certainement à Paris, et capable de tout ; oui, de tout, vous en avez la preuve. Ce qui le gêne, il le casse. Vous le gênez, il veut vous supprimer. Heureusement vous avez la chance de votre côté ; tâchez que ça dure, car ce coup-là ne doit pas être le dernier. On dit que le père Féline est bien entêté dans ce qu'il veut, mais Midoucet lui en remontrerait ; avec sa figure sombre il marche toujours, et toujours en dessous par les chemins noirs il vous attrape.

Comme l'avait dit Lamarrois, ce coup-là ne fut pas le dernier. A quelques jours de là, Pascal fut prévenu par son contre-maître que ses deux meilleurs ouvriers, ceux sur lesquels reposait la cuisson du noir, quittaient la fabrique pour entrer chez Midoucet.

— Nous avons formé ceux-là, nous en formerons bien d'autres.

— Oui ; mais ceux-là en formeront d'autres aussi chez Midoucet.

— Nous avons nos brevets ; si M. Midoucet nous contrefait, nous le poursuivrons.

Lemarrois n'ajouta rien, mais il s'éloigna en secouant la tête.

La tentative d'incendie et celle d'assassinat avaient profondément troublé Pascal. Il se voyait en face d'ennemis décidés à ne reculer devant rien, et l'expectative d'une pareille lutte l'épouvantait. L'embauchage de ses deux ouvriers le laissa parfaitement calme : l'orage s'éloigne, pensa-t-il ; après les grands coups, les petits ; dans quelques mois tout sera fini.

D'ailleurs qu'avait-il à craindre ! est-ce que la loi n'était pas là pour le défendre ? Moyennant les cent francs qu'il donnait tous les ans au gouvernement, est-ce que celui-ci ne s'engageait pas à le protéger au moyen de ses tribunaux, de ses juges et de ses commissaires de police ? Il n'avait qu'à travailler tranquillement et à s'en remettre aux lois pour le reste.

Depuis l'installation de la fabrique, il avait doublé le nombre de ses fours, doublé le nombre de ses ouvriers, et c'était à peine s'il pouvait servir les commandes qui lui arrivaient. L'affaire était telle que son père l'avait annoncée, plus belle même et plus certaine. Toutes ses lettres à M. Charlard se terminaient par le chiffre des bénéfices, et ses bénéfices augmentaient tous les jours.

L'Exposition de l'industrie, qui venait de s'ouvrir, allait les accroître encore et dans des proportions considérables, car le nouveau noir décolorant avait frappé tous ceux qui s'occupaient de l'industrie des sucres, et des propositions étaient déjà faites pour la cession des brevets Cerrulas en Angleterre, en Prusse ; peut-être avant six mois allaient-ils avoir un million à se partager.

Bien que la supériorité de la nouvelle invention fût universellement reconnue, il y avait encore plusieurs raffineries qui s'en tenaient à l'ancien procédé : de ce nombre était celle de la Grande-Pinte.

— Elle y viendra, se disait Pascal.

Mais comme elle n'y venait pas, il eut la curiosité de chercher à savoir la cause de cette obstination ; alors il apprit que depuis longtemps on y consommait un noir décolorant qui avait la plus grande ressemblance avec le sien et que ce noir était fourni par Midoucet.

En pareille occurrence, le rôle de celui qui est armé d'un brevet est bien simple : il saisit les produits contrefaits et il traduit les contrefacteurs en police correctionnelle. Mais Pascal avait horreur des procès et des moyens violents ; au lieu d'aller chez le président du tribunal lui demander une ordonnance pour saisir, il s'en alla tout simplement chez Midoucet. Depuis longtemps il avait envie de connaître celui qu'on accusait d'assassinat et d'incendie.

Il trouva un petit homme noir, à la mine sombre,

aux yeux écartés, à barbe rare, dont toute la personne trahissait le mystère et la froideur.

— Ainsi, dit Midoucet d'une voix voilée lorsque Pascal se fut expliqué, vous venez comme cela chez moi m'accuser de contrefaçon ?

— Parfaitement, car la contrefaçon est évidente. J'ai les preuves les plus certaines, et si je vous faisais un procès, vous seriez assurément condamné; mais je ne veux pas vous faire de procès.

— Alors que voulez-vous ?

— Vous proposer un arrangement : vous cesserez de fabriquer mon produit, et pour celui que vous avez vendu depuis quelques mois, vous me donnerez dix pour cent sur vos bénéfices.

— Rien que cela !

— En ne comptant que la Grande-Pinte, vous m'avez fait perdre plus de 150,000 fr.; j'obtiendrai bien 200,000 fr. de dommages-intérêts.

— Que je vous payerais en monnaie de faillite si j'étais condamné, ce qui ne vous donnerait pas 10,000 fr.

— Sans procès, sans condamnation, sans faillite, c'est à peu près ces 10,000 fr. que je vous demande.

Évidemment Midoucet s'attendait à une tout autre conversation ; il eut un mouvement de surprise.

— Écoutez, dit-il, votre proposition me prend au dépourvu ; j'y réfléchirai, et dans deux ou trois jours vous aurez ma réponse.

Cette réponse ne mit que deux jours à venir du quai

de la Rapée à la rue de Reuilly, et elle fut remise à Pascal par un huissier qui, « parlant à sa personne », lui laissa copie d'une requête ainsi conçue :

A monsieur le président du tribunal de la Seine.

« 1° Le sieur Aymé Midoucet, fabricant de noir animal, quai de la Rapée ; 2° le sieur Féline, raffineur à la Grande-Pinte ; 3° le sieur Leroy, raffineur à la Villette ; 4° le sieur Pichelet, fabricant de noir animal, rue Croulebarbe ;

» Les susnommés, agissant tant en leur nom personnel que comme délégués des fabricants de noir animal et des raffineurs de Paris et des départements, ont l'honneur de vous exposer qu'un sieur Cerrulas, se qualifiant chimiste, a pris des brevets d'invention pour la fabrication d'un noir décolorant prétendu nouveau, auquel il a donné le nom de *noir Cerrulas* ; qu'il importe à tous que le public sache que ce noir décolorant, vanté comme une conquête nouvelle de la science et de l'industrie, n'a rien de nouveau, rien de scientifique, rien d'industriel, et qu'il est tout simplement la contrefaçon grossière d'un produit naturel non susceptible d'être breveté ; que, dans ces conditions, les exposants ont qualité pour exercer l'action en nullité qui leur est ouverte par les articles 30 et 34 de la loi de 1844, et qu'en conséquence ils requièrent qu'il vous plaise de les autoriser à faire assigner le sieur Pascal Cerrulas à trois jours, pour voir dire que les brevets qu'il exploite seront nuls et non avenus, et que défense lui sera faite de s'en prévaloir. »

M. Charlard, qui avait donné un caissier à Pascal, avait eu le soin encore de lui donner un homme d'affaires, un ancien agréé normand nommé Hastron, qui, après avoir fait une petite fortune en province, était venu s'établir à Paris pour avoir le plaisir de travailler sur un grand théâtre ; Pascal courut chez lui.

— Mon cher maître, dit celui-ci, vous avez eu la chance d'échapper à l'incendie et à l'assassinat, mais la mèche incendiaire et le couteau étaient moins à craindre que cette simple feuille de papier.

XII

C'était la première fois que Pascal se trouvait aux prises avec la loi, et l'assignation de Midoucet ne l'avait pas bien vivement effrayé : à ses yeux, le rôle de la loi, dans la mécanique sociale, était de protéger les honnêtes gens et de retenir ou de punir les coupables. Il était l'honnête homme, Midoucet et ses associés étaient les coupables ; l'action de la loi était simple et d'avance tracée : il n'avait qu'à s'en rapporter à elle.

Chez un homme qui a passé son temps à étudier la physique et la chimie, un pareil raisonnement est assez naturel ; chez un homme qui a passé sa vie dans la chicane, il serait trop naïf ; or Hastron ne péchait pas par un excès de simplicité ou de naïveté.

— Vous me faites l'effet, dit-il à Pascal, d'un homme qui, sous le prétexte que le bon Dieu est parfait, s'en remet au bon Dieu du soin de le protéger et de l'aider ; c'est un système quelquefois commode, mais, dans notre espèce, il ne vaudrait rien, car nous avons contre nous d'habiles adversaires.

— Je vois l'impudence, je ne vois pas l'habileté.

— Comment allez-vous vendre vos brevets à l'étranger, maintenant qu'ils sont sous le coup d'une action en nullité ? Personne ne sera assez fou pour vous les acheter avant que cette action ne soit terminée. Et nos saisies chez nos adversaires ! Croyez-vous que nous n'allons pas être gênés ? La plainte en nullité portée, ils sont désormais tranquilles pendant un temps qui peut être très-long, et pendant ce temps ils peuvent à leur aise fabriquer des produits qu'ils prétendent être du domaine public. Dans tous les cas, vous voilà des procès sur les bras pour quatre ou cinq ans, peut-être pour dix ans, peut-être même pour toute la durée de vos brevets. Si j'étais encore avoué, je ne voudrais pour clients que des propriétaires de brevets d'invention ; il n'y a pas de meilleures vaches à lait ; procès ici, procès là, procès avec celui-ci, procès avec celui-là, procès toujours et contre tous. Quand le breveté est un homme pacifique, n'aimant pas la chicane, s'il n'attaque pas, il faut qu'il se défende. Nous défendons-nous?

— Assurément.

— Vous savez que la lutte sera longue et acharnée ; aurez-vous les reins assez forts pour la soutenir jusqu'au bout, car il arrivera ce qui arrive dans toutes les luttes, c'est que le gagnant sera celui qui aura encore un peu de souffle quand tous ses concurrents n'en auront plus. Jusqu'où pourrez-vous aller ?

— Seul, je n'irais assurément pas loin, le fond, ou plus justement, les fonds me manqueraient bientôt, mais avec M. Charlard.....

En entendant prononcer ce nom, Hastron fit un geste qui frappa Pascal.

— Croyez-vous donc qu'il veuille m'abandonner ? dit-il avec inquiétude.

— Êtes-vous sûr de lui ?

— Comment, sûr ?

— Charlard est mon ami, et vous, vous êtes mon client, je vous dois mes conseils et toute la vérité. A mon sens, Charlard est engagé dans trop d'affaires pour persister dans celles qui ne vont pas bien ; il lui faut des résultats immédiats, il ne peut pas attendre.

Il ne convenait pas à Pascal de parler de l'engagement intime pris par le banquier, engagement qui, personnellement, le rassurait tout à fait ; il s'en tint donc aux termes de son acte.

— C'est bien ; alors défendons-nous !

C'était par excès de conscience que Hastron avait tenu ce langage prudent, car pour lui il ne demandait qu'à engager la lutte et à la rendre aussi active, aussi vive que possible. Il aimait la procédure pour elle-même, d'un amour indépendant de toute pensée de gain ou de spéculation, et aussitôt qu'on lui parlait d'une affaire, il était pris de cet enthousiasme qui s'empare d'un général en chef à la veille d'une grande bataille, d'un chirurgien au moment d'une opération importante ; on allait donc pouvoir s'amuser un peu la bataille coûte la vie à dix mille soldats, l'opération chirurgicale tue le patient, le procès ruine et désole trois ou quatre honnêtes familles : c'est un malheur, une fatalité qui ne doit pas arrêter un homme véritablement épris de son métier.

Il fut donc convenu que non-seulement Pascal se défendrait vigoureusement, mais encore qu'il attaquerait lui-même ses adversaires.

Les brevets pris par Cerrulas avaient un double objet ; l'un s'appliquait à la fabrication du nouveau noir décolorant destiné à remplacer le charbon animal, l'autre à sa revivification.

Lorsque dans la fabrication ou le raffinage du sucre on a fait traverser une couche de noir animal par une certaine quantité de sirop coloré, les propriétés décolorantes de ce noir animal s'épuisent, et bientôt il devient inerte. Il faut alors ou le jeter, ou lui rendre ses propriétés décolorantes de telle sorte qu'il puisse servir plusieurs fois. Pour cela on le lave, on le met en tas pour le faire fermenter et on le recuit dans des fours, ou bien on le met en contact avec de la vapeur surchauffée ; un grand nombre d'appareils ont été inventés pour obtenir ces divers résultats, mais tous ont l'inconvénient d'exiger des frais assez considérables de main-d'œuvre et de combustible. De plus, il arrive souvent que le charbon animal revivifié par ces appareils est moins décolorant que le charbon qui n'a jamais servi, de sorte que, pour lui rendre toutes ses qualités premières de porosité, il faut le faire passer dans des espèces de moulins.

Le noir Cerrulas, comme le noir animal, perdait ses propriétés décolorantes par l'usage ; mais, comme le noir animal, il possédait aussi l'avantage de pouvoir être revivifié.

Lorsque Cerrulas avait étudié les procédés de revivification qu'on emploie dans les raffineries, il avait été frappé des inconvénients que présentent ces procédés longs et coûteux, et il avait cherché un moyen de les perfectionner.

Ce moyen il l'avait trouvé dans un nouveau système de lavage des charbons ayant déjà servi ; dans l'eau qui devait être employée à ce lavage il introduisait de l'acide sulfurique, de l'acide chlorhydrique, de l'alun et quelques autres substances qui, en détruisant les ferments et en éliminant le carbonate de chaux, rendaient la fermentation inutile et aussi, après la revivification, le traitement par les meules. Ce procédé inventé pour son noir était parfaitement applicable au noir animal ; et pour les deux, par la diminution de la main-d'œuvre, il apportait une économie considérable dans la revivification.

Obligé malgré lui de faire la guerre, Pascal devait se servir de toutes les armes que les brevets mettaient dans ses mains, et, puisqu'il y avait coalition, agir contre tous ceux qui formaient cette coalition.

Une requête fut donc présentée par Hastron au président du tribunal, et il fut répondu par une ordonnance autorisant Pascal à faire procéder par un huissier à la description et à la désignation des objets prétendus contrefaits, un expert fut nommé pour assister l'huissier dans sa description.

Par délicatesse, Pascal avait évité de parler à son père des difficultés qui lui survenaient ; il ne lui convenait point de dire : « L'affaire que vous m'avez donnée n'est point telle que vous l'annonciez » ; c'eût été, pour lui, manquer à la justice, à la reconnaissance.

Mais le hasard voulut que Cerrulas se trouvât précisément dans le bureau de la fabrique au moment même où arrivèrent le commissaire de police, l'expert et l'huissier qui avaient été convoqués pour commencer les saisies.

— Une saisie ! s'écria Cerrulas, des procès ! Mon cher Pascal, fais tes excuses à ces messieurs et prie-les de retourner chez eux. Ne prends pas cette voie, la ruine et la désolation sont au bout. Crois l'expérience d'un homme qui a passé par des angoisses qu'il voudrait t'éviter. Moi aussi j'ai cru à l'efficacité des procès ; pendant vingt ans j'ai demandé aux tribunaux de me faire justice quand je me croyais lésé, et j'ai tant de fois gravi le grand escalier du Palais, qu'il y a des marches où l'empreinte de mon pied est creusée. A quoi cela m'a-t-il servi ? Je n'ai gagné qu'une chose : la guérison des procès.

— On a voulu assassiner votre fils, interrompit Hastron, qui, en sa qualité d'homme d'affaires, regardait Cerrulas comme une espèce de fou ; on a voulu incendier sa fabrique, aujourd'hui on demande la nullité de nos brevets, ne faut-il pas qu'il se défende ?

— Qu'il se défende, passe encore, bien que dans de pareilles circonstances il soit plus sage de se sauver, mais qu'il n'attaque pas. On demande la nullité de ses brevets, c'est une tactique de concurrents déloyaux ; qu'il laisse aux tribunaux le soin de prononcer. Je t'ai donné cette affaire, mon cher Pascal, parce que je la croyais bonne ; mais, si bonne que je la croie encore, mon avis est qu'il vaut mieux l'abandonner tout de suite que d'entreprendre la lutte qu'on te conseille. Laisse là ta fabrique, viens avec moi ; nous travaillerons, nous trouverons ensemble.

— Pardon, interrompit Hastron, mais M. Pascal n'est pas seul, il a un associé, et c'est au nom des intérêts de cet associé que je parle et que j'agis.

Cerrulas salua d'un brusque mouvement de tête les trois hommes de loi, puis, prenant la main de son fils :

— Mon pauvre enfant ! dit-il.

Et il sortit.

C'était à Saint-Denis que devait se faire la première saisie ; on monta en voiture et l'on partit. Bien que Pascal tâchât de se persuader qu'il y avait de l'exagération dans les craintes de son père, il se sentait malgré lui ému et troublé. L'huissier et le commissaire de police avaient l'habitude de ce genre d'opérations ; c'étaient des vétérans qui connaissaient toutes les roueries de la contrefaçon, et ils se racontaient des histoires peu faites pour rassurer Pascal. Pendant un mois l'huissier s'étaient embusqué sur les glacis des fortifications pour surprendre des fabricants de caoutchouc qui venaient là opérer en plein air et vulcaniser leurs produits par des procédés de contrefaçon ; il avait ainsi fait tout le tour de Paris. Le commissaire avait poursuivi des contrefacteurs jusque dans les carrières de Montrouge.

Le raffineur de Saint-Denis ne se cachait pas pour employer les procédés de Cerrulas ; au premier mot du commissaire, il répondit loyalement qu'il était contrefacteur ; puis, s'adressant à Pascal :

— Les procès-verbaux sont inutiles, dit-il, j'accepte pour le passé les dommages-intérêts que vous m'imposez, et pour l'avenir je suis prêt à discuter un arrangement. Je ne peux pas me passer de vos procédés, je vous le dis franchement ; je suis contrefacteur aujourd'hui, et demain je serai encore contrefacteur si vos exigences sont injustes. Pour 100,000 kilogrammes de sucre qu'on traite par jour chez moi, il me faut 50,000 kilogrammes de noir revivifié; vos procédés me donnent une économie de 2 francs par 1,000 kilogrammes; c'est donc 100 francs que je gagne par jour à les employer. Combien, me demandez-vous? Depuis deux ans que je m'en sers, c'est-à-dire depuis que votre brevet est connu, ils m'ont donné 73,000 francs; combien estimez-vous que valent pour vous ces 73,000 francs, et combien exigez-vous pour l'avenir?

Pascal buvait ces paroles comme la plus douce des liqueurs, c'était là un honnête homme ; l'humanité n'était pas décidément si noire qu'on voulait la faire. Il avait presque envie de sauter au cou de ce digne commerçant et de lui dire : « Pour le passé comme pour l'avenir je ne vous demande rien, soyons amis. »

Si honnête que soit un commerçant, il est toujours commerçant.

— A propos, dit le raffineur, en reconduisant les visiteurs, vous savez que je ne suis pas le seul à me servir de vos procédés; si je paye, faites payer les autres, ou bien alors la concurrence n'est plus possible.

— Oui, mais quels sont les autres ?

— Ah ! voilà, ce n'est pas à moi de vous le dire. Il est vrai qu'il y a un moyen bien simple de les trouver.

— Quel moyen ?

— Ma conscience me défend de vous le donner; vous devez comprendre cela.

Pascal le comprenait si bien, qu'il empêcha Hastron d'insister; l'intérêt devait céder devant les convenances.

Le raffineur voulut les conduire jusqu'à leur voiture.

— Vous savez, dit-il en refermant la portière, que si vous ne vous en rapportez pas à mes livres, vous avez un moyen certain de contrôle : allez chez Herlofsen, qui est notre fournisseur à tous, et voyez ce qu'il m'a vendu d'acides pour le lavage de mon noir, vous verrez exactement ainsi par les proportions employées le préjudice que je vous ai causé.

— Décidément ce raffineur est un malin, dit le commissaire lorsque la voiture commença à rouler ; on ne peut pas dénoncer plus doucement ses concurrents.

— Nous tâcherons de profiter de sa malice, dit Hastron.

Mais il ne s'expliqua pas davantage, car il ne lui convenait pas de parler de son projet devant des gens de la discrétion desquels il n'était pas sûr.

— Il a été jugé, dit-il à Pascal lorsqu'ils furent seuls, que celui qui indique ou fournit les matières propres à la contrefaçon est contrefacteur; nous allons pratiquer une saisie chez Herlofsen : ses livres nous donneront les noms de ceux auxquels il a fourni les produits de notre brevet, et le tour sera joué.

En tête de ces noms se trouvait celui de Féline ; et

des livres il résultait que les fournitures duraient depuis plus de deux ans. La raffinerie de la Grande-Pinte traitant 200,000 kilogrammes de sucre par jour, c'est-à-dire moitié plus que celle de Saint-Denis, c'était à 130 ou 140,000 francs qu'on pouvait estimer le dommage causé ; si à ces 140,000 francs on ajoutait 150 ou 200,000 francs résultant de l'emploi du noir contrefait, c'était 350,000 francs à réclamer pour le moment, sans compter, bien entendu, les sommes qui s'ajouteraient à celle-là pendant la durée du procès. Hastron ne se tenait pas de joie ; un procès contre Féline, cela offrirait de curieuses combinaisons.

L'huissier, qui n'avait point de ces enthousiasmes d'artiste, risqua une observation lorsqu'on lui parla d'une saisie chez Féline.

— Je crois qu'il vaudrait mieux ne pas risquer celle-là, dit-il à Pascal en le prenant à part. M. Féline est bien fort, bien puissant, et c'est une mauvaise chance dans un procès d'avoir des gens trop puissants contre soi. Considérez sa fortune, ses relations, sa position : il est l'oncle de la fille du ministre; il peut mettre bien des influences en jeu.

— La loi est au-dessus de lui.

— Assurément, mais la loi ne fonctionne pas toute seule ; on la fait marcher, on la fait parler : j'aimerais mieux cent procès incertains contre cent petits contrefacteurs qu'un seul tout à fait sûr contre un gros.

UNE BONNE AFFAIRE

Pascal eut la pensée de reculer, mais il en fut empêché par Hastron, et l'on se présenta à la Grande-Pinte, où précisément l'on trouva M. Féline.

— Monsieur, dit-il au commissaire, je ne m'oppose point à votre visite, car je respecte la loi, même lorsque j'ai à en souffrir, mais je proteste de toutes mes forces contre l'injure qui m'est faite. Un homme qui a travaillé toute sa vie pour gagner un petit avoir ne devient pas contrefacteur à la fin d'une carrière honorable. Il est vrai que dans votre visite vous allez trouver des matières et des procédés qui vous paraîtront une contrefaçon des brevets Cerrulas ; mais ces brevets sont nuls et je saurai bien faire prononcer leur nullité ; c'est pour moi une affaire de principes.

Ému par les craintes de son père, troublé par les conseils de l'huissier, Pascal se sentit ébranlé par cette assurance. Était-il possible qu'un homme dans la position de Féline se fît contrefacteur et s'exposât à des procès, à des amendes, à une flétrissure ? S'il se mettait ouvertement en opposition avec ces brevets, n'était-ce pas la preuve qu'il se savait sûr de son droit ?

Pascal rentra chez lui dans de mauvaises dispositions morales, et, sans se pouvoir rien préciser de grave, inquiet de tout.

Son caissier, le bonhomme Scouflers, ordinairement sérieux et préoccupé, le reçut avec plus de contrainte encore que de coutume.

— Que s'est-il donc passé? demanda Pascal agité de mauvais pressentiments.

— Une chose capitale, monsieur, deux choses même, et toutes deux capitales. On a présenté une traite de 1.549 francs pour fournitures de produits chimiques faites à M. Cerrulas. Je ne l'ai pas payée : 1° parce que je n'avais pas de fonds ; 2° parce que M. Cerrulas nous doit déjà 9,477 fr, 87 c. pour paiements faits à divers.

— Il fallait prendre l'argent sur mon traitement personnel.

— Monsieur, votre traitement est dépassé de 4,500 francs, pour avances faites à M. Cerrulas ; et, le mois dernier, vous n'avez pris que 130 francs pour vos besoins personnels ; ça ne peut pas aller ainsi.

— Il faut payer la traite, cependant.

— C'est ce que je me suis dit. En votre absence je me suis permis d'en parler à mademoiselle Abeille pour qu'elle avertît monsieur votre père. Comme vous pensez bien, elle n'avait pas les fonds, et, pas plus que nous, elle ne connaissait cette traite ; la chère petite demoiselle, qui est bien la créature du bon Dieu, venait de recevoir son mois de leçons à Melun, elle m'a offert ses 60 francs ; mais de 60 francs à 1,549 francs il manque 1,489 francs ; où les prendre ?

— C'est bien ; je ferai les fonds pour demain avant midi.

— Monsieur, monsieur, soyons prudent ; soyez plus

que prudent, soyez circonspect ; notre cessionnaire de Lille refuse de payer depuis que les brevets sont attaqués en nullité ; celui de Marseille demande la résiliation du marché ; deux de nos clients nous ont déjà abandonnés pour s'adresser à notre concurrent ; ménagez vos ressources, elles seront nécessaires pour soutenir le procès, les procès.

— Je vous remercie du conseil ; j'aviserai. Quelle est l'autre chose ?

— Plus capitale, monsieur. Par son honorée de ce matin, M. Charlard demande que vous signiez pour 100,000 francs de billets à diverses dates et pour diverses sommes qu'il indique.

— Vous les avez préparés ?

— Sans votre ordre, oh ! monsieur ; je dois ma position près de vous à M. Charlard, c'est vrai ; et quand j'ai perdu ma place d'instituteur, je serais sans doute mort de misère s'il ne m'avait recueilli ; mais enfin je suis votre employé et je me dois, avant tout, à vos intérêts ; vos intérêts vous défendent de signer ces billets.

— Veuillez les préparer dans la forme indiquée.

— Monsieur Pascal, donnez à M. Charlard tout ce que vous avez, c'est bien, mais ne donnez pas ce que vous n'avez point.

— M. Charlard vaut bien 100,000 francs, sans doute ?

— Il vaut des millions, cela est certain.

— Eh bien ! alors, préparez les billets qu'il demande.

Scouflers hésita un moment, puis, retenant Pascal qui allait sortir :

— Monsieur, je vous prie de me dire cela autrement.

— Comment ?

— Oui, dites-moi : « Je vous ordonne de me préparer les billets Charlard. »

— Je vous ordonne de me préparer les billets Charlard, dit Pascal en souriant malgré lui.

— Non, monsieur, pas ainsi, sérieusement, sévèrement, comme un patron à son employé.

— Scouflers, je vous ordonne de me préparer les billets Charlard.

— Tout de suite, monsieur, mon devoir est de vous obéir.

XIII

Pascal s'occupait trop de ses affaires pour ne pas connaître le compte de son père ; mais, quel que fût le chiffre auquel s'élevait ce compte, il ne lui convenait pas d'en parler.

Il ne pouvait pas dire à son père : « Arrêtez-vous, vous dépensez trop pour vos expériences », car si les bénéfices de la fabrication du nouveau noir appartenaient à quelqu'un, n'était-ce pas à celui qui avait inventé cette fabrication ? Une seule fois il avait été question d'argent entre eux, le lendemain de l'arrivée de Pascal à Paris, et à ce moment Cerrulas n'avait point accepté les offres de son fils; mais depuis, sans en rien dire, il avait fait présenter à la caisse de la fabrique les factures ou les traites pour fournitures d'appareils et de produits nécessaires à ses recherches, et, sans en rien dire aussi, Pascal les avait acquittées; il y avait eu là comme un accord tacite et naturel.

Il était difficile maintenant de revenir sur cet accord, cependant il le fallait. Les observations du bonhomme Scouflers n'étaient que trop justes : les ressources de la maison étaient menacées; il n'était donc pas possible de rester sous le coup de billets s'élevant quelquefois à de grosses sommes, sans être prévenu de leur échéance.

Embarrassé de traiter un sujet si délicat avec son père, Pascal s'adressa à Abeille.

— Tu es fâché pour la traite, dit celle-ci en voyant sa figure soucieuse; le père Scouflers m'a dit les choses les plus raisonnables, cela est certain, mais que veux-tu ? il ne faut pas en vouloir à père.

— Je ne lui en veux pas; seulement...

— Seulement tu es fâché.

— Non, petite sœur, je ne suis pas fâché; je ne suis jamais fâché pour ce qui est irréparable, mais j suis quelquefois inquiet pour ce qui est à faire, c'est-à-dire pour ce qu'on peut empêcher.

— Alors tu ne veux pas de nouveaux billets.

— Je voudrais que dorénavant notre père n'en souscrivît pas sans me prévenir ; ces billets peuvent arriver un jour que la caisse sera vide, et un billet non payé c'est la perte du crédit d'un commerçant ; quelquefois c'est la faillite.

— Faut-il donc l'arrêter dans ses travaux ? Ah ! si j'étais homme, je voudrais au contraire l'aider et lui rendre la tâche moins rude. Si tu l'entendais la nuit se relever, allumer sa lampe et faire courir la craie sur le tableau. Demain peut-être il aura trouvé. Que sommes-nous à côté de lui ? Qu'est le crédit d'un commerçant auprès de sa tranquillité d'esprit, auprès de sa liberté ?

Elle dit cela avec force, avec l'enthousiasme et l'exaltation d'un cœur qui voudrait se donner tout entier.

Si bonnes que fussent les raisons qu'il eut à faire valoir, Pascal ne la contredit point, sentant bien que ces raisons ne pouvaient avoir aucune prise sur une âme ainsi faite ; il se contenta de demander le possible, c'est-à-dire qu'elle agît auprès de leur père pour que celui-ci voulût bien ne plus signer désormais de billets sans avoir pris date avec le bonhomme Scouflers.

— Je ferai cela, dit-elle, je te le promets, mais je ne peux pas te promettre que père se souviendra de

cet engagement. Combien de fois, prêt à sortir, est-il rentré son chapeau sur la tête pour me dire dans l'entre-bâillement de la porte : « — A propos, on va venir aujourd'hui te présenter un billet de 300 francs. »
— Un billet de 300 francs. ! Alors même qu'il n'eût été que de 100 francs, que de 50 francs, je ne pouvais pas le payer. Non, vois-tu, père n'a pas le souci des choses d'argent.

— Je dois l'avoir pour lui et pour moi.

— Je ferai ce que je pourrai; mais ne sois pas fâché contre lui; s'il est ainsi, c'est parce qu'il sait que demain ou dans quelques jours il sera dix fois millionnaire.

Pascal eût voulu plus, mais enfin c'était quelque chose; si Abeille réussissait, les inconvénients d'une échéance brutale seraient au moins amoindris; sans doute, l'échéance resterait toujours, mais n'étant plus pris à l'improviste, il pourrait la préparer.

Ce que le père Scouflers avait annoncé ne tarda pas à se réaliser; aussitôt que le procès en nullité de brevet fut connu, le crédit de la maison, qui était à peine établi, se trouva ébranlé; en même temps, les commandes diminuèrent dans une proportion sensible et plusieurs clients quittèrent Pascal pour Midoucet, qui baissa ses prix de plus de moitié. En voyant les développements rapides de la fabrication, Pascal avait pris toutes les mesures pour lui assurer une marche régulière, et des traités avaient été passés pour la fourniture des matières premières, l'argile, le bitume, le combustible. Ces fournitures arrivaient aux époques fixées. Qu'allait-on en faire ? Comment les payerait-on ?

Pendant les premiers jours de cette crise Pascal ne s'était pas vivement inquiété : avec l'aide de M. Charlard l'avenir était certain, seul le présent était difficile. Mais M. Charlard, qui d'ordinaire répondait à toutes ses lettres avec une exactitude mécanique, le laissait sans instructions et sans conseils. Pourquoi ce silence ? Était-il déjà découragé ? Voulait-il abandonner l'affaire ? Mais s'il en était ainsi, Laure était perdue.

Une nuit qu'il était resté dans son bureau, agitant ces tristes réflexions et se demandant avec de poignantes angoisses comment sortir des difficultés de l'heure présente, il lui sembla entendre frapper trois ou quatre petits coups à la fenêtre qui donnait sur la rue de Reuilly. Percée dans un gros mur, à deux mètres au-dessus du trottoir et à hauteur ordinaire dans le bureau, cette fenêtre était défendue par des barres de fer et des volets doublés de tôle. Voulait-on entrer par là ? Ceux qui faisaient ce bruit étaient-ils des voleurs en expédition pour enlever la caisse ? A cette pensée, Pascal eut un sourire désolé ; la caisse, hélas ! était vide, et le lendemain il fallait qu'elle contînt 5,000 francs pour payer un billet. Il écouta : les coups reprirent, un peu plus fortement frappés. Le doute n'était pas possible, c'était quelqu'un qui demandait à entrer, mais qui ? Il était une heure du matin.

Pascal ouvrit les volets, qui se manœuvraient en

dedans ; comme les barreaux de fer empêchaient toute entrée, il n'avait rien à craindre. La nuit était sombre ; il vit un homme au-dessous de lui, mais sans le reconnaître.

— Ouvrez-moi la porte, dit cet homme ; c'est moi, Charlard.

M. Charlard à Paris, à cette heure, rue de Reuilly, frappant à cette fenêtre au lieu de frapper à la porte, qu'est-ce que cela voulait dire ?

— Ne faites pas de bruit, continua M. Charlard.

Pascal courut à la porte ; il était si troublé qu'il ne pouvait pas mettre la clef dans la serrure.

— Ne vous pressez pas, ne faites pas de bruit.

Enfin la serrure joua.

— Quoi ! c'est vous ! dit Pascal en lui serrant la main.

— J'ai vu de la lumière par la fente du volet, et comme Scouflers se couchait, j'ai compris que c'était vous qui étiez dans le bureau ; j'ai attendu que Scouflers fût endormi pour frapper ; j'ai à vous parler.

— Mademoiselle Laure ?

— Laure va bien ; ce n'est pas d'elle qu'il s'agit ; entrons.

Lorsqu'ils furent dans le bureau, ils restèrent pendant plusieurs minutes sans parler : Pascal n'osait relever les yeux sur M. Charlard ; il avait peur.

— Vous étiez en train de travailler ? dit enfin celui-ci, en regardant les livres restés ouverts.

— J'ai demain une échéance de 5,000 francs, et la

caisse est vide; je cherchais un moyen de faire de l'argent.

— Et vous n'avez pas trouvé?

— Non.

Une heure plus tôt, Pascal eût fait cette réponse gaiement, en ajoutant : « Me voilà tranquille, puisque vous êtes là »; il la fit désespérément.

— Je suis arrivé de Condé ce soir à onze heures, dit M. Charlard, et je suis venu aussitôt, parce que je voulais que Scouflers n'assistât pas à notre entretien, c'est vous apprendre, n'est-ce pas? que ce que j'ai à vous dire est mauvais. Vous avez besoin de 5,000 francs pour demain, moi j'ai besoin de 600,000 francs pour la fin du mois.

— Vous êtes ruiné?

Un homme qui a mis tout son orgueil dans la fortune ne convient jamais qu'il est ruiné.

— Je suis gêné, dit-il, je suis pris dans un concours de circonstances qu'il était impossible de prévoir et que maintenant il est impossible d'expliquer. Quand j'ai mis des fonds dans votre affaire, je vous ai imposé la condition de tâcher de vendre votre brevet. Cela a dû vous paraître assez étrange. Voici quelles étaient mes raisons : Si vous tiriez 1 million de nos brevets, je prenais pour ma part 250,000 francs, et je vous donnais ma fille en vous associant à ma maison de banque. Votre apport étant de 750,000 francs, ce million me permettait de réparer des pertes qui déjà entravaient ma marche. A nous deux nous recommencions une fortune, — une fortune certaine, car nous n'avions qu'à recueillir les résultats de vingt années d'efforts et de combinaisons. C'était un coup de jeu, qui n'a pas réussi, puisque vous n'avez pas pu vendre. Aujourd'hui, la situation s'est aggravée, mais elle peut encore être sauvée si vous voulez m'aider.

Pascal tendit la main à M. Charlard; son geste était la meilleure, la plus éloquente des réponses.

— Oui, je sais, vous êtes un homme de cœur, c'est là-dessus que j'ai compté; je me suis dit que puisque vous aviez causé une partie de mes embarras, vous ne voudriez pas m'abandonner.

— Comment cela? est-ce l'argent que vous m'avez donné qui a pu vous gêner?

— Non l'argent, mais le concours. Je vous ai déjà raconté les difficultés qui m'ont été faites par mes commanditaires lorsqu'on a su que je vous appuyais. Depuis, ces difficultés ont changé de nature : des bruits malveillants ont couru sur ma solidité, tous mes correspondants ont été successivement prévenus de prendre des précautions avec moi, et ma signature a cessé d'avoir dans les grandes banques le crédit dont elle jouissait autrefois. Ces entraves, s'adressant à une maison déjà embarrassée, m'ont singulièrement gêné. Hier seulement j'ai su quelle main les a nouées, et voilà pourquoi je vous dis que vous pouvez me sauver.

— Féline?

— Précisément; oui, les coups viennent de Féline,

qui, calculant très-justement que votre force était en moi, a voulu m'abattre pour avoir ensuite plus facilement raison de vous. Avec ses relations dans la grande banque, rien ne lui a été plus commode que de me porter des coups assurés ; on ne refuse rien à un homme qui dispose de son crédit et de ses influences. Aussi est-ce à Féline que je crois bon de s'adresser.

— Lui demander la paix ?

— Non ; lui proposer un arrangement. L'invention de votre père cause un préjudice considérable à Féline, mais entre ses mains elle pourrait être une source inépuisable de gain, soit par sa propre raffinerie, soit par la fabrique de Midoucet. Aussi je ne peux m'expliquer son refus de vous acheter vos brevets que par l'espérance qu'il avait sans doute de les obtenir pour rien. Aujourd'hui cette espérance peut se réaliser ou à peu près. Si nous gagnons nos procès, les dommages-intérêts qui nous serons dus par Féline et par Midoucet s'élèveront au moins à 4 ou 500,000 francs ; que Féline nous donne aujourd'hui ces 500,000, francs et nous lui abandonnerons nos brevets pour rien. Maintenant l'expérience a parlé ; il sait ce qu'ils valent. Un pareil arrangement est pour lui une fortune.

— Et pour nous ? ne put s'empêcher d'interrompre Pascal.

— Pour vous, c'est un sacrifice ; pour moi, c'est le salut. Laure sera votre femme, vous viendrez aux Yvetaux, vous y vivrez heureux avec elle, avec votre père, avec votre sœur que vous prendrez près de vous. Moi, pendant ce temps, je réparerai mes pertes. Est-ce que la vie tranquille à la campagne, auprès d'une femme que vous aimez, entouré des joies de la famille, ne vaudra pas pour vous l'existence tourmentée que vous allez mener à Paris ? En parlant ainsi, je parle sans doute pour moi, mais enfin je parle aussi pour Laure.

Pascal ne pouvait entendre un père faire ainsi marchandise de sa fille et l'offrir en payement, surtout quand cette fille était Laure; il interrompit M. Charlard.

— Vous vous êtes associé à ma mauvaise fortune, je m'associe à la vôtre; je ferai ce que vous désirez. Mon père sera peut-être fâché que je sacrifie ainsi son invention, mais mon père n'est pas un homme d'argent.

— Votre père appréciera les raisons qui vous déterminent, s'écria Charlard.

Il fut convenu que Pascal irait le lendemain chez Féline lui proposer le projet d'arrangement du banquier.

— Maintenant, dit celui-ci lorsque toutes les conditions de cet arrangement eurent été discutées et arrêtées, où en sont vos affaires ?

— Voici les livres.

M. Charlard s'assit au bureau; mais, après avoir tourné quelques feuillets, il se leva.

— Je ne vois pas, dit-il ; j'ai les yeux troublés; ne pourriez-vous pas me donner une serviette mouillée ?

10.

Pascal remarqua alors pour la première fois les changements qui s'étaient faits dans la physionomie du banquier : il avait vieilli de vingt ans ; lui, qui naguère avait la santé et la fraîcheur, ressemblait maintenant à un mourant : ses joues vermeilles s'étaient creusées de deux larges rides, la bouche se crispait par des mouvements nerveux, et son front, continuellement contracté, semblait prêt à éclater sous l'afflux du sang.

Pascal alla chercher une serviette dans sa chambre, mais M. Charlard trouva que l'eau qui la mouillait n'était pas assez froide et il voulut aller la tremper lui-même sous le robinet de la fontaine. Alors, la tordant doucement, il s'en fit une sorte de turban qui lui entourait la tête. Puis, ayant écarté son gilet, dénoué sa cravate et déboutonné le col de sa chemise, il parut respirer moins péniblement.

— Maintenant, au travail, dit-il ; passons tous les comptes en revue.

La nuit s'était écoulée, il était trois heures du matin.

— En nous hâtant un peu, nous aurons fini avant l'arrivée des ouvriers.

Tous deux se mirent au travail, relevant les comptes de manière à avoir un résumé de la situation. La nuit était fraîche, mais la serviette qui entourait la tête de M. Charlard se séchait cependant rapidement ; alors il se levait, et, après l'avoir mouillée dans la cour, il rentrait.

Un peu avant six heures tout était fini et les additions étaient faites.

— Voilà une nuit, dit M. Charlard en jetant au loin sa serviette, qui ressemble à celles que j'ai passées depuis un mois. Heureusement votre situation financière ne ressemble pas à la mienne. Scouflers est un homme exact, on peut s'en rapporter à lui. On vous doit plus de 200,000 francs, vous en devez 75,000 à peine, vous n'avez rien à craindre. Courez chez Féline ; pendant ce temps je vais m'entendre avec Scouflers sur les mesures à prendre pour hâter les recouvrements et retarder les payements.

M. Charlard attendit assez patiemment pendant les premières heures, mais le temps s'écoulant et Pascal ne revenant pas, il commença à ne plus pouvoir rester en place, allant et venant dans la cour, marchant en long et en large. Vers midi il dit au bonhomme Scouflers qu'on vînt le chercher à la baraque de la rue de la Sablonnière quand Pascal rentrerait.

Cerrulas était dans son atelier, et, les bras nus jusqu'aux coudes, ses grands cheveux blancs rejetés en arrière, il était occupé à scier une planche de sapin.

— Vous faites le menuisier? dit Charlard en entrant.

— Comme demain je ferai le serrurier, le mécanicien, le plombier ; je suis à la fois ingénieur, dessinateur, compagnon et garçon : c'est plus commode.

— Et vous croyez bientôt trouver ?

— J'espère, oui, je l'espère, mais, franchement, je ne peux pas dire que je le crois.

— Je vous souhaite bien vivement le succès, pour vous d'abord et aussi pour Pascal.

— Pascal est heureux, il poursuit la réalité ; oui, le succès serait une grande et belle chose ; mais qui est sûr du succès, qui est sûr de marcher dans la bonne voie ? Heureux ceux qui ne connaissent pas le doute et ne ressentent pas jusque dans les entrailles l'angoisse de se dire : « Je suis à côté, je ne fais rien de bon ! » Ceux-là vont loin, ils sont considérés, honorés ils trouvent la récompense de leurs efforts en eux-mêmes et dans les autres. Ce sont des hommes d'ordre, ce sont des exemples, on ne les raille point, on ne les méprise point.

Il jeta au loin la planche qu'il travaillait, puis, venant se camper en face du banquier surpris de cette étrange sortie :

— Je suis né cent ans trop tôt, s'écria-t-il en se croisant les bras et en secouant tristement la tête. Il y a des moments où je me demande si ce n'est pas folie de continuer dans la voie où je suis engagé. D'autres cherchent par des moyens différents, et ce sont peut-être ceux-là qui ont raison. Depuis que Berthelot a régénéré plusieurs substances végétales, le doute m'est venu. Il faudrait continuer ses expériences de synthèse, et voir s'il a trouvé le vrai principe. Mais je suis trop vieux. Combien d'années faudra-t-il encore ? Vingt ans, cinquante ans peut-être. Ai-je deux ans, ai-je cinq ans à moi? la vieillesse nous étreint au moment où nous commençons à savoir. Je suis sur un rail qu'il faut que je suive jusqu'au bout ; au moins j'aurai parcouru ma route ; d'autres n'auront pas à la recommencer après moi : l'œuvre humaine est collective. On trouvera, mon cher monsieur, on trouvera, cela est certain, mais qui trouvera? Moi? un autre? demain? dans cinquante ans? Il faudrait continuer ses expériences de synthèse. Il faudrait surtout rechercher comment le charbon s'assimile dans les végétaux en étudiant les circonstances où l'action se produit énergiquement.

M. Charlard avait une attitude préoccupée, qui disait qu'il n'écoutait pas ou qu'il ne comprenait pas ; mais Cerrulas n'admettait pas qu'on ne l'écoutât point.

— Ceci est peut-être un peu abstrait, continua-t-il, un exemple vous fera voir et sentir ce que signifie ce langage à l'usage des savants. J'ai vu sur vos pelouses des Eucalyptus : c'est un arbre qui, pour vous propriétaire, a l'avantage de porter un beau feuillage cendré, mais qui pour nous est remarquable par d'autres qualités, car il pousse vingt fois, cinquante fois plus vite que le chêne. Pourquoi pousse-t-il ainsi? Je n'en sais rien pour le moment et c'est le point à chercher. Le jour où nous aurons trouvé ce point nous pourrons modifier les végétaux par une culture spéciale et rassembler en eux tous les éléments qui concourrent à l'assimilation du carbone. Alors on verra des forêts croître et se développer en deux ou trois années. Ne prenez pas cette attitude dédaigneuse ; cela se fera, monsieur. On est sur la voie. Vilmorin n'a-t-il pas déjà produit une race de betteraves dans laquelle le sucre se forme dans des proportions d'une richesse étonnante. Tout se tient : production de la betterave, production de la forêt sont même chose. Vous me direz que ces betteraves sont des monstres qu'on ne peut exploiter : juste, monsieur, mais juste pour le moment seulement ; encore un effort et ces betteraves seront propres aux machines. C'est ainsi que d'efforts en efforts l'on marche et l'on avance. Par malheur je suis trop vieux. Combien de temps faudra-t-il encore pour voir les expériences que je pressens donner des résultats... Vingt ans, cinquante ans peut-être...

Pendant que Cerrulas parlait, M. Charlard examinait les flacons et les bocaux qui se trouvaient rangés devant lui sur une tablette ; les uns après les autres, il les prenait dans ses mains, et il lisait les étiquettes.

— Est-ce que vous avez des poisons ? dit-il tout à coup, comme s'il répondait à sa propre pensée.

— Dans ces fioles, il y en a de toutes sortes ; mais ce n'est de pas cela que je m'occupe.

— Moi j'aurais, il me semble, aimé l'étude des poisons, ce doit être fort curieux.

— Fort curieux, en effet, mais j'aime mieux créer que détruire.

Pascal parut dans l'embrasure de la porte, et sa

venue interrompit cette conversation, qui avait si singulièrement tourné.

— J'aurais quelques mots à dire à M. Charlard, permettez-vous, mon père ?

XIV

— Eh bien ? dit M. Charlard lorsqu'il fut seul avec Pascal dans le jardin.

— Je n'ai pas réussi.

— Pas réussi !

Et, machinalement, il répéta ces deux mots à plusieurs reprises : sa tête s'était courbée vers la terre et ses bras restaient ballants.

— Voyons, voyons, dit-il en faisant un effort pour se remettre, combien offre-t-il ? tout est là, combien offre-t-il ?

— 10,000 fr.

— 10,000 fr. ! comment ! 10,000 fr. ! 10,000 fr. par mois ! Ce n'est pas une petite somme de mois en mois qu'il nous faut, mais un gros capital que je puse manœuvrer tout de suite. Avec les 500,000 fr. de Féline, avec vos 100,000 fr. de billets, avec les ressources que la banque peut encore créer, je réunis. Un million; avec un million, je suis maître de la position et je puis tout réparer avant un an, je suis plus riche que je n'ai jamais été.

— Ce n'est pas 10,000 fr. par mois qu'il propose, ni 10,000 fr. par an, mais 10,000 fr. en tout et pour tout.

Alors Pascal raconta sa visite chez Féline. Celui-ci, en le voyant dans son salon, l'avait laissé attendre depuis sept heures jusqu'à midi ; puis, quand il l'avait enfin reçu, ç'avait été avec insolence et dureté : il était sûr de gagner le procès et de faire prononcer la nullité des brevets; s'il consentait à donner 10,000 fr., c'était par bonté d'âme, par charité.

— Je ne veux pas, avait-il dit, que quelqu'un qui s'est occupé de l'industrie des sucres ne soit pas récompensé de son travail. Bien que vous ayez agi avec moi de façon peu convenable, je veux l'oublier et ne voir que le but que vous avez poursuivi. Dans ce que je suis, je crois être un homme juste et généreux. Désistez-vous de vos procès, cédez-moi vos brevets et demain les 10,000 fr. sont à vous. 10,000 fr. c'est une belle somme pour un inventeur, surtout quand cet inventeur n'a rien inventé.

— Mais s'il n'a rien inventé, avait répliqué Pascal, pourquoi voulez-vous ses brevets? ils vous sont inutiles.

— Je les voulais pour ménager votre amour-propre et ne pas paraître vous faire l'aumône.

Sur ce mot Pascal avait rompu l'entretien.

Son récit eût pu durer longtemps. M. Charlard ne l'écoutait pas : il était comme une masse inerte ; ses yeux regardaient sans voir, et ses lèvres s'agitaient par un mouvement machinal sans former des paroles.

Pascal le prit par le bras et l'emmena vers la maison.

— Que voulez-vous que je fasse maintenant ? dit-il, je suis tout à vous.

— Oui, je sais ; mais vous ne pouvez rien, c'est à moi de me sauver.

— Comment ! avez-vous quelque espérance ?

— Une espérance ! oui, sans doute... Je vous dirai cela... plus tard. Je vais sortir et tenter un dernier effort, mais celui-là sera bien le dernier ; s'il échoue, je serai perdu. Adieu, mon ami.

— Voulez-vous que je vous accompagne ? dit Pascal épouvanté de l'accent de ces paroles incohérentes.

— Non, vous me gêneriez, merci.

Il fit quelques pas pour sortir, puis revenant :

— Est-ce que votre sœur est ici ?

— Non, elle est au Conservatoire.

— Ah ! je suis fâché de cela, très-fâché. Dites-moi, c'est une bonne fille, n'est ce pas ? un brave cœur, on peut compter sur elle ?

Pascal était fier de sa sœur, il dit tout le bien qu'il pensait d'elle.

— Je suis heureux de cela ; votre père aussi est un excellent homme ; vous, je crois vous connaître.

Il se dirigea vers la porte; mais, revenant encore sur ses pas :

— Tenez, serrez-moi cela, dit-il en donnant son portefeuille, il y a vingt-deux mille francs dedans.

— Je vais le donner à Scouflers.

— Non, serrez-le vous-même, j'aime mieux cela. Maintenant, dites-moi donc, est-ce que vous allez bientôt sortir?

— Pas avant ce soir.

— Alors, si j'ai besoin de vous, je peux vous envoyer chercher, on est certain de vous trouver?

— En tout cas, j'attendrai.

— Oui, c'est cela, attendez; si ce que je projette se réalise, j'aurai besoin de vous. Au revoir, mon ami.

Cette fois, il sortit, et Pascal resta troublé. Ces paroles étaient étranges. Qu'espérait-il maintenant? A qui voulait-il s'adresser? Mais les coups qui depuis douze heures s'étaient abattus sur lui ne lui laissaient pas la liberté de penser exclusivement aux autres. Qu'allait-il devenir lui-même? La chute de M. Charlard devait l'entraîner. Et les cent mille francs de billets qu'il avait signés, qui les payerait à leur échéance? Comment sortir de ces difficultés, alors que les procès paralysaient ses bras? Cependant, si poignantes que fussent ses inquiétudes personnelles, il revenait toujours à M. Charlard, et plus il pensait à lui, en se précisant les détails de leur entretien, plus il se sentait envahi par de sinistres pressentiments. Pourquoi ces demandes sur Abeille?

Il y avait deux heures à peu près que M. Charlard était parti quand un commissionnaire entra dans le bureau.

— Voilà une lettre pour M. Pascal Cerrulas, dit-il.

— C'est moi, donnez.

Mais, avant de lâcher la lettre, l'homme à la veste de velours montra du doigt un œil-de-bœuf qui était accroché à la muraille.

— Vous voyez qu'il est bien trois heures, n'est-ce pas? Je vous dis cela, parce que le monsieur qui m'a donné la lettre m'a recommandé de ne pas la remettre avant trois heures. Il y a des personnes qui vous recommandent de ne pas remettre leur lettre après l'heure qu'ils vous disent ; ce monsieur-là n'a pas parlé d'après, mais d'avant. Enfin chacun a ses idées, n'est-il pas vrai?

— Donnez donc cette lettre.

Pascal reconnut l'écriture de M. Charlard, et, tremblant d'émotion, il déchira l'enveloppe.

« Je vous ai trompé cette nuit ; quand vous m'avez demandé si j'étais ruiné, je vous ai répondu que j'étais gêné ; c'était ruiné qu'il fallait dire, ruiné ! Je n'ai pas eu ce courage. Maintenant, le moment de la franchise a sonné, l'heure de la confession. Si Féline avait consenti à nous donner 500,000 francs, je pouvais encore me sauver ; mais c'était là un moyen désespéré, une dernière ressource, et, à vrai dire, je n'espérais que bien faiblement le succès.

Nous n'avons pas réussi. Il faut renoncer à la lutte : je suis écrasé, sans force pour me relever, c'est à peine s'il m'en restera assez pour la résolution qu'il me faut prendre.

» Vous avez un cœur noble; l'abnégation avec laquelle vous vous êtes sacrifié cette nuit m'en donne une nouvelle preuve. Je ne veux pas que vous vous reprochiez d'être la cause de ma ruine. Lorsque je me suis associé avec vous, mes affaires étaient compromises. J'ai vu dans votre invention un moyen de leur venir en aide ; voilà pourquoi j'ai voulu vous faire vendre tout de suite. Vous n'avez point vendu, vous avez fabriqué, et, quand vous vous figuriez que c'était mon crédit qui vous faisait marcher, c'était le vôtre, au contraire, qui me soutenait. Je vous devais cet aveu.

» Ce n'est pas le dernier que j'aie à vous faire, il m'en reste un plus pénible. Non-seulement je suis ruiné, mais encore je suis compromis. Il y a dans mes écritures des irrégularités qui me seront imputées à crime : avec le succès ces irrégularités étaient parfaitement justifiables ; dans la ruine, elles auront un caractère coupable que je serais incapable de défendre.

» Voilà ce qui me tue : ruiné, déshonoré, je ne puis survivre à cette double catastrophe ; j'avais mis ma vie dans la fortune et dans l'honneur ; les deux me manquent, il faut mourir.

» Il faut que j'abandonne mes enfants. Lorque j'ai vu la marche de mes affaires, j'ai cédé aux conseils de mon fils : il est soldat ; il pourra, malgré le malheur de son père, faire son chemin. Ma fille, je vous la confie. Je crois vous avoir assez justement apprécié pour savoir que vous ne romprez pas votre mariage, parce qu'elle sera pauvre, et j'espère que vous aurez assez d'indépendance d'esprit pour ne pas la faire responsable de la faute de son père. Voilà pourquoi, tantôt, je vous interrogeais sur votre sœur et sur votre père.

» Dans le portefeuille que je vous ai confié, vous trouverez les 100,000 francs de billets souscrits par vous, comme seuls ils ne pouvaient pas me sauver, je vous les restitue. Vous trouverez aussi 22,000 francs en billets de banque : vous les partagerez entre Adolphe et Laure.

» Maintenant il faut en finir, et, pour cela, j'ai encore besoin de vous, de tout votre dévouement.

» Aussitôt que cette lettre sera écrite, j'entrerai à l'établissement des bains qui se trouve sur le boulevard Mazas, au numéro 150, précisément en face du café dans lequel je vous écris ces lignes.

» Quand vous les recevrez, je serai mort : je serai mort d'une attaque d'apoplexie qui m'aura foudroyé dans le bain. Venez donc réclamer mon corps, et épargnez-moi, épargnez à mes enfants les tristes cérémonies de la Morgue et des constatations judiciaires. »

La lettre ne se terminait pas là, mais Pascal n'en lut

pas davantage. Il s'élança dans la rue et se mit à courir vers le boulevard Mazas.

De la rue de Reuilly au n° 150 du boulevard, la distance n'est pas grande, Pascal la franchit en quelques minutes.

En approchant des bains, il ne vit personne devant la porte, pas le moindre rassemblement, cela lui donna de l'espoir. Sans doute il arrivait à temps.

— Vous avez un monsieur un peu gros, rouge de visage ? dit-il à la femme qui gardait la caisse.

Cette manière d'interroger sans autre forme de politesse ne plut pas à la caissière, « qui était une femme ayant eu des malheurs » ; elle regarda Pascal sans répondre. Cependant, devant son regard anxieux, elle faiblit.

— Un monsieur ? dit-elle, nous avons plusieurs messieurs.

Il recommença le portrait de M. Charlard ; ces retards allaient peut-être coûter la vie à un homme ; mais que faire ? il fallait bien savoir qu'elle cabine était la sienne.

— Ah ! très-bien, dit la caissière, ce monsieur doit être au 14.

Pascal s'élança dans le corridor sur lequel s'ouvraient les cabinets ; le n° 14 était à l'extrémité. Arrivé devant la porte, il la poussa de toutes ses forces, mais elle ne céda point.

Le garçon arriva.

— Il faut frapper, dit-il.

Et en même temps il frappa deux coups discrets.

— Ouvrez ! ouvrez donc ! criait Pascal.

A l'appel du garçon, aux cris de Pascal, personne ne répondit ; seulement, dans le cabinet qui se trouvait en face, une voix se mit à pousser des jurements.

A la fin, le garçon se décida à se servir de la clef qu'il portait suspendue au cordon de son tablier.

Pascal poussa vivement la porte et entra : dans la baignoire, on ne voyait que les épaules d'un homme, le bras était pris sous le col du cygne, et sous le bras la tête était engagée de manière à tremper dans l'eau complétement, la nuque exceptée : la suffocation avait dû être rapide et les efforts pour se dégager, s'il en avait fait, avaient été paralysés par le bras qui, retenu par le col de cygne, avait agi comme un collier de fer.

Le garçon se mit à pousser les hauts cris.

— Aidez-moi plutôt, dit Pascal, qui avait dégagé la tête et la soulevait hors de l'eau.

Aux cris du garçon tous les gens de l'établissement accoururent, et la cabine se trouva instantanément remplie ; chacun poussait des exclamations et interrogeait son voisin.

Aidé d'un garçon, Pascal tira M. Charlard de sa baignoire et l'étendit sur le parquet ; mais il ne donnait plus signe de vie : les yeux étaient fixes, les lèvres décolorées ; le cœur ne battait plus.

— Courez vite chercher un médecin, cria Pascal.

La foule qui s'était entassés dans la cabine rendait

les mouvements impossibles : on se poussait pour voir le cadavre, et chacun donnait son avis. On expliquait comment l'accident s'était produit, et l'on conseillait des moyens de secours tous plus certains les uns que les autres.

En attendant le médecin et sans être sensible à ce qui se passait ou se disait autour de lui, Pascal frictionnait le cadavre, qui, trempant dans l'eau tiède, avait conservé sa chaleur. Un sergent de ville arriva et fit retirer les curieux ; avec plusieurs il fallut employer la force ; ils avaient des raisons particulières pour rester : celui-ci était le cousin du propriétaire des bains, celui-là connaissait des remèdes particuliers contre l'asphyxie. L'homme de police ouvrit la fenêtre ; la vapeur, qui s'était condensée au plafond, commença à tomber en grosses gouttes, et l'air devint plus respirable.

Enfin le médecin arriva; mais, après quelques minutes d'examen, il déclara que tout secours était inutile, la mort remontait à plus d'une heure.

Comment s'était-elle produite ? Les explications recommencèrent en présence du commissaire de police.

Les gens des bains racontèrent comment, vers deux heures, un monsieur était entré et avait demandé un cabinet ; ce monsieur n'avait rien de particulier, il ressemblait à tout le monde ; cependant, la caissière avait remarqué (une femme qui a eu des malheurs remarque bien des choses qui échappent au commun des gens heureux), elle avait remarqué qu'il agitait machinalement sa main gauche dans la poche de son gilet.

— Et cette main semblait-elle tenir quelque chose entre ses doigts? demanda le commissaire de police.

A cette question la caissière n'avait rien à répondre, ses yeux n'ayant pas percé l'étoffe du gilet. Le médecin coupa court à cet incident en faisant observer que ce mouvement machinal pouvait indiquer une disposition nerveuse. Une fois dans son cabinet, le monsieur avait dit au garçon qu'il désirait qu'on le laissât tranquille et qu'il sonnerait s'il avait besoin de quelque chose. Non-seulement on ne l'avait pas entendu sonner, mais on ne l'avait même pas entendu faire le plus petit mouvement.

— Sans l'arrivée de monsieur, dit la caissière en désignant Pascal, sans ses instances pour entrer dans le cabinet, le monsieur qui remuait ses doigts si singulièrement dans sa poche serait au fond de sa baignoire.

— Et qui vous amenait si à propos ? demanda le commissaire en levant ses lunettes sur Pascal.

La question était embarrassante, et, dans son trouble, Pascal n'avait pas pensé à lui préparer une réponse. Pour être arrivé si précipitamment, il avait dû savoir que M. Charlard était en danger. Si celui-ci avait pu le prévenir, cette mort était donc un suicide. Il resta un moment décontenancé, sentant les yeux du commissaire pesant sur les siens.

— M. Charlard m'avait écrit de venir le trouver ici,

dit-il enfin ; un commissionnaire m'a apporté sa lettre à trois heures.

— Vous avez cette lettre ?

— Sans doute, c'est-à-dire qu'elle doit être chez moi.

Pendant cette enquête, le médecin faisait l'examen du cadavre.

— La mort a été causée par l'asphyxie, dit-il ; sans doute il y aura eu congestion, étourdissement ; il aura glissé au fond de la baignoire et il aura été suffoqué. Je ne vois aucune trace de violence.

— Et cette main dans la poche du gilet ? dit le commissaire, qui avait l'esprit soupçonneux des gens de police, elle n'agitait pas une fiole de laudanum, un paquet d'une poudre quelconque ?

— Croyez-vous donc à un suicide ? demanda Pascal.

— Je ne crois à rien, je cherche.

On ne trouva ni fiole ni papier dans le cabinet.

— L'autopsie nous éclaircira cette question, dit le commissaire.

Pascal eût voulu qu'on épargnât à ce pauvre corps, tout à l'heure plein de vie et de santé, cette dernière et terrible formalité ; mais elle était le meilleur, elle était le seul moyen d'empêcher l'accusation de suicide qui, en présence des mauvaises affaires du banquier, ne manquerait pas d'être soulevée, et à ce titre elle était indispensable. D'ailleurs, il n'était pas maître de l'empêcher.

Tout ce qu'il put obtenir fut que le cadavre serait porté rue de Reuilly.

Deux heures après arriva le médecin commis pour procéder à l'autopsie.

Ces deux heures, Pascal les avait employées à écrire à son ancien élève, qui était en garnison à Constantine, et aussi à faire ses préparatifs de départ pour Condé, car, il ne pouvait s'en remettre à un autre du triste soin d'apprendre à Laure la mort de son père.

L'autopsie constata que la mort était le résultat de l'asphyxie par submersion.

Pascal alors s'occupa d'accomplir les formalités nécessaires pour que l'enterrement eût lieu le lendemain; car s'il ramenait Laure avec lui comme il en avait l'intention, il ne voulait pas que la malheureuse enfant vît pour la dernière fois son père dans l'état où l'avait laissé l'autopsie; mieux valait qu'elle ne le vît jamais et que son dernier souvenir fût celui du baiser qu'il lui avait donné à son départ de Condé.

A ce moment sa funeste résolution était déjà prise, et l'étreinte de ses bras avait été assez émue, assez passionnée pour que sa fille en gardât un éternel et palpitant souvenir.

XV

Il était sept heures du matin lorsque Pascal passa devant le château des Yvetaux.

Pendant son voyage, il avait agité et longuement discuté la question de savoir s'il s'arrêterait d'abord aux Yvetaux, ou bien s'il n'irait pas tout de suite à la maison de banque prévenir le fondé de pouvoirs de M. Charlard, et il s'était fixé à cette dernière résolution en pensant qu'il ne devait plus quitter Laure une fois qu'elle connaîtrait la fatale nouvelle.

Déjà les jardiniers étaient au travail sur les pelouses, fauchant, roulant, arrosant l'herbe fine des gazons épais et doux, comme le velours. Tandis que les fenêtres du premier étage étaient closes, celles du rez-de-chaussée étaient ouvertes et l'on voyait des valets et des femmes de chambre en tablier blanc aller çà et là dans les appartements, le plumeau ou la brosse à la main. Devant les écuries et les remises, les cochers et les palefreniers en veste rouge frottaient les harnais ou lavaient les voitures ; sous les rayons du soleil matinal, les cuivres scintillaient et les panneaux fraîchement vernis renvoyaient la lumière comme des miroirs. Dans cette opulente demeure, la machine domestique fonctionnait avec sa régularité ordinaire pour le plaisir et la vanité de son maître maintenant déchiqueté par le couteau du chirurgien. Les oiseaux chantaient joyeusement leur chanson sous le feuillage des arbres exotiques, les fleurs à la mode ouvraient leurs corolles sur les corbeilles savamment disposées pour la jouissance des yeux, et dans sa chambre, sous ses rideaux de mousseline blanche, Laure dormait tranquillement sans que rien vînt l'avertir que, depuis plusieurs heures déjà, elle était orpheline.

Lorsque la voiture entra dans la ville, les marchands commençaient à ouvrir leurs magasins, et ils bavardaient joyeusement, ne se doutant guère de la catastrophe qui dans quelques instants allait fondre sur eux et causer tant de ruines et de douleurs. Que d'économies englouties ! que de travail perdu ! En pensant aux plaintes et aux malédictions qui tout à l'heure allaient s'élever de ce milieu si paisible, Pascal eut le cœur serré et baissa les yeux comme s'il était lui-même le coupable.

A sa descente de voiture, on voulut l'arrêter pour savoir ce qui l'amenait à Condé, M. Loutrel surtout qui demanda avec instance des nouvelles de son ancien malade ; mais il avait hâte de se débarrasser des fâcheux, et il n'était point en disposition de politesse.

La banque était déjà ouverte ; mais, comme M. Bezou, le fondé de pouvoirs, était avec un client, Pascal dut, malgré tout, attendre un moment.

Dans le salon où il était entré, les éclats de la discussion arrivèrent jusqu'à lui.

— Je ne vous demande que trois jours, disait une voix que Pascal ne connaissait pas.

— Nous ne pouvons pas vous accorder trois heures, répondait sèchement M. Bezou ; l'habitude de la maison est de faire les affaires régulièrement ; à l'heure, à la minute, nous payons, à l'heure, à la minute, nous recevons ; si à midi les fonds ne sont pas ici, à une heure protêt.

Tant de dureté quand on avait besoin de tant d'indulgence !

Le client parti, Pascal put entrer ; sans doute sa physionomie parlait pour lui, car, avant qu'il eût ouvert la bouche, M. Bezou s'écria :

— Eh ! bon Dieu, monsieur, que se passe-t-il ?

— La chose la plus grave qui puisse frapper la maison.

— Le Comptoir mobilier a suspendu ses payements ?

— M. Charlard est mort.

— M. Charlard ! Ah ! Dieu soit loué, vous m'avez fait une belle peur ; notre maison n'est pas perdue au moins ?

— Je ne sais pas si elle est perdue, mais elle est, dans tous les cas, sérieusement menacée.

— Permettez, monsieur, je crois connaître aussi bien que quiconque la situation de notre maison.

M. Bezou était un bonhomme majestueux que M. Charlard avait pris pour l'importance de sa prestance et la noblesse de ses attitudes, mais cette importance et cette noblesse cachaient une parfaite nullité ; il n'avait jamais été qu'une machine à signer, un porte-voix pour transmettre des ordres désagréables ; quant aux affaires de la maison, il ne les connaissait que par ce que M. Charlard lui disait, et celui-ci ne lui disait que ce qu'il voulait bien.

Il fallut que Pascal lui répétât, lui expliquât les paroles mêmes du banquier.

— Des irrégularités d'écriture ! s'écria M Bezou ; mais alors je serais moi-même compromis ; je ne reste pas une minute de plus ici.

Et, se levant avant que Pascal pût l'empêcher, il poussa la porte des bureaux.

— Fermez la caisse, dit-il de sa voix de basse-taille et mettez sur la porte : « Fermé pour cause de décès. » Vous pouvez rentrer chez vous, M. Charlard est mort hier à Paris ; toutes choses doivent rester en l'état où elles se trouvent en ce moment.

Pascal avait voulu éviter l'éclat et le tapage, mais, après cette sortie, toutes les précautions étaient désormais inutiles, et il n'avait plus qu'à se rendre aux Yvetaux.

Les commis, en recevant cette foudroyante nouvelle, s'étaient précipités vers le bureau du fondé de pouvoirs, mais celui-ci ferma sa porte, puis, après avoir mis sa toque de velours dans sa poche et avoir fait un petit paquet de son canif, de son cachet et de sa brosse à habits, c'est-à-dire de tout ce qui lui appartenait en propre, comme s'il ne voulait jamais revenir dans cette maison maudite, il se tourna vers Pascal.

— Puisque vous étiez l'homme de confiance de M. Charlard, dit-il, son confident, ne trouvez-vous pas qu'il serait bon d'avertir le président du tribunal ? Peut-être y a-t-il des mesures conservatoires à prendre.

Pascal n'avait pas pensé à cela ; peut-être, en effet, était-il utile d'aller chez le président ; il suivit donc M. Bezou.

L'hôtel du président Bonhomme de la Fardouyère était à quelques pas à peine de la maison de banque : lorsqu'ils y arrivèrent, M. le président n'était point encore levé ; mais, sur un mot que lui fit remettre M. Bezou, il répondit qu'on pouvait l'attendre. Pendant une demi-heure, ils attendirent dans ce grand salon orné du portrait de Henri V et de la sainte Vierge, où Pascal était déjà entré les jours de visite officielle.

Enfin le président parut, drapé dans une robe de chambre bleue, avec des fleurs de lis en or ; en quelques mots, M. Bezou lui apprit la mort et la ruine de M. Charlard.

— Charlard mort ! Charlard ruiné ! s'écria le président, en se renversant si brusquement, qu'il faillit crever le portrait de Henri V sous lequel il était assis ; voilà une mort qui ressemble furieusement à un suicide.

— Les médecins ont constaté que M. Charlard s'était noyé dans sa baignoire ; peut-être le mauvais état de ses affaires a-t-il provoqué l'étourdissement qui a causé la mort, mais il n'y a point eu suicide.

— Enfin, peu importe, ce qui est certain, n'est-ce pas ? c'est sa ruine. Ah ! il est ruiné, ce banquier insolent qui prenait à cœur d'humilier les honnêtes gens par son luxe et sa richesse ! Il avait château à la campagne, il avait équipages, il avait laquais, et aujourd'hui il n'a plus rien, plus rien, plus rien. C'était une douleur pour un homme comme moi, monsieur Bezou, d'être obligé de manger à la table de ce parvenu, mais les convenances le voulaient ; ces gens s'imposent et il faut les subir. Au reste, je n'ai jamais été chez lui sans lui faire sentir qu'il n'était rien. Et ça se faisait appeler des Yvetaux, Charlard des Yvetaux ! Il lui fallait la noblesse : la noblesse à ce manieur d'argent ! Il n'avait même pas l'éducation ; il était commun, il était grossier. Je l'ai toujours dit, car un homme comme moi ne subit pas les engouements de la foule. Et tous ces imbéciles qui lui ont confié leur fortune, leurs économies, sans lui demander : « Qui es-tu ? d'où viens-tu ? où vas-tu ? » Cela va encore entraîner d'autres ruines dans le commerce, monsieur Bezou ; je crois que d'ici à peu nous aurons quelques bonnes petites faillites qui rabattront la vanité de tous ces gens d'argent.

Il avait débité ces paroles si vivement, si furieusement, qu'il eût été impossible de l'interrompre : c'était la joie qui débordait, la vengeance d'un homme qui n'avait rien et se croyait digne d'avoir tout ; c'étaient dix années d'humiliations et de souffrances qui prenaient enfin leur revanche.

— Au reste, continua-t-il en se levant et en marchant à grands pas dans le salon, car la joie le soulevait, c'est bien fait, et ils ne pourront pas se plaindre. Pourquoi ont-ils été lui porter leur argent? La main de la Providence se montre dans cette affaire, monsieur Bezou, et ceux-là qui l'ont mérité seront seuls punis. Est-ce que des gens comme nous auraient été confier leur fortune à ce spéculateur? On se respecte quand on a un nom, et croyez bien que, si tant de gens de noblesse ne font point les grosses fortunes qu'on voit aux mains des gens du commun, c'est qu'il ne leur plaît pas de se servir de ces hommes d'affaires. Celui-ci a joué son jeu, ses dupes n'ont que ce qu'ils méritent; pour moi, je ne peux pas les plaindre.

— Pardon, monsieur le président, dit le fondé de pouvoirs en profitant d'un moment d'essoufflement pour interrompre, mais je crains que vous ne soyez vous-même, sinon personnellement, en tout cas indirectement atteint par ce désastre. M. de Ruben, oncle de madame de la Fardouyère, avait confié à M. Charlard 150,000 francs pour les faire valoir, et madame de la Fardouyère est, il me semble, seule héritière de M. de Ruben.

A ce nom, la figure du président, qui éclatait de plaisir, s'allongea et pâlit.

— Mon oncle de Ruben! s'écria-t-il, mais alors ce Charlard était un misérable coquin. Il a englouti

150,000 francs à M. de Ruben; il aurait donc trompé le bon Dieu? Rien ne l'a arrêté dans son agiotage, ni l'honneur d'une famille, ni le respect dû à un vieillard. Ceci change bien l'aspect des choses, et il faudra voir clair dans cette banqueroute. Il y a des mesures à prendre dans l'intérêt des honnêtes créanciers; je vais m'entendre avec le procureur impérial; et, en attendant, nous allons faire apposer les scellés à la maison de banque et aux Yvetaux. Vous pouvez vous retirer, messieurs.

Déjà la catastrophe de la maison Charlard était connue de toute la ville, et les groupes qui se formaient devant les portes ne parlaient que de cela : les affaires avaient été interrompues et l'unique sujet de toutes les conversations était la mort du banquier. Il y avait des gens bien informés qui racontaient cette mort avec des détails effrayants de précision. C'était la veille, à midi dix minutes, qu'il s'était coupé la gorge avec un rasoir, le coup avait été si violent, que la tête avait roulé par terre. — Ce n'était pas du tout avec un rasoir qu'il s'était tué, mais en se jetant du haut de la colonne Vendôme; le factionnaire avait été écrasé et il avait été impossible de retrouver les morceaux de la baïonnette. — Il ne s'était pas suicidé, mais il avait été foudroyé par le choléra; on cachait soigneusement ce cas de choléra comme depuis huit jours on cachait tous les autres, parce que l'Empereur, voulant aller à la campagne, ne pouvait pas décemment abandonner la capitale au moment où l'épidémie sévissait.

A côté de ceux qui savaient comment le banquier était mort, il y avait ceux qui connaissaient la situation de la banque. Ce serait une banqueroute de plus de 10 millions. — 10 millions ! ceux qui parlaient ainsi n'avaient aucune idée des affaires de banque, c'était 100 millions qu'il fallait dire. « Voilà ce que c'est que de vouloir s'enrichir trop vite, » disaient les gens habiles à tirer la morale des choses. Il y avait ceux aussi qui avaient toujours prévu la catastrophe, et qui depuis longtemps voulaient retirer leurs fonds; ils l'auraient fait précisément la veille s'ils n'en avaient été empêchés par leurs femmes; on ne devrait jamais écouter les femmes.

En sortant de chez le président, Pascal s'était dirigé vers les Yvetaux. Il suivait le chemin de la prairie que tant de fois il avait parcouru pendant ses années de lutte à Condé, et que tant de fois il s'était rappelé avec des frissons de bonheur depuis son séjour à Paris; mais, insensible au murmure de l'eau comme à la verdure des plantes, il ne pensait qu'à la pauvre Laure. Comment supporterait-elle le coup qu'il allait lui porter ?

Aux Yvetaux aussi, la nouvelle était déjà arrivée : le travail avait cessé, et jardiniers, cochers, domestiques, tout le monde la discutait.

Laure, heureusement, n'avait point encore quitté sa chambre ; Pascal la fit prier de descendre; et presque aussitôt elle ouvrit la porte du salon : elle était en toilette du matin, et l'eau, à peine séchée sur sa peau, lustrait encore son front et ses joues.

— Ah! quel bonheur! dit-elle, quelle bonne surprise!

Mais elle s'arrêta avant d'être venue jusqu'à lui; puis, reculant par un mouvement instinctif :

— Vous m'apportez une mauvaise nouvelle ; mon père est malade?

— Très-malade.

— Oh! non, n'est-ce pas?

Il baissa la tête : elle poussa un cri et vint s'abattre dans les bras qu'il lui tendait. Il la porta doucement jusqu'à un fauteuil, et, l'ayant fait asseoir, il se plaça devant elle.

Pendant quelques minutes, elle sanglota, la tête cachée dans son mouchoir, mordant la toile pour étouffer ses cris; puis tout à coup, se relevant :

— C'est à Paris? dit-elle.

— Oui.

— Partons !

— Il est trop tard.

— Mon Dieu ! et pourquoi... pourquoi pas ici, au milieu de ses amis ?

Tout n'était pas dit; mais Pascal pensa que, puisque ce dernier coup devait la frapper encore, il valait mieux le porter tout de suite; la violence de la première douleur devait rendre son âme moins impressionnable à celle qu'il allait lui causer.

— Parce que ceux qui étaient ses amis hier, dit-il,

ne l'auraient peut-être plus été aujourd'hui : la maison de banque est en mauvaises affaires.

Pascal n'était point un amant que la passion aveugle, il connaissait Laure et savait quelle place la richesse occupait dans son cœur ; allait-elle être plus sensible à la perte de cette richesse qu'à la mort de son père?

— Ruinée ! s'écria-t-elle.

Il y eut un moment de silence qui, pour Pascal, fut plein d'angoisse; mais bientôt elle releva sur lui ses yeux baignés de larmes, et, d'une voix brisée :

— Parlez-moi de mon père, dit-elle, dites-moi tout.

Quel poids ces mots lui ôtèrent de dessus le cœur : elle était un ange ! Un ange ! non, mais simplement une jeune fille encore assez jeune heureusement pour que la mort fût la plus grande douleur qui pût la frapper.

Il lui fit le récit qu'il avait préparé et qui, pour la fille, pour le fils, pour tout le monde, devait tenir la place de la triste vérité. Après avoir passé la nuit à travailler avec lui, M. Charlard, qui souffrait de douleurs dans la tête, avait voulu prendre un bain. Dans la baignoire, il avait éprouvé un étourdissement, il avait glissé sous l'eau et il avait été suffoqué sans pouvoir appeler, sans que personne vînt à son secours.

La partie la plus difficile, et pour lui la plus importante de ce qu'il avait à dire, ne se terminait pas là, il fallait maintenant décider Laure à venir à Paris.

— A Paris ? dit-elle, vous voulez que j'aille chez

votre père? je ne sais pas, moi. Pourquoi ne voulez-vous pas que je reste ici?

— Parce qu'un jour ou l'autre il vous faudra quitter cette maison, qui tout à l'heure va être envahie par les gens de loi.

— Si vous croyez que je doive aller à Paris, je le veux bien, mais il me semble qu'il faudrait consulter miss Forest.

Miss Forest avait été renseignée par les gens de la maison, Pascal n'eut que quelques mots à lui dire pour qu'elle comprît la situation. C'était une personne intelligente, elle sentit que pour Laure mieux valait quitter immédiatement les Yvetaux, et elle promit de l'accompagner jusqu'à Paris.

Il était neuf heures, un train passait à midi, Pascal pressa le départ; en occupant Laure, il espérait engourdir sa douleur.

Miss Forest avait fait descendre toutes les malles de voyage et elle voulait y entasser le trousseau de la jeune fille; mais Pascal intervint.

— Non, dit-il, peu de linge, pas de bijoux; une caisse aussi petite que possible; il ne faut pas qu'on nous accuse de diminuer le gage des créanciers. Nous laisserons tout cela à la garde de la femme de charge.

Mais le rôle de celle-ci devait se réduire à peu de chose, car en ce moment même arrivait le juge de paix pour apposer les scellés.

Il fallait se hâter et épargner à Laure la vue des gens

de loi ; Pascal, ne trouvant personne pour demander la voiture, alla lui-même à l'écurie.

Les palefreniers et les cochers étaient en conférence.

— Voulez-vous atteler l'omnibus pour conduire mademoiselle Laure au chemin de fer ? dit-il.

Personne ne répondit. Il répéta sa demande. Enfin, un groom anglais se détacha du groupe.

— Ce n'est pas à moi de conduire l'omnibus, dit-il, mais, si vous voulez, je mènerai tout de même mademoiselle ; elle a toujours été une *lady*, et ces animaux-là (il montra les cochers) ne sont pas des *gentlemen*.

Lorsque Pascal revint à la maison, deux domestiques étaient occupés à descendre la malle de Laure.

— Allons, dit l'un, elle n'est pas trop lourde.

— Croyais-tu qu'elle emportait l'argenterie ?

— Dame ! ça serait ça de moins pour nous.

— Est-ce que les domestiques n'ont pas leur priviléges ? Qu'est-ce que tout cela nous fait, nous serons toujours payés.

Laure descendit ; ses yeux baissés n'osaient affronter les regards qui la suivaient. L'omnibus était devant le perron ; avant de monter, elle traversa l'allée et se dirigea vers un rosier qui retombait en cascade sur la pelouse ; M. Charlard en avait un soin tout particulier et, chaque matin, avant de partir, il nettoyait lui-même les fleurs flétries. Elle coupa une rose, et, quand elle monta en voiture, soutenue par Pascal, elle sanglotait lamentablement.

Le voyage fut lugubre; Laure, dans un coin à côté de miss Forest, était accablée.

En arrivant à la rue de la Sablonnière, elle se jeta dans les bras d'Abeille.

Celle-ci, qui était en grand deuil, la prit par la main et la conduisit dans la chambre qu'elle occupait la veille et qu'elle abandonnait à Laure. Sur une chaise était posée une robe en laine noire.

— J'ai pensé que vous seriez bien aise d'avoir cette robe, dit-elle, je l'ai commandée chez votre couturière.

Laure leva les yeux sur elle et vit alors qu'elle était elle-même en noir.

— Vous êtes en deuil, oh! merci, dit-elle.

Et elles s'embrassèrent.

Lorsque miss Forest fut partie, Pascal, accompagné de son père, frappa à la porte des jeunes filles.

— J'ai là, dit-il en déposant une liasse de papiers sur la table, 11,000 francs qui m'ont été confiés par votre père pour que je vous les remette; que faut-il en faire?

Elle le regarda un moment, comme si elle ne comprenait pas; puis, d'une voix assurée :

— Envoyez-les à Condé, dit-elle.

— Mon enfant! dit Cerrrulas.

Et il l'attira près de lui.

XVI

Laure installée à Paris, Pascal reprit son affaire au point où l'arrivée de M. Charlard l'avait interrompue. Il n'avait jamais eu de procès, et jamais il n'était entré dans une salle d'audience. Aussi, malgré les sinistres prédictions de son père et malgré les précautions de Hastron, considérait-il son affaire comme simple et facile : l'invention était certaine, la contrefaçon crevait les yeux, il devait rapidement triompher sur tous les points.

Cependant, son cœur se serra lorsqu'il entendit l'huissier appeler la cause « Midoucet, Féline et consorts, contre Cerrulas. »

Depuis deux mois, l'affaire avait été successivement renvoyée de quinzaine en quinzaine ; mais Favas, son avocat, lui avait assuré que ce jour-là les plaidoiries commenceraient, et il l'avait engagé à se trouver à onze heures au Palais, promettant lui-même d'être exact.

A dix heures et demie, Pascal était arrivé et il s'était posté dans la salle des Pas-Perdus, de manière à voir tous ceux qui entreraient, car, déjà plaideur à son insu, il avait trouvé de nouveaux arguments à fournir à son avocat, et il voulait les lui donner avant l'ouverture de l'audience.

Cette demi-heure d'attente fut d'une longueur éternelle. Les avocats passaient en courant, accrochés çà et là par un client ou un clerc d'avoué ; mais Favas ne paraissait pas. Onze heures sonnèrent enfin, et Pascal, abandonnant son poste d'observation, entra dans la salle où devait se plaider son procès.

L'audience était ouverte et les juges étaient assis sur leurs siéges ; un groupe d'avocats encombrait les premiers bancs, tandis que quelques curieux s'installaient dans les places réservées au public. Le brouhaha qui résulte toujours du commencement d'une audience ne permit pas d'abord à Pascal de se rendre compte de ce qui se passait : l'appel des causes par l'huissier, les observations rapides des clercs d'avoué, les quelques mots ou les signes du président étaient pour lui incompréhensibles. Enfin le silence se fit, et les avocats qui se trouvaient dans le passage se dirigèrent vers la porte de sortie. Décidément, Favas ne viendrait pas, et alors l'affaire allait encore être remise, ou bien elle allait être plaidée sans que Favas entendît les arguments de son adversaire. Pascal suait d'impatience et d'inquiétude.

Mais, à ce moment, Favas parut, et, écartant ceux de ses confrères qui lui barraient le passage, il vint prendre sa place. Pascal, qui était dans un coin, voulut le suivre, croyant qu'il devait être à ses côtés ou tout au moins derrière lui ; mais il lui fut impossible de se faire faire place : MM. les avocats stagiaires sachant que Favas et Nicolas allaient plaider l'un contre l'autre, ce qui promettait une belle lutte oratoire, avaient envahi tous les bancs, et ils ne voulurent point se déranger. Naïvement, Pascal leur fit observer qu'il s'agissait de son affaire, on lui rit au nez, et, pour ne point se faire réprimander par l'huissier audiencier, qui déjà lui lançait des regards indignés, il fut obligé de regagner son coin : le garde municipal, qui avait remarqué son altercation avec les jeunes avocats, vint, sur la pointe des pieds, le prévenir qu'il eût à se tenir tranquille s'il ne voulait pas qu'on l'expulsât.

— Puisque je donne la représentation, pensa Pascal, j'aurais bien dû, il me semble, avoir une place réservée.

Mais il se garda de faire tout haut cette réflexion.

Maître Nicolas s'était levé, et Pascal put alors voir pour la première fois celui qui avait trouvé la cause de ses adversaires assez bonne ou assez juste pour s'en charger.

C'était un homme de quarante-cinq à quarante-huit ans, grand de taille, maigre et nerveux, un visage en lame de couteau encadré dans de longs cheveux déjà tout à fait blancs, qui contrastait avec ses yeux noirs, perçants et parlants quand ils regardaient en face, troublants et inquiétants quand ils se fixaient sur quelqu'un à la dérobée, ce qui était leur manière habituelle.

Cette coutume ne tenait point à la modestie ou à une défiance de soi, mais, au contraire, à un excès de prudence cauteleuse ; car, pour la vanité, l'orgueil et l'ambition, il n'y avait point d'avocat à la Cour de Paris qui fût son égal et qui même l'approchât ; quoi qu'il fît et voulût, cette assurance superbe éclatait dans sa démarche, dans le port de sa tête rejetée en arrière et dans une nonchalance insolente qui semblait n'avoir pour les gloires ou les intérêts de ce monde que le plus parfait mépris. Par là encore, le contraste déjà si étrange que présentait la jeunesse du regard et la vieillesse de la tête se trouvait accentué au point de frapper les indifférents.

Pour ceux qui, sans connaître maître Nicolas, savaient cependant quelque chose de sa vie et de son caractère, l'impression était plus vive encore.

Dans cette vie, les contrastes qu'on rencontrait dans l'individu se reproduisaient, différents, bien entendu, mais tout aussi inquiétants. Officier de la Légion d'honneur, il n'était pas, il n'avait jamais pu être membre du conseil de son ordre, et bien que se présentant à toutes les élections, après de savantes manœuvres, il n'avait jamais réuni plus d'une trentaine de voix ; aussi nourrissait-il au fond du cœur, pour tous ses confrères, une haine qu'il espérait bien satisfaire un jour. Devenu député, grâce aux faveurs de l'administration, qui le faisait élire dans une des plus dociles circonscriptions, il n'avait jamais été, malgré la protection des ministres, nommé président ou rapporteur d'une commission. Avocat d'un ministère et de plusieurs grandes administrations, il avait peu de clients en dehors du monde officiel. Mais de cela il se consolait assez volontiers, car il comptait bien ne pas rester avocat toute sa vie. Son ambition était d'obtenir une grande position dans la magistrature, du haut de laquelle il pût écraser ceux qui chaque jour, depuis vingt ans, avaient fait travailler si activement son appareil biliaire. Dès sa jeunesse, il avait visé ce but; mais, à mesure qu'il avait avancé dans la vie, il avait été obligé de reconnaître que son mérite seul ne serait jamais assez fort pour le pousser, de même que sa complaisance à tout faire, si insensible qu'elle fût au mal de cœur, ne lui créerait jamais des titres suffisants, et alors il n'avait plus compté, pour réussir, que sur une grande fortune. C'était vers quarante ans qu'il avait fait cette découverte, et depuis il avait ardemment travaillé à la réaliser. Mais, comme dans la profession d'avocat les grandes fortunes ne s'improvisent point du jour au lendemain, il avait cherché à s'enrichir par d'autres moyens que ceux que cette profession mettait à sa disposition, et il s'était adressé au mariage. Pendant cinq ans, il avait fouillé les quatre coins de la France. Cependant, bien que peu exigeant du côté de la beauté, tout à fait indifférent aux antécédents d'une famille qui aurait eu des chagrins, disposé à légitimer ou à innocenter toutes les erreurs, même avec récidive, d'un cœur qui aurait été trop facile, il n'avait point trouvé. Vingt fois il avait cru toucher le but, vingt fois il était retombé. Ou bien la dot de 100,000 francs de rente se réduisait au moment du contrat à 30,000 francs, ou bien les parents, sachant calculer, ne voulaient la donner qu'à M. le président Nicolas, et pas du tout à maître Nicolas, simple avocat. Mais enfin, au moment où Féline et Midoucet commençaient leurs procès contre les brevets Cerrulas, cette série de mauvaises chances paraissait vouloir s'interrompre : Féline avait trois nièces en Auvergne, dont deux étaient mariées, mais dont l'une, l'aînée, était restée jeune fille, ou plus justement vieille fille. Il est vrai qu'il n'avait doté ses deux nièces que de 50,000 francs de rente ; mais être le neveu du riche raffineur donnait une importance et une influence qui valaient bien un million, et Nicolas avait rabattu de ses prétentions. Qu'il pût épouser mademoiselle Féline l'aînée, qui avait reçu de son parrain le joli nom de Perpétue, et sa nomination était certaine ; les ministres ne pourraient plus le promener avec des refus polis ou affectueux. Pour lui, la question consistait donc désormais à gagner M. Féline ; sans doute, la chose paraissait difficile, mais elle n'était pas impossible ; les procès Cerrulas allaient établir entre eux des rapports presque quotidiens ; en manœuvrant bien ce procès, on pouvait donner de nombreuses preuves de son habileté et de son dévouement ; on pouvait... Que diable ! on en avait attrapé de plus malins.

Tout en examinant son adversaire, Pascal écoutait attentivement sa parole.

Nicolas avait donné lecture de ses conclusions sur un ton si bas, que personne n'en avait entendu un mot ; ni les juges auxquels il s'adressait, ni le greffier, ni Favas ; mais bientôt, sortant le nez de son dossier, il avait levé la tête, et, quand il avait commencé sa plaidoirie, les éclats de sa voix avaient empli la salle d'audience et fait trembler les vitres.

Car c'était en faisant violence à sa juste indignation qu'il se présentait calme et digne devant le tribunal pour demander, au nom de l'intérêt public, la nullité de brevets qui menaçaient de ruiner une industrie considérable dans laquelle ses clients s'étaient conquis une si honorable réputation.

Quels étaient ces clients? d'abord un homme qui était une des gloires de l'industrie française et l'honneur du commerce parisien, un homme... Quelle meilleure occasion pouvait se présenter pour faire le portrait du futur oncle ! Maître Nicolas n'eut garde de la laisser échapper, et, le lendemain, la France entière put lire dans les journaux judiciaires un éloge de Féline digne d'être prononcé en pleine Académie. Le morceau avait été soigneusement écrit à l'avance, et des copies en avaient été remises aux rédacteurs, de peur que, dans la rapidité de leur compte rendu, ils ne lui enlevassent quelques fleurs. Après Féline vint Midoucet, mais moins amplement traité, bien entendu, et réduit à l'état de satellite de ce soleil commercial ; puis, après Midoucet, cinquante-sept raffineurs ou fabricants de noir animal qui, par une lettre collective, s'étaient joints à Féline et le remerciaient de l'initiative qu'il avait prise pour faire tomber un monopole illégitime aussi dangereux à l'intérêt privé qu'à l'intérêt public. Cette lettre ne se bornait point à des actions de grâces ; elle se terminait par l'assurance d'un complet assentiment, qui se changerait en un concours effectif le jour où cela serait nécessaire.

Cette lettre donna froid à Pascal ; ce n'était point assez de Féline et de Midoucet, c'était contre une puissante coalition qu'il faudrait lutter. Mais il n'eut pas le temps de s'abandonner à ces réflexions. Nicolas, après avoir épuisé tous ses adjectifs laudatifs en l'honneur de ses clients, était passé à ses adversaires.

Quels étaient ces adversaires ?

L'un, le principal, le vrai coupable, le tribunal le connaissait ; son nom avait retenti si souvent depuis vingt ans sous ces voûtes, que, comme les roseaux du roi Midas, elles devaient le répéter en chœur ; qu'on ouvrît une collection de journaux judiciaires ou un recueil d'arrêts, et à chaque page on trouvait ce nom de Cerrulas. Contre qui n'avait-il pas plaidé ? et toujours pour soutenir d'injustes brevets ; car quelle invention réelle était restée inscrite à son nom, quelles découvertes originales lui appartenaient ?

S'élevant alors à de hautes considérations morales, maître Nicolas avait rendu justice à ces honnêtes savants qui travaillent sans jamais sortir de leur cabinet, satisfaits d'enrichir l'humanité sans penser à s'enrichir eux-mêmes. Ceux-là avaient droit à tout notre respect, à toute notre admiration, et, Dieu merci ! nous vivions dans un temps où le respect et l'admiration ne leur étaient pas marchandés : nous vivions sous un prince qui... (la romance sur le prince écrite dans le cabinet fut aussi remise aux journaux), et nous avions le bonheur d'être gouvernés par des ministres... (nouvelle romance sur les ministres qui fût ajoutée aux autres).

« A côté de ces grands travailleurs qui sont la gloire d'une époque, il y a de misérables intrigants qui sont sa honte. A côté des abeilles qui préparent le miel, il y a les frelons qui le dévorent sans se donner d'autre peine que de le voler. C'est ainsi qu'à côté des vrais inventeurs auxquels les tribunaux doivent et accordent toujours protection (nouvelle romance, cette fois en l'honneur de la justice française), il y a une nuée d'intermédiaires, d'industriels qu'on peut appeler les brevetés de profession, qui, sans avoir jamais rien inventé eux-mêmes, comptent sur la chicane et les procès pour se faire une fortune.

» Mais il arrive un jour où le nom de ces industriels, usé à force d'avoir servi comme un vieil habit râpé et taché, ne donne point confiance en celui qui le porte; alors, il faut le changer. On cherche autour de soi un ami, un camarade, un complice. Quelquefois, on ne trouve pas, car tout le monde n'est pas disposé à accepter un pareil métier. Les honnêtes gens respirent, se flattant d'être enfin débarrassés de ces vers rongeurs. Joie trompeuse.

» Quelque part, en province, dans un coin ignoré,

ils ont un fils depuis longtemps oublié. A l'heure où ils en ont besoin, ils pensent à lui, ils vont le chercher.

» Le fils est professeur dans un collége communal ; après des débuts assez brillants, il est tombé de chute en chute dans un trou d'où il ne sortira jamais. Il est assez intelligent pour sentir qu'il pourrira là, et ce qui s'amasse dans son cœur de haines et de colères, il n'est pas besoin de le dire. Tout le monde sait que c'est parmi ces intelligences incomplètes que se recrutent ces envieux et ces mécontents, toujours prêts à chercher dans une révolution politique ou sociale... ce qu'ils n'ont pas su trouver dans l'honnête travail, dans le devoir accompli (chant de guerre contre les révolutions et les anciens partis, qui donnera plus de relief aux romances d'amour).

» On comprend combien les tentatives du père doivent facilement avoir prise sur ce fils.

» — Quitte cette misérable ville de province, viens à Paris, tu y trouveras les plaisirs, la richesse.

» Quelle richesse lui montre-t-on ainsi ? Celle qui sera injustement prélevée sur d'honorables commerçants au moyen de prétendus brevets d'invention qu'on viendra leur mettre sous la gorge, exactement comme autrefois, dans la forêt de Bondy, on mettait le poignard au cou des voyageurs qui ne vidaient point leur bourse assez vite. Sans doute on ne leur dit point : « Paye, ou je te tue, » mais on dit : « Paye, ou je te traîne
» en police correctionnelle, sous l'accusation de contre-
» façon et de vol ; je fais saisir tes machines, j'arrête ta

» fabrication, je te ruine si je ne te déshonore pas. »
Souvent, trop souvent la spéculation réussit. Des chefs d'industrie, pour ne pas subir de procès, consentent à donner le tribut qu'on exige de leur faiblesse. Mais quelquefois aussi elle échoue ; c'est quand elle s'adresse à des hommes dévoués à l'intérêt général. Forts de leur droit et confiants dans la justice de leur pays... (ici, thème de la romance Féline et Midoucet, très-habilement ramené). »

Pascal, qui, avant d'entrer à l'audience, n'avait aucune idée de l'éloquence avocassière et des procédés qu'elle emploie, était littéralement abasourdi, et il se demandait s'il ne rêvait pas tout éveillé. L'éloge de Féline et de Midoucet, dans les termes où il avait été fait, l'avait bien un peu étonné ; seulement, en pensant que Nicolas était payé pour débiter sérieusement toutes ces belles choses, son étonnement n'avait pas été plus loin qu'un certain sentiment de mépris pour celui qui paraissait mettre sa conviction et son âme dans ces paroles menteuses. Mais, lorsque, après le portrait de ses clients, l'avocat était passé à celui de ses adversaires, l'étonnement avait fait place à l'indignation.

Eh quoi ! c'était ainsi qu'on osait parler de son père ! Il avait alors remercié le hasard de l'avoir relégué dans un coin de la salle, car, s'il avait eu maître Nicolas à la portée du bras, il n'aurait jamais pu résister à la tentation de lui tordre le cou. Son père, un breveté de profession, son père exploitait les industriels, lui qui vivait misérable dans une baraque, quand ceux que ses inventions avaient enrichis se comptaient à la douzaine.

Le moment était venu pour maître Nicolas de parler des brevets d'invention dont il demandait la nullité et de démontrer, au point de vue juridique et scientifique, que les inventions de Cerrulas n'existaient pas.

Le point de vue juridique laissa Pascal parfaitement calme et indifférent; ce n'était pas son affaire, c'était celle de Favas.

Mais le point de vue scientifique le plongea de nouveau dans la plus profonde surprise.

Par ses études et par ses travaux, il était certes en état mieux que personne de connaître la question. Cependant, il ne tarda pas à voir qu'il n'y entendait absolument rien.

D'abord le tribunal eut à subir l'histoire et la théorie du raffinage du sucre; et ce fut une occasion toute naturelle de placer une description de l'établissement de la Grande-Pinte; cette description, qu'on ferait reproduire dans le plus grand nombre de journaux possible et qu'on tirerait à part pour l'envoyer à tous les épiciers de France, serait d'un excellent effet; elle prouverait aux épiciers que la Grande-Pinte était un établissement modèle auprès duquel toutes les autres raffineries de Paris et de la France n'étaient rien.

Puis, après la théorie du raffinage, vint celle du noir animal, et alors les termes scientifiques sortirent avec une telle rapidité des lèvres de l'avocat, que le tribunal devait en être étourdi. Jamais Pascal n'avait vu pareil entassement de mots : les hydrocarbures, toluène, xylène, cumène, les phosphates de chaux, les phosphates de magnésie, les carbonates de chaux, les fluorures de calcium, les chlorures de sodium, les sulfates, voltigeaient dans une danse fantastique qui, par leur tournoiement et leur répétition, devaient noyer le cœur à d'honnêtes juges, et qui auraient fait hausser les épaules à un chimiste si par hasard il s'en fût trouvé un dans la salle d'audience.

Pendant une heure, maître Nicolas jongla avec des mots qu'il ne connaissait pas, et il termina triomphalement en déclarant qu'il espérait avoir démontré au tribunal, d'une façon claire et irréfutable, que l'invention de Cerrulas était, depuis la création des matières organiques, dans le domaine public; que, par conséquent, au point de vue de la légalité comme au point de vue de la science, il ne devait plus rester de place au doute, et que, s'il s'était un peu longuement étendu sur ses clients et ses adversaires, c'était à seule fin que l'exposé des faits montrât de quel côté était la moralité.

Il avait parlé quatre heures ; l'audience fut levée et la cause renvoyée à huitaine.

Ce qu'il y avait d'admirable et ce qui frappa Pascal, c'est que, pendant ces quatre heures, le président ne donna pas un seul signe d'impatience. Tandis que tout le monde autour de lui s'agitait et tâchait de se tenir éveillé ou de se dégourdir, il restait immobile sur son siége, penché en avant, ne quittant pas Nicolas des yeux.

Pascal, qui avait toujours regardé le métier de juge comme une sinécure, commença à changer d'opinion.

Quelle patience, ou quelle conscience !

XVII

— Est-ce que vous allez discuter les théories scientifiques de maître Nicolas ? demanda Pascal à Favas.

— Il a donc dit bien des sottises ?

— Des monstruosités !

— Je m'en doutais, mais je suis bien aise de le savoir sûrement.

— Comment le dire au tribunal ?

— Je m'en charge.

— Jamais les juges ne pourront comprendre laquelle des deux théories est la bonne.

— Ceci est mon affaire ; mais d'avance soyez rassuré, je n'emploierai pas un mot de chimie ; les juges sont tout aussi ignorants que moi, et le président Des Molliens est trop fin pour n'avoir pas ri en dedans de la science de Nicolas ; car, il ne faut pas vous y tromper, ce gros bonhomme à lunettes, qui vous paraît peut-être un peu niais, est la meilleure tête du tribunal, et, ce qui ne gâte rien, une âme intègre ; tenez pour certain qu'il ne vous jugera pas sans avoir compris votre affaire. C'est quelque chose.

Si Favas ne voulait pas suivre son confrère sur le terrain scientifique, il tenait essentiellement à le battre sur le terrain politique. C'était pour lui une affaire de principe et de position. Nicolas tenait pour le gouvernement ; lui, tenait pour l'opposition ; l'occasion était trop favorable pour ne pas échanger quelques beaux coups sur le dos des clients.

Il commença donc par déclarer que c'était avec un vif chagrin qu'il avait vu son honorable contradicteur introduire le prince et les ministres dans un débat où ils n'avaient que faire, et à son tour il chanta une chanson satirique qui ne ressemblait en rien à la romance sentimentale de M⁰ Nicolas.

Si drôles que fussent les couplets de cette chanson, si grand que fût leur succès auprès de MM. les avocats, qui se promettaient bien de nommer Favas bâtonnier lors de la prochaine élection, Pascal se permit de trouver qu'ils étaient au moins inutiles. Puisque ni son père ni lui n'avaient jamais rien demandé au prince ou aux ministres, pourquoi ne pas les laisser embaumés dans les fleurs de Nicolas ? Il s'agissait de chimie, non de politique, de noir animal ou d'argile, non de ministres.

Nicolas avait fait des portraits, Favas dut les recommencer; il montra Cerrulas vieux avant la vieillesse, travaillant dans sa hutte de la rue de la Sablonnière, vivant de misère et négligeant la fortune que des brevets pris autrefois en son nom mettaient entre ses mains, pour poursuivre uniquement les recherches auxquelles il s'était voué; puis près de lui il plaça Abeille, qui, par une touchante dérogation aux lois naturelles, s'était faite le soutien et la protectrice de son père, et, l'encadrant dans la végétation sauvage de ce jardin abandonné, la parant des séductions puisées aux sources de la nature, de la science et de l'art, il en fit une création qui remua le cœur peu tendre de ces vieux magistrats, et amena des larmes aux cils de Pascal.

Mais Favas n'était pas l'homme de la personnalité étroite; peu à peu ce qui était particulier à son client se généralisa, et ce ne fut plus pour Cerrulas qu'il plaida, ce fut pour l'inventeur exploité, écrasé par la société.

Lorsqu'il s'assit, Pascal crut son procès gagné; jamais, même dans ses heures de grande espérance, il n'avait trouvé son affaire aussi bonne. Les juges n'avaient plus qu'à juger.

Cependant, ils ne jugèrent point encore; le ministère public parla, puis il y eut les répliques, et, finalement, le tribunal, ne voulant pas ou ne pouvant pas se prononcer, nomma des experts.

Pascal sortit de l'audience désappointé : c'était de

nouveaux délais à ajouter à tous ceux qui avaient déjà prolongé les débats ; maintenant, quand finiraient-ils ?

Pendant les longues heures que depuis plusieurs mois il passait au Palais, il avait remarqué un grand vieillard maigre et décharné, à l'aspect misérable, qui, à toutes les audiences, venait s'asseoir auprès de lui, et qui, pendant les plaidoiries, faisait avec une incroyable volubilité ses remarques d'approbation ou de blâme.

Au moment où venait d'être rendu le jugement qui nommait les experts, ce vieillard s'approcha de lui, et, d'une voix douce, avec un sourire triste et sympathique :

— Voilà, dit-il, un mauvais jugement pour vous, monsieur Cerrulas.

Bien qu'il n'eût pas été élevé à l'anglaise, Pascal était fort peu accueillant pour les personnes qu'il ne connaissait pas.

— Mauvais, en effet, dit-il en se levant.

— Il ne faut pas vous trop désoler, le président est pour vous ; sans lui, le jugement était rendu aujourd'hui et contre vous ; c'est lui qui vous donne la chance des experts.

— Pardon, monsieur, dit Pascal avec surprise, comment savez-vous... et ...?

— Et qui je suis, n'est-ce pas, pour vous parler ainsi sans que nous ayons été mis en relations ? Si nous allons du même côté, je vais vous le dire, et peut-être cela ne vous sera-t-il pas inutile.

Ils descendirent ensemble le grand escalier du Palais, et par les quais ils se dirigèrent vers la Bastille.

— Vous êtes trop jeune, dit le vieillard, pour avoir vu les jeux en France, mais peut-être les avez-vous vus dans les villes d'eaux des bords du Rhin. Si cela est, probablement vous aurez été abordé par quelque pauvre diable ruiné, autrefois joueur heureux, maintenant sans un florin dans sa poche, qui vous aura proposé de mettre son expérience à votre disposition. Je suis ce pauvre diable, ce joueur, autrement dit, je suis un inventeur ruiné par la contrefaçon, qui depuis vingt ans plaide à Paris et dans toutes les cours d'appel de France. Je me nomme Cazassus, et votre père me connaît bien. Comment se fait-il que je ne l'aie jamais vu avec vous à l'audience? lui aussi, il sait ce que c'est que les procès.

— Il le sait si bien, qu'il ne veut plus en entendre parler, et que c'est malgré lui que je plaide.

— Il a tort; il faut maintenir son droit jusqu'au bout, monsieur, et, tant que j'aurai un souffle de vie, je défendrai le mien. Votre affaire est excellente.

— Vous la connaissez?

— J'ai assisté à toutes les plaidoiries, comme j'assiste à toutes celles qui touchent à la contrefaçon. Je n'ai plus que cela à faire, puisqu'on m'a ruiné. Quand je suis certain qu'un des quatorze procès qui me restent ne sera pas appelé, je vais à la chambre du tribunal ou de la cour devant laquelle se juge une affaire de contrefaçon, et j'écoute: cela m'intéresse et me profite. J'ai suivi la vôtre, je la connais mieux que vous peut-être. Son côté fort est dans vos brevets, qui sont inattaquables en droit et en fait, je le soutiendrai contre qui voudra ; son côté faible est dans la position de vos adversaires. Cela a été mal emmanché par quelqu'un qui connaît peut-être très-bien la procédure, mais qui ne connaît pas son Paris. Il fallait prendre tous les petits contrefacteurs et laisser en dehors Midoucet, c'est-à-dire Féline. Sans Féline, votre procès serait déjà gagné. Féline a pour lui les juges, vous n'avez pour vous que le président ; je suis aussi certain de cela que si j'avais assisté aux délibérations. Priez le bon Dieu qu'il ne meure pas un conseiller, car Féline ferait donner sa place à Des Molliens pour s'en débarrasser, et vos chances diminueraient de 80 pour 100.

— Avec de pareilles idées, comment osez-vous plaider ?

— Les hommes sont des accidents, et les accidents ne comptent pas dans l'ordre des choses ; les naufrages ont-ils jamais empêché personne de s'embarquer sur la mer ? D'ailleurs, il y avait des raisons pour que je perdisse les procès qui ont amené ma ruine, tandis qu'il y en a d'excellentes pour que je gagne ceux qui doivent me rendre la fortune. Quand vous jouez à la roulette, vous avez les probabilités contre vous, et cela ne vous empêche pas de jouer ; les probabilités ne vous empêchent pas davantage de plaider quand vous avez la conscience de votre droit et le sentiment de la justice. On rit quelquefois des plaideurs dans le monde, on a tort : le plaideur est un homme de courage qui lutte jusqu'au bout pour le triomphe de son idée. Et puis un mot, un rien peut vous faire gagner le procès le plus désespéré ; on trouve dans ces batailles des émotions dont on ne peut plus se passer une fois qu'on les a connues ; vous verrez.

Pascal fit la grimace, il en avait assez et il espérait bien en rester là.

— Oh ! oh ! dit Cazassus en hochant la tête, qui a bu boira, qui a joué jouera, qui a plaidé plaidera. D'ailleurs, vous êtes engagé dans une affaire qui vous conduira assez loin pour que vous ayez le temps d'épuiser toutes les émotions dont je vous parle, et vous ne déserterez pas, car vous avez conscience que la victoire, à la fin, sera pour vous. En cela, vous avez parfaitement raison.

Alors, ce singulier vieillard se mit à démontrer à Pascal comment et pourquoi il devait gagner son procès. Il l'avait dit : il le connaissait mieux que ceux qui le dirigeaient, et, sans notes, sans dossier, sans rien, il en démontrait le fort et le faible avec une netteté, une lucidité que Pascal eût bien voulu trouver chez Favas. Tout à coup, au milieu de ses explications, il s'arrêta ; sa voix s'était altérée et il avait pâli.

— Qu'avez-vous donc ?

— Oh ! rien, ce ne sera rien, tenez, asseyons-nous un peu, cela va se passer.

Ils étaient arrivés sur le quai Bourdon qui longe le

Grenier d'abondance; ils s'assirent sur un banc. Mais le repos ne lui rendit pas la force : la pâleur du visage augmenta encore et les lèvres se décolorèrent complétement.

— Entrons dans un café, dit Pascal, vous boirez un verre d'eau ; prenez mon bras, je vous prie.

Ils se dirigèrent vers la boutique d'un marchand de vin qui, faisant le coin du quai, ne se trouvait qu'à quelques pas.

— Un verre d'eau, dit Pascal en entrant.

— Non, interrompit le vieillard, pas un verre d'eau, un verre de vin, j'aime mieux cela ; l'eau... l'eau me fait mal au cœur.

Ce mot éclaira Pascal.

— Peut-être un bouillon vaudrait-il mieux.

Il n'y avait pas de bouillon, mais il y avait de la soupe aux choux.

— Si nous mangions une soupe aux choux, dit Pascal, qui, en réalité, n'était pas le moins du monde en appétit, je me sens faim.

— Vous serez peut-être sorti sans déjeuner ; c'est précisément ce qui m'est arrivé ce matin, et depuis je n'ai plus pensé que je n'avais pas mangé.

On servit une soupe aux choux que Cazassus mangea à lui seul, Pascal ne trempant sa cuiller dans son assiette que pour la forme ; puis, après la soupe, deux portions de gibelotte, et, après ces deux portions, deux autres encore : c'était pitié et plaisir tout à la fois de voir le vieillard dévorer.

— On mange assez bien chez ce marchand de vin ; si vous voulez, c'est ici que j'aurai le plaisir de vous rendre le dîner que vous m'offrez aujourd'hui. J'accepte encore un morceau de lapin, avec un peu de lard ; oui, je veux bien.

La pâleur avait disparu, le sang était revenu dans les lèvres, la vie s'était rallumée dans les yeux.

— Quand je suis arrivé à Paris, il y a trente ans, dit-il avec un sourire mélancolique, je croyais qu'on ne pouvait manger qu'au café de Paris ou au café Anglais, j'en ai rabattu.

Puisque le hasard lui mettait sous la main un homme qui avait acquis l'expérience des choses et des hommes de la justice parisienne, Pascal voulut en profiter. Sa cause maintenant dépendait des experts qui venaient d'être nommés. Quels étaient ces experts ?

— Vous avez trois experts, dit Cazassus qui ne se fit pas prier, mais, en réalité, vous n'en avez qu'un, Sédillon ; c'est lui qui inspirera, qui dirigera les deux autres ; cependant, je ne crois pas qu'il les mènera où il voudra, car je les crois honnêtes. Quant à Sédillon, c'est autre chose : si entre deux pauvres diables il garde toujours une droiture rigoureuse, il se laisse souvent gagner lorsqu'il sent un intérêt puissant à ménager. Vous êtes un homme de science, vous savez donc ce qu'il est comme savant ; il a un nom et une réputation, bien qu'il vous soit assez difficile, je pense, de comprendre par quelles découvertes, par quels travaux il les a gagnés ; mais ce que vous ne pouvez comprendre, vous qui ne le connaissez pas, je vais vous l'expliquer, moi, et cela avec d'autant plus de plaisir que c'est un intéressant personnage ; par intéressant, je veux dire curieux. Il y a plusieurs genres de savants ; par votre père, vous connaissez le savant de cabinet, celui qui travaille toute sa vie, trouvant sa joie et sa récompense dans le travail ; mais, à côté de celui-là, il y a le savant des salons et des antichambres ; c'est à ce genre mieux organisé pour la vie sociale qu'appartient Sédillon. Lorsqu'il est arrivé de Toulouse à Paris pour faire fortune, Sédillon, qui n'était que simple élève en pharmacie, a jeté un clair regard sur le monde, et il a vu tout de suite que la ligne droite, qu'on dit, dans les écoles, être le chemin le plus court d'un point à un autre, était bien moins favorable pour arriver vite que la ligne tortueuse dans laquelle on ne rencontre point de ces côtes dures que les honnêtes gens ne gravissent qu'à grands coups de collier. Il a pris la ligne tortueuse. A cette époque, la femme d'un magistrat influent était atteinte d'une maladie particulière aux coquettes de quarante ans, qui ne veulent pas se décider à vieillir. Le hasard introduisit notre Toulousain dans cette maison ; il était beau garçon et solide, sans préjugés, il plut à la dame, qui le prit pour son médecin. On les vit alors dans tous les endroits publics où se montre le monde à la mode ; jamais savant n'avait été si répandu, jamais amant n'avait été si assidu. La récompense ne se fit pas attendre : nommé préparateur de chimie dans une de ces écoles qui sont à la discrétion du ministre, Sédillon fut chargé de quelques expertises importantes; il parlait bien, ne se laissait pas démonter par les avocats, venait très-adroitement au secours du président ou du ministère public en tombant sur l'accusé ; il se fit un nom et une réputation. Le pied à l'échelle, il monta les échelons quatre à quatre, et se trouva bientôt en possession de deux ou trois places qui, sans lui donner un gros traitement, lui donnaient une importance dont il sut user pour sa fortune. L'annonce commençait à éclore, il lui fit rapporter de beaux fruits. C'est lui qui a attesté que le chocolat Minuit ne renfermait à l'analyse que du sucre raffiné mélangé à du beurre de cacao, ce qui constituait le chocolat de santé par excellence. Le thé Petit, examiné dans son laboratoire, a donné un produit d'une nature merveilleuse. La pâte Durandard doit sa vogue au rapport qu'il a fait à l'Académie de médecine, rapport qui est reproduit trois fois la semaine dans les dix grands journaux pendant la morte saison des annonces. Il s'est fait une spécialité par son habileté à découvrir dans les eaux minérales le principe salutaire qui doit faire la richesse du propriétaire des sources. Enfin, où il excelle, c'est dans les expertises qu'exigent les procès en contrefaçon : là, il n'a pas de rivaux. Personnellement, il m'a fait gagner trente-trois procès et il ne m'en a fait perdre qu'un ; pour être complet, il faut dire que mes trente-trois procès gagnés ne m'ont donné que 6 à

7,000 francs de dommages-intérêts, tandis que mon procès perdu a laissé plus de 800,000 francs dans la poche de mon contrefacteur. Aujourd'hui, Sédillon, qui a places, argent, honneurs, aspire à une position politique qu'il obtiendra probablement autant par la souplesse de son talent que par celle de son échine. Si vous pouvez le servir dans ses visées, il sera pour vous ; sinon, pour Féline.

— Pourquoi le tribunal le choisit-il ?

— Parce que sa réputation l'impose ; mais, en lui adjoignant deux honnêtes gens, le tribunal a neutralisé sa mauvaise influence. Des deux, vous êtes certain d'en avoir un pour vous, c'est Ermès, qui est professeur aux Arts et Métiers, et qui, par principe, par habitude, par conscience, a toujours défendu les droits des inventeurs. Quant à l'autre, je crois qu'il sera neutre.

Malgré ces renseignements, en somme assez favorables, Pascal s'en revint chez lui peu rassuré : il eût mieux aimé que le tribunal prononçât lui-même : cette nomination d'experts lui semblait être une reculade, un moyen détourné pour mettre sur d'autres une responsabilité dont les juges n'osaient pas se charger.

Le soir, quand il put voir son père, qui, malgré l'ardeur continue avec laquelle il poursuivait ses travaux, ne manquait jamais de venir passer une heure avec Abeille pour se faire faire de la musique, il l'interrogea sur sa nouvelle connaissance.

— Cazassus, dit Cerrulas, si je le connais ! Qui ne

le connaît ? C'est lui, je crois, qui m'a dégoûté des procès. Voilà un homme qui a débuté dans la vie avec 2 ou 3 millions de patrimoine et qui aujourd'hui meurt de faim, ruiné par les procès. Il était intelligent, il s'ennuyait, il s'est lancé dans l'industrie. Sans avoir rien inventé lui-même, il s'est associé avec des inventeurs, il a acheté des brevets. Les procès ont commencé et ne l'ont plus lâché. L'histoire de ces procès serait certainement la plus curieuse et la plus utile qu'on pût publier pour éclairer la question de la contrefaçon. Un jour, dans un procès intenté à propos de brevets sur les matières grasses, il fait condamner son contrefacteur à 700,000 francs de dommages-intérêts. La justice avait fait son devoir ; tout fier et tout joyeux, il va réclamer ce qui lui est dû par son contrefacteur, un des plus riches industriels de Paris. « Si vous voulez 30,000 francs dit celui-ci, je vous les donne ; si vous ne les voulez pas, vous n'aurez rien, je me mets en faillite. » Il n'obtint que 50,000 francs, heureux encore de cet arrangement. Une autre fois, à propos d'un procès qui durait depuis quatorze ans et qui avait épuisé toutes les juridictions de Paris et de la province, il gagne ; les dommages-intérêts s'élèveront à plusieurs millions, et cette fois il sera payé, car ses contrefacteurs sont à la tête du commerce français, ils occupent de grandes positions, ils ne peuvent pas faire faillite. Ah bien, oui ! Les adversaires invoquent les dispositions de la loi et réclament à leur profit les bénéfices de la prescription de trois ans acquise aux délits de police correctionnelle ; leur prétention est admise ; au lieu de quatorze années de dommages-intérêts, il n'obtient que trois ans ; et, comme son brevet n'a plus qu'une année de durée, les quinze années que la loi garantissait à son invention se réduisent à quatre. Eh bien, tout cela ne l'a pas découragé ; il va, vient, plaide avec une persévérance admirable ; il loge dans une carrière, il mange des trognons de chou, mais peu importe ; il y a un mot dans tel jugement qui le fera réformer, tel arrêt sera cassé. Si je le connais !

Le jugement qui nommait les experts disait que les parties seraient entendues ; cependant, quand Pascal se présenta, on refusa de le recevoir.

Cela donna lieu à une nouvelle instance, on plaida, on répliqua ; les audiences succédèrent aux audiences et les choses s'embrouillèrent si bien que Pascal lui-même finit par n'y plus rien comprendre.

Un jour que les deux avocats avaient ressassé dix fois les mêmes arguments dans les mêmes termes et qu'ils semblaient prêts à recommencer, Pascal, qui était assis derrière Favas, eut un mouvement d'impatience et il se leva en étendant la main comme pour demander la parole.

— Vous avez quelque chose à ajouter, dit le président Des Molliens ; avancez à la barre.

Très-ému, mais cependant décidé, Pascal fit quelques pas en avant.

— Mes adversaires soutiennent, dit-il, que nous

n'avons rien inventé, et que, longtemps avant la prise de nos brevets, ils fabriquaient les mêmes produits que les nôtres ; ils soutiennent aussi qu'ils ont abandonné cette fabrication parce qu'elle ne donnait que de mauvais résultats. Il me semble qu'il y a un moyen bien simple de trouver la vérité. Que le tribunal ordonne la communication des livres de M. Midoucet : si ces livres montrent qu'avant la prise de nos brevets, M. Midoucet achetait les matières premières nécessaires à la fabrication de notre noir, il aura gagné ; si, au contraire, ses livres ne font pas cette preuve, il aura perdu.

— A huitaine, dit le président.

Mais Pascal insista, et il obtint enfin qu'à la prochaine audience les livres de Midoucet seraient déposés sur le bureau de justice.

— Voilà un coup de maître, dit Cazassus en serrant la main de Pascal ; les jeunes gens ont des inspirations qui gagnent les batailles ; vos adversaires sont perdus.

Quand Pascal, tout fier de ce triomphe, le raconta à son père, celui-ci hocha la tête.

— Ne te flatte pas trop, cette communication n'aura pas lieu.

— C'est impossible, il faudra bien qu'ils obéissent au tribunal.

— Ils n'obéiront pas ; comment, par quels moyens empêcheront-ils cette communication, je n'en sais rien ; mais ce que je sais, ce que je sens, c'est qu'elle ne se fera pas.

XVIII

Depuis que le procès était commencé, la situation financière de Pascal s'était aggravée, et il était arrivé un moment, peu de temps après la mort de M. Charlard, où, pour continuer à marcher, il avait dû recourir à un moyen désespéré.

Des licences avaient été accordées à des fabricants de Lille et de Marseille, et ces licences avaient produit à Lille une centaine de mille francs, à Marseille soixante mille. Mais, bien que ces cent soixante mille francs lui fussent parfaitement acquis, on refusait de les lui payer, et des procès étaient engagés à ce sujet. Qu'il touchât ces deux sommes, et non-seulement il pouvait plaider contre Féline et Midoucet tout le temps nécessaire pour faire triompher ses droits, mais encore il pouvait subvenir aux besoins journaliers de sa fabrique.

Dans l'impossibilité où il était d'obtenir ce payement avant longtemps, car ses procès pouvaient ne pas se terminer avant les procès en nullité de brevets, il s'était résigné à un arrangement qui avait au moins cet avantage de lui donner une certaine somme immédiatement; moyennant 25,000 francs, il avait abandonné ces 160,000 francs, et telle était sa détresse, qu'il avait remercié son usuri er

Ces 25,000 francs avaient été assez promptement absorbés, et de nouveau il s'était trouvé avec une caisse vide, car la fabrication du noir avait diminué au point de pouvoir à peine faire ses frais ; on marchait encore, mais on marchait mal, et la paye des ouvriers était quelquefois reportée du samedi au mardi ou au mercredi.

A ces soucis d'affaires s'en étaient ajoutés d'autres qui, pour avoir un caractère intime, n'étaient pas moins douloureux. Son père, malgré les observations d'Abeille, n'avait pas arrêté ses dépenses, et les factures ou les traites avaient continué d'arriver à la caisse de Scouflers comme par le passé ; les expériences succédaient aux expériences, mais les résultats attendus ne se produisaient pas, et Cerrulas avait plus souvent qu'autrefois des heures de désespérance pendant lesquelles il restait auprès de ses machines dans l'attitude d'un homme écrasé par le fardeau trop lourd qu'il a voulu soulever. Si le côté de la baraque où se trouvaient les appareils scientifiques était triste, celui qui servait à l'habitation était lugubre. Depuis son installation, Laure n'avait pas voulu sortir : elle restait toute la journée sur une chaise et poussait continuement son aiguille à tapisserie ; à table, aux heures des repas, elle gardait un morne silence, et l'éclat brûlant de ses yeux trahissait seul son chagrin et son accablement. Avec Pascal elle était inquiète, mal à l'aise et semblait n'avoir d'autre préoccupation que d'écarter certains sujets de conversation, comme si lui-même, par un sentiment naturel dans une âme délicate, n'avait pas cherché à les éviter. Seule, Abeille, avec sa sérénité d'humeur et son sourire encourageant, eût pu mettre un peu de gaieté dans cet intérieur désolé ; mais pendant presque toute la journée elle était absente, car elle avait augmenté le nombre de ses leçons et, quand elle rentrait, elle travaillait avec un acharnement son piano, n'ayant que trop peu de temps pour se préparer au concours dont l'époque approchait.

La décision du tribunal qui ordonnait la communication des livres de Midoucet, arrivant dans ces fâcheuses circonstances, avait rendu un peu de courage à Pascal ; aussi fut-il péniblement affecté par les doutes de son père. La communication des livres, c'était le procès gagné avant un mois ; la non-communication, c'était une nouvelle attente, c'étaient l'incertitude et la crainte.

Il voulut, pour se rassurer, consulter tous ses conseils. Hastron, son homme d'affaires, Hélouis, son avoué, Favas, son avocat, lui firent la même réponse :

— Les procès qu'il a perdus ont rendu votre père trop pessimiste ; la communication a été ordonnée, elle se fera ; restez tranquille chez vous, travaillez, et vendredi votre procès sera gagné.

Le jeudi soir, comme il sortait de chez son père, il aperçut une grande lueur rouge qui embrasait le ciel ; il était à peu près minuit, car, Abeille étant en dispositions de musique, la soirée s'était prolongée plus tard qu'à l'ordinaire ; il lui avait fait jouer la *Norma*, qui était l'opéra qu'il préférait, par cette raison toute-puissante qu'il l'avait entendu aux Italiens avec Laure, et, morceau par morceau, la partition entière y avait passé ; placé en face de la jeune fille qui travaillait sous la lumière de la lampe, les yeux charmés, l'oreille ravie, il avait goûté là deux heures d'un tranquille bonheur, ne pensant à ses soucis que pour se dire qu'ils touchaient à leur fin.

Il n'y avait pas à s'y tromper : cette lueur était la réverbération d'un incendie. Il courut au milieu du jardin pour n'être pas gêné par le toit de la fabrique qui l'empêchait de voir au loin, et alors il aperçut les flammes qui s'élevaient par moments vers le ciel en gros tourbillons ; le feu était dans le faubourg, du côté de la Seine.

Après avoir réveillé Scouflers pour lui recommander de faire bonne garde dans la maison et de le remplacer, il sortit, en se hâtant du côté du feu. Arrivé à la rue de Charenton, il trouva des groupes qui, le nez en l'air, regardaient le ciel en discutant l'endroit de l'incendie : c'était au magasin à fourrage, c'était dans un chantier de bois, c'était à la gare d'Orléans. Un cocher de fiacre qui vint à passer mit fin aux discussions.

— Le feu est sur le quai de la Râpée ; c'est une fabrique de noir qui brûle, et ça brûle bien.

Une fabrique de noir sur le quai de la Rapée, ce ne pouvait être que celle de Midoucet. Pascal, qui marchait vivement, s'élança au pas de course.

En approchant de la Seine, il rencontra des groupes plus compactes ; quelques-uns restaient en place, mais d'autres marchaient sur le feu ; les rues étaient plus claires qu'en plein midi, et tout le quartier paraissait embrasé ; les fenêtres étaient garnies de gens en chemise qui d'un côté à l'autre de la rue s'interrogeaient ; il y en avait qui, sans autrement se déranger se contentaient d'ouvrir leurs fenêtres et de crier : *Au feu ! au feu !*

Enfin il déboucha sur le quai ; la Seine resplendissait comme un miroir avec çà et là de grands trous noirs qui donnaient un sentiment de frayeur ; les pompes arrivaient grand train du côté de Paris précédées de torches sinistres, et l'on entendait sur le pavé le pas cadencé d'un détachement de troupe en marche.

C'était bien chez Midoucet qu'avait éclaté l'incendie ; tous les bâtiments en façade sur le quai étaient déjà en feu ; les flammes sortaient par les fenêtres, et çà et là se crevaient des ouvertures dans le toit : ces bâtiments servaient aux magasins et aux bureaux ; le feu dans les bureaux, c'était la destruction des livres.

Sans se laisser arrêter par les sergents de ville qui

voulaient le mettre aux chaînes formées pour monter l'eau de la Seine sur le quai, Pascal s'élança dans la cour de la fabrique. Par les fenêtres, les pompiers déménageaient les meubles du rez-de-chaussée ; la troisième pièce était le cabinet de Midoucet ; la quatrième le bureau où se trouvaient les livres ; on y arrivait par un long corridor.

Comme s'il eût été le propriétaire de la maison, voulant sauver sa fortune ou ses enfants, Pascal, malgré les flammes et la fumée qui jaillissaient par toutes les ouvertures, portes ou fenêtres, s'engagea dans ce corridor. Avec une lucidité merveilleuse, car il n'était venu qu'une seule fois dans cette maison, il se rappelait toutes les dispositions et savait qu'il aurait trois marches à monter ; au haut de ces marches était la porte des bureaux. La chaleur dans le corridor était horrible ; la fumée, épaisse et lourde, suffoquait la respiration. Il ne s'arrêta pas et continua d'avancer. Mais, au moment où il touchait les marches, il se sentit saisi par la main et irrésistiblement entraîné en arrière.

— Collez-vous contre la muraille, dit la voix de celui qui le traînait.

L'avertissement arrivait à temps ; un grand trou se fit dans le plafond et il y eut un effondrement.

— Êtes-vous blessé ? dit la voix.

— Non.

— Suivez-moi.

En quelques pas ils furent dans la cour. Pascal vit

alors que celui qui l'avait saisi et sauvé était un pompier.

On se précipita vers eux; leurs habits brûlaient, leurs cheveux et leur barbe étaient roussis.

Dans le groupe où on les conduisit se trouvait Midoucet.

— Monsieur Cerrulas, dit-il à Pascal en le reconnaissant, combien je vous remercie de vous être exposé pour moi ! Hélas ! il est trop tard.

Il était trop tard en effet : les planchers s'étaient écroulés, et du haut en bas maintenant les bâtiments brûlaient ; les quatre murailles, restées debout, dirigeaient les flammes vers le ciel comme une immense cheminée.

Pascal se retira dans un coin, sensible maintenant aux brûlures qu'il avait aux mains et au visage; sensible surtout à la ruine de ses espérances, plus douloureuse encore que ses brûlures.

— Je t'avais annoncé que la communication des livres n'aurait pas lieu, dit Cerrulas, tu vois que je ne me trompais pas; tu ne trouvais pas le moyen pour l'empêcher, ils en ont trouvé un, eux.

A l'ouverture de l'audience, maître Nicolas, d'une voix douloureusement émue, annonça au tribunal la terrible catastrophe qui avait frappé l'un de ses clients. Puis, apercevant Pascal à sa place ordinaire, il profita de cette occasion pour placer un effet oratoire dont l'effet était certain.

— Pendant le cours de ces longs débats, dit-il en

se tournant vers lui, j'ai pu être quelquefois un peu dur pour mon adversaire; la parole, hélas! a ses entraînements; mais aujourd'hui je veux lui rendre un public témoignage d'estime. Pendant cette nuit terrible qui a détruit une grande maison de commerce et qui a consumé le fruit de dix années de travail et d'intelligence, celui de tous les courageux travailleurs qui s'est fait le plus remarquer par son intrépidité, c'est notre adversaire lui-même. C'est M. Pascal Cerrulas qui, accouru l'un des premiers sur le lieu du sinistre, a exposé sa vie pour nous défendre contre le feu. Il est, je crois, à cet audience, et l'on doit apercevoir sur son visage les marques de son glorieux dévouement. Ah! ne vous cachez pas, monsieur Cerrulas, et laissez-moi déposer à vos pieds l'hommage de mon admiration. Je demande la remise à huitaine.

A huitaine il ne fut plus question d'hommage ou d'admiration. Maître Nicolas déclara que ses clients désiraient vivement faire la communication ordonnée par le tribunal, car dans leurs livres se trouvaient les preuves qui condamnaient leurs adversaires; mais ces livres avaient été brûlés dans l'incendie qui avait détruit leur établissement. Sans doute le tribunal ne voudrait pas leur faire porter la peine d'un malheur dont ils étaient les premières victimes, et il se contenterait des preuves surabondantes qui avaient été fournies par les plaidoiries.

— Maintenant, dit Favas à Pascal, vous allez écrire

au président une belle lettre dans laquelle vous expliquerez votre affaire.

— Ne l'avez-vous pas expliquée vous-même suffisamment ?

— Pas suffisamment, mon cher ami; nous l'avons tant expliquée, Nicolas et moi, que le tribunal ne doit plus rien y comprendre ; ce qu'a dit Nicolas, ce que j'ai dit, tout cela doit se brouiller dans sa mémoire. Votre lettre remettra les choses en place.

— Mais est-ce que cela se fait ?

— Parfaitement; d'ailleurs, soyez persuadé que vos adversaires n'ont pas vos scrupules. Je suis bien certain que Féline, depuis le commencement du procès, a poursuivi Des Molliens, qu'il s'est fait inviter à dîner avec lui, qu'il aura tâché de le rencontrer dans le monde, ce qui est difficile, car le président ne sort guère, et que par un mot dit ici, un autre là, par une réflexion venant d'un ami complaisant, il ne lui a pas laissé un moment de repos. Faites votre lettre, et tâchez qu'elle soit nette et courte.

Elle ne fut pas courte, mais elle fut nette; elle fut surtout digne. Il se borna à raconter comment les choses s'étaient passées; il dit comment son père, le retrouvant à Condé, avait voulu lui venir en aide et lui avait donné son invention ; il expliqua scientifiquement, mais sans les grands mots de Nicolas, quelle était cette invention ; enfin il termina en disant quel homme était son père qu'on avait si injustement accusé. Ce ne fut point un portrait plus grand que nature, comme celui qu'avait fait Favas, mais l'émotion qui avait inspiré ses paroles devait remuer le cœur de celui qui les lirait.

Sa lettre écrite, il la porta à Favas pour la lui soumettre.

Celui-ci la lut attentivement, sans distraction, sans donner une seule marque d'approbation ou de satisfaction ; puis, après l'avoir remise sous son enveloppe, il la tendit à Pascal.

— Portez cela tout de suite, dit-il, et, rentré chez vous, coupez vos moustaches ; faites-vous inscrire au tableau des avocats, je vous garantis 100,000 francs de bénéfices pas an.

— Je connais mon affaire, voilà tout ; pour les autres, je serais bien nul.

— Maintenant, continua Favas, vous aurez soin d'aller chez le président les jours où il reçoit : il lira votre lettre, et probablement il voudra vous parler ; soyez tranquille, cela se fait encore.

De toutes les tâches qui lui avaient été imposées par Favas, celle-là fut la plus pénible : il lui semblait qu'aller chez le président, c'était se faire solliciteur et demander une injustice. Cependant, il y alla. Il n'y avait pas de temps à perdre, les difficultés financières devenaient chaque jour plus dures ; il fallait presser le jugement ; une fois les brevets reconnus, on pourrait faire procéder à des saisies, cela arrêterait peut-être la contrefaçon et rendrait de l'activité à la fabrication du noir décolorant, qui ne marchait presque plus, faute de commandes.

M. Des Molliens habitait rue Charles-Cinq une petite et vieille maison qu'il occupait seul. Sans jamais recevoir, presque sans sortir, il vivait là, ayant pour tout domestique une cuisinière et un valet de chambre qui étaient à son service depuis vingt ans. Bien que par l'âge il fût le plus jeune des vice-présidents du tribunal, il en était le plus vieux par les habitudes et par l'allure. Ses habitudes étaient des plus simples, il restait chez lui à travailler; à quoi? personne n'en savait rien, car il était fort secret, et jamais, même en répondant aux plaisanteries de ses confrères, il n'avait dit un mot du sujet de ses travaux. Son allure était tout à fait réjouissante pour un caricaturiste : la nature l'avait fait myope, mais si horriblement myope, qu'un jour à Provins, alors qu'il était substitut, il avait été, marchant droit devant lui, se loger dans un veau accroché grand ouvert à la porte d'un boucher. Le métier avait complété ce qu'avait commencé la nature. Toujours courbé sur des livres, ou bien tenu sur son siége durant de longues heures dans l'attitude d'un homme qui écoute, car il écoutait, il avait fini par se déjeter d'un côté, et, quand il suivait les quais le matin pour se rendre au Palais, plus d'un passant riait de ce gros petit bonhomme qui trottinait de travers comme un chien, et qui, malgré les verres de ses lunettes aussi gros que ceux d'une lanterne d'omnibus, se cognait à chaque pas. A le voir ainsi, personne ne se doutait qu'on avait devant soi la lumière du Palais, et, si l'on tenait à deviner qui il était, on hésitait entre un expéditionnaire du greffe ou un quatrième clerc d'huissier ; cela paraissait d'autant plus probable qu'il était timide, fort poli avec tout le monde, et qu'il n'était pas décoré.

Pendant cinq semaines, Pascal vint tous les jeudis rue Charles-Cinq sans que M. Des Molliens parût faire attention à lui ; il s'asseyait avec ceux qui attendaient dans l'antichambre, et, quand tout le monde avait passé, appelé à tour de rôle par le valet de chambre, comme on ne l'appelait pas lui-même, il s'en allait sans oser forcer la porte du cabinet du président.

Enfin, le sixième jeudi, il allait encore sortir désespéré lorsque M. Des Molliens parut lui-même à la porte de l'antichambre.

— Veuillez entrer, monsieur Cerrulas, dit-il poliment.

Pascal entra ; il était presque tremblant.

— Je sais, continua le président, que vous êtes déjà venu plusieurs fois ; vous voulez me prier, n'est-ce pas ? de prononcer jugement dans votre affaire ; j'ai lu votre lettre, je ressens votre impatience. Mais, monsieur, pour rendre un jugement juste, il faut connaître une affaire ; eh bien, je ne connais pas la vôtre.

Pascal fit un mouvement de surprise.

— Vous êtes étonné ; vous vous dites que votre affaire a été plaidée ; cela est vrai, elle l'a été longuement, très-longuement. Mais ce n'est pas une affaire de droit, c'est une affaire de science. Je ne suis pas un savant, moi, monsieur, je suis un juriste. Asseyez-vous, nous avons à causer.

Pascal s'assit, vivement ému.

— Les plaideurs nous reprochent souvent, continua M. Des Molliens, de ne pas rendre la justice assez vite au gré de leur impatience : ils ne savent pas ce qu'est la conscience d'un magistrat. Dans votre espèce, j'ai à décider une question que je ne connais pas, que je n'ai jamais étudiée, et cela, quand je ne comprends même pas les mots dont on se sert pour me l'expliquer. Depuis un mois, j'étudie la chimie, et cependant la lumière ne s'est pas faite encore dans mon esprit. Voulez-vous venir ici pendant quelques jours tous les matins, pendant deux heures, nous travaillerons ensemble ?

Pascal fut remué jusqu'au fond du cœur, et il lui fallut se faire violence pour se contenir.

— La difficulté pour moi, continua le président, porte sur ceci : pour produire votre noir, vous employez, n'est-ce pas? entre autres choses, de l'argile, du bitume et une substance calcaire ; vos adversaires, eux, emploient une argile naturellement chargée de phosphate calcaire et du goudron provenant de la distillation du bois ; je ne comprends pas comment ces substances de composition très-complexe jouent dans la fabrication un rôle identique.

— Une expérience rendrait l'explication bien claire.

— Eh bien, nous ferons une expérience ; je n'ai pas

ici de laboratoire, mais j'ai une vaste cuisine, dont vous pourriez peut-être vous arranger ; venez voir.

Bien qu'il fût à peine neuf heures du matin, la cuisine était déjà en ordre, propre et nette comme une cuisine flamande. Près de la fenêtre, une vieille bonne ourlait des torchons en grosse toile grise.

— Voilà, dit M. Des Molliens ; cela vous suffirait-il ? quels appareils seront nécessaires ?

— Comment ! des appareils ? dit la bonne en quittant sa chaise, pour quoi faire des appareils ?

— C'est bien, Claudine, assez, assez.

— Dites donc, monsieur le plaideur, est-ce que ça va faire des dégâts, vos appareils ?

— Non, mais un peu de saleté, du bitume, de l'argile.

— Comment, du *bétune*, du *bétune* dans ma cuisine, non, par exemple ; je vous reconnais maintenant, c'est vous qui avez mis du *bétune* dans mes escaliers, c'est vrai que vous essuyez bien vos pieds, mais vous avez tout de même mis du *bétune* ; pas de ça dans la cuisine, ah ! mais non.

— Allons, dit M. Des Molliens pour couper court à ce flot de paroles, j'irai chez vous quand le moment des expériences sera arrivé ; en grand, cela vaudra mieux ; en attendant, nous ferons de la théorie.

— A quelle heure dois-je venir ?

— Je me lève à trois heures, je commence à recevoir à sept. Venez quand vous voudrez.

XIX

L'époque des concours du Conservatoire approchait, et Abeille attendait ce moment avec autant d'impatience et d'inquiétude que son frère attendait le jour où le tribunal se déciderait à prononcer son jugement.

Pour tous les deux, concours aussi bien que jugement avaient la même importance.

Sans connaître exactement par le détail la situation de son frère, Abeille sentait qu'elle était mauvaise. Elle avait vu tant de fois, en ces derniers temps, Pascal se promener anxieusement dans le jardin les samedis de paye, pendant que Scouflers était parti en recette ; elle avait été si souvent témoin de ses préoccupations sombres les 15 et 30 du mois, ces deux dates fiévreuses pour les commerçants gênés ; elle avait tant entendu parler d'échéances, de consignations, de protêts, qu'elle ne se laissait plus tromper par les paroles rassurantes qu'il lui disait en s'efforçant de sourire, lorsqu'elle l'interrogeait.

Dans ces conditions, elle avait voulu prendre à sa charge les dépenses de la famille, et ne laisser à son frère d'autres soucis que ceux que lui donnaient sa fabrique et ses procès.

La tâche était lourde, car, depuis l'installation de Laure à Paris, leur vie n'était plus celle d'autrefois : on avait pris une femme de ménage qui venait préparer les repas, et maintenant on ne mangeait plus en se promenant ou en travaillant, mais on se mettait sérieusement à table devant un vrai couvert ; entre ces nouvelles habitudes et les anciennes, il y avait pour eux les mêmes différences que pour Laure entre ce qu'elle avait quitté à Condé et ce qu'elle avait trouvé à Paris.

Naturellement ce nouveau genre de vie coûtait plus cher que l'ancien. Laure, il est vrai, avait voulu, en arrivant dans cet intérieur dont elle connaissait la détresse, lui venir en aide par son travail et alléger ainsi les dépenses qu'elle lui imposait ; mais que peut faire une femme qui n'a jamais travaillé pour vivre ? Elle avait reçu ce qu'on est convenu d'appeler une brillante éducation : elle jouait du piano très-agréablement ; on avait plaisir à l'entendre chanter ; elle écrivait des billets tournés avec gentillesse, et, sans y mettre trop de complaisance, on pouvait louer ses ouvrages de tapisserie, qu'elle faisait d'inspiration, en respectant la loi du contraste simultané des couleurs.

Mais après ? Entre le talent d'un amateur et celui d'un artiste ou d'un artisan, il y a une distance dont le monde ne soupçonne pas la largeur. Qu'elle donnât des leçons, il n'y fallait pas songer, car, si elle avait daigné apprendre ce qu'il y a d'agréable dans la musique, elle ignorait absolument la partie théorique et abstraite indispensable pour le professorat. On avait donc longuement discuté la question de savoir à quoi pouvait s'employer sa bonne volonté, et l'on s'était arrêté à la tapisserie ; encore son ouvrage manquait-il de cette régularité et de ce fini qui ne s'acquièrent que par un long métier, de sorte qu'en travaillant assidûment du matin au soir, elle n'arrivait pas à gagner plus de 25 francs par mois.

25 francs ajoutés aux 80 francs qu'Abeille gagnait par ses leçons, cela donnait un total de 105 francs ; or, de ces 105 francs à ce qui lui était strictement nécessaire pour faire marcher la maison, il s'en manquait de 80 francs ; il fallait donc qu'elle trouvât un moyen de se les procurer ; alors, son budget des recettes s'équilibrerait avec son budget des dépenses, qui s'établissait ainsi : d'abord, elle prélevait 15 francs pour les cigares de son père. A ses yeux, c'était la dépense première, celle qui devait passer avant toutes les autres, car, bien que le plus souvent il mâchonnât entre ses dents un bout de cigare non allumé, exactement comme il eût mâchonné un morceau de bois ou une fleur, il arrivait des jours où il fumait du matin au soir, et, pour ces jours de désespérance, il fallait qu'il eût un engourdissement ou une distraction à sa fièvre.

Ces 15 francs prélevés, elle en prenait 20 autres pour la femme de ménage ; puis enfin 140 pour les dépenses de la maison ; en tout 175 francs ; il lui restait donc 10 francs pour elle ; or, 10 francs c'était presque une fortune; en tout cas, c'était plus qu'elle n'avait besoin, car il ne pleut pas tous les jours, et, en se levant matin, en marchant vite, on peut facilement faire l'économie d'un omnibus, même quand on va de l'extrémité du faubourg Saint-Antoine au Conservatoire.

Pendant longtemps, elle avait inutilement cherché le moyen de gagner ces 80 francs, et elle commençait à désespérer, lorsque sa maîtresse au Conservatoire, madame Raphélis, lui avait trouvé une pension dans laquelle on donnait 100 francs par mois pour six heures de leçon par jour, trois fois chaque semaine. On n'exigeait du professeur qu'une seule condition, qui était d'avoir eu une première médaille au Conservatoire. Cette première médaille fait bien sur le prospectus, elle inspirait confiance aux parents et les décidait à payer sans trop grogner des leçons comptées à raison de 15 francs par mois.

Il fallait donc tout d'abord obtenir cette première médaille qui devenait ainsi non-seulement une question d'amour-propre, mais encore et surtout une question de pain quotidien.

Heureusement, le succès paraissait assuré, et madame Raphélis elle-même n'en doutait pas : c'était sur Abeille qu'elle comptait pour soutenir l'honneur de sa classe. Aussi la soignait-elle tout particulièrement. C'est chose ordinaire et naturelle que ces soins d'un professeur pour son meilleur élève, pour celui qui dans la bataille sera son porte-drapeau, et qui, à un moment donné, devenant un second lui-même, sera le représentant de ses idées ou de son talent. Mais, chez madame Raphélis, il y avait pour Abeille quelque chose de plus vif et de plus tendre que le sentiment toujours un peu sec et égoïste d'un professeur pour son élève.

C'était une âme délicate, passionnée pour la musique, et qui aimait le piano parce qu'il était la voix exprimant le plus intimement pour elle ses espérances ou ses rêves en leur donnant un corps et la vie. Toute autre manifestation de la pensée que celle qui se faisait par la musique, était pour elle incomplète ; ordinairement recueillie, peu expansive, elle n'était connue que de ceux qui l'avaient entendue dans ses heures de confidences ou d'épanchement, encore le nombre de ceux-là était-il fort restreint, car elle avait horreur de l'extériorité, de la publicité ordinairement si chère aux musiciens, et elle ne se livrait que dans l'intimité pour ceux qu'elle aimait ou qu'elle jugeait dignes d'elle.

En trouvant dans Abeille une nature qui avait avec la sienne plusieurs points de ressemblance, elle s'était prise pour elle d'un sympathique intérêt qui à la longue était devenu une sorte de maternité artistique. Parmi les jeunes filles qui suivent l'enseignement du Conservatoire, il en est un certain nombre qui ne sont point le dessus du panier de la flore parisienne : élevées grossièrement et souvent en même temps prétentieusement, elles ne sont guère dignes que d'une éducation mécanique, et, quand elles l'auront reçue, elles ne pourront entrer dans la vie que pour travailler obscurément dans une situation besogneuse ou briller insolemment autour du Lac sur les coussins capitonnés d'un huit-ressorts ; et cela, pour les unes comme pour les autres, selon les hasards d'un nez retroussé ou épaté. Quand, parmi ces jeunes filles, il s'en rencontre une douée d'une nature supérieure, c'est une bonne fortune pour le professeur qui aura dans sa classe un esprit à qui il pourra adresser ces délicatesses intimes qu'on trouve souvent et que bien souvent aussi on laisse perdre, faute d'une oreille digne de les recevoir. Par là avait commencé la sympathie de madame Raphélis pour son élève ; par là elle s'était accentuée : Abeille serait son enfant, elle serait dans l'art ce qu'elle-même n'avait pas pu être, elle serait son ouvrage, elle serait son succès et sa gloire.

Le morceau de concours était un concerto de Field, ce musicien anglais doux et poétique comme un paysage de son pays : Abeille le jouait exactement comme sa maîtresse, c'est-à-dire avec un sentiment profondément sympathique qui remuait le cœur et ouvrait la source des larmes. Cependant, elle le travaillait toujours, car ce qu'il faut pour un morceau de concours, ce n'est pas le savoir bien ni très-bien, c'est le savoir cent fois trop bien.

Sept ou huit jours avant le moment décisif, comme elle arrivait un matin chez madame Raphélis et se disposait à s'asseoir au piano, celle-ci l'arrêta :

— Dites-moi donc, mignonne, fit-elle en venant

s'accouder sur le piano, quelle toilette comptez-vous mettre ?

— Ah ! je ne sais pas ; j'ai une robe de soie bleue qui m'a été donnée par mon frère, je crois qu'elle sera bonne. Mais, si vous voulez, je vais vous jouer mon concerto, parce que, vous savez, la phrase de chant ne va pas. Mon père me disait hier qu'en écoutant cette phrase, il lui semblait voir un beau paysage mélancolique de l'Angleterre, avec un saule qui se penchait en pleurant sur la rivière — et secouait le flot quand le vent soupirait ; le saule dont parle Tennyson :

> One willow over the river wept,
> And shook the wave as the wind did sigh ;

moi, je ne vois rien de toutes ces belles choses, et c'est probablement parce que je n'y mets pas le sentiment. Voulez-vous que nous essayions ?

— Vous jouez votre concerto aussi bien que possible, soyez tranquille ; c'est de votre robe qu'il s'agit maintenant : il faut que vous soyez charmante et distinguée.

— Je vous assure que ma robe bleue est très-distinguée, avec des nœuds aux manches, je crois...

— Est-ce que vous tenez beaucoup à cette robe bleue ?

— J'y tiens parce que je l'ai, et qu'alors il n'est pas nécessaire d'en acheter une autre.

— J'avais rêvé pour vous une robe en alpaga blanc, avec un simple velours noir dans les cheveux. Vous auriez été tout à fait charmante et certainement la plus gracieuse et la plus jolie ; il faut penser, ma mignonne, que vous allez paraître devant un jury qui sera aussi sensible aux agréments de votre personne qu'au mérite de votre jeu. Cela ne devrait pas être, mais enfin cela est.

— C'est bien cher, une robe d'alpaga ?
— Une quarantaine de francs.
— Quarante francs !

Le ton avec lequel furent prononcés ces deux mots apprit à madame Raphélis quelle valeur Abeille donnait à quarante francs.

— Je pourrais vous faire acheter l'étoffe par la maison de commerce de mon mari, dit-elle, et votre premier mois d'appointements à la pension la payerait ; n'est-il pas agréable que ce soit précisément cet argent qui serve à vous faire obtenir votre prix ? Quant à la façon, je vous demande de m'en charger ; vous savez comme je suis personnelle, je ne crois qu'à ma couturière. Maintenant supposons que vous avez votre robe d'alpaga blanc ; vous êtes venue vous habiller ici, je vous ai fait coiffer par mon coiffeur, qui, au lieu de serrer vos beaux cheveux comme vous les serrez vous-même, les a disposés à votre avantage. Votre tour est arrivé ; vous entrez ; le piano est disposé comme celui-ci : là est le tabouret, là-bas est le jury ; montrez-moi un peu comment vous vous avancez et comment vous vous placez. Allez à la porte, je vous prie.

Abeille alla à la porte, puis, traversant rapidement le salon, elle se laissa tomber sur le tabouret, et attaqua aussitôt le concerto.

— Arrêtez donc, s'écria madame Raphélis en lui prenant la main.

— Mais le concerto ?

— Je vous ai dit, mon enfant, qu'il n'était pas question du concerto ; il ne s'agit pas d'être une bonne musicienne, mais d'être une jolie jeune fille ; pensez donc à cela ; vous devez plaire aux yeux autant qu'à l'oreille ; si les yeux sont prévenus contre vous, l'oreille n'écoutera pas. A voir comment une femme s'assoit au piano et se présente, on dit : « Elle va jouer en petite fille, » ou bien l'on sent qu'elle va jouer en artiste.

Abeille avait la délicate fierté des gens pauvres : elle était pénétrée de reconnaissance pour les offres de sa maîtresse, mais elle ne pouvait se décider à accepter un service d'argent ; l'idée de devoir quarante francs à madame Raphélis l'épouvantait.

Elle se résigna donc à les demander à son frère, mais elle dut s'y reprendre à dix fois pour en avoir le courage.

Enfin le jour du concours arriva ; ces concours du Conservatoire sont de deux sortes : les uns se font publiquement dans la salle des concerts, et l'assistance juge en appel, pour ainsi dire, les décisions du jury, les autres ont lieu à huis clos, dans une salle plus petite, où se trouvent seulement le jury, les professeurs et l'élève. Abeille, qui suivait une classe de clavier, avait un concours à huis clos.

Lorsque Abeille arriva rue du Faubourg-Poissonnière, elle était ravissante dans sa robe blanche ; c'était madame Raphélis elle-même qui l'avait habillée, et elle avait pris plus de soin de la toilette de son élève chérie que de la sienne propre. Déjà la salle sombre dans laquelle les élèves attendent leur tour était remplie ; il y avait là des jeunes filles au maintien modeste, à la toilette simple, qui restaient silencieuses et émues ; il y en avait d'autres qui traînaient leurs robes à queue et qui semblaient dire hautement : « Une jeune personne qui, comme moi, a su trouver de bons protecteurs, ne peut pas rater son prix ; vous allez voir. » Il y avait les mères, bien plus curieuses à étudier que les jeunes filles.

Abeille, qui n'avait personne pour lui tenir compagnie, alla se mettre dans un coin ; son numéro d'ordre n'étant pas un des premiers, elle avait assez longtemps à attendre : son cœur battait fort et ses mains tremblaient.

Tout à coup, il se fit un grand mouvement dans la salle, un des jurés venait d'entrer. Ce juré, qui était un pianiste célèbre, ne manquait jamais de venir passer l'inspection de celles qu'il allait bientôt juger ; mais, à vrai dire, c'était dans un tout autre but que de les encourager par une bonne parole : son faible était si bien connu qu'on n'avait jamais voulu lui donner une classe de femmes ; toujours on lui avait proposé

une classe d'hommes que toujours il avait refusée :
il se rattrapait au moment des concours.

A peine avait-il ouvert la porte, qu'une jeune fille
s'élança vers lui, et, lui sautant au cou ni plus ni moins
que si elle eût été seule :

— Vous me donnerez quelque chose, n'est-ce pas ?
dit-elle en l'embrassant. Je ne tiens pas à un prix,
mais une toute petite médaille qui fasse mettre mon
nom dans les journaux.

Fort peu satisfait de cette démonstration publique,
il la repoussa doucement sans répondre et commença
sa tournée, faisant des compliments aux mères, disant
des drôleries aux jeunes filles. Arrivé devant Abeille
qu'il n'avait pas vue, il s'arrêta. Il ne la connaissait
pas et il était frappé par sa grâce et son maintien
discret.

— Et vous, mon enfant, comment vous nommez-
vous ? dit-il en lui prenant la main dans les siennes.

Abeille répondit doucement.

— C'est donc vous qui êtes le Chérubin de madame
Raphélis ? Elle a bon goût, vous êtes charmante ; on
dit que vous avez beaucoup de talent, nous allons
juger de cela ; comptez sur moi, et, si vous voulez que
je vous conseille, venez chez moi, je serai très-heureux de vous donner des leçons ; vous viendrez, n'est-
ce pas ?

Abeille, troublée bien plus par le ton de ces paroles
que par leur sens, dégagea vivement sa main, et, re-

culant jusque contre une grande armoire pleine de musique :

— Je vous remercie, dit-elle, j'ai madame Raphélis.

Au moment où elle prononçait ce mot, madame Raphélis entrait dans la salle.

— Eh bien, dit le juré en allant au-devant d'elle, je vous adresse mon compliment; vous ne nous ferez donc toujours que des sauvages; avec une figure d'ange comme celle-là ? Quel crime !

Et il sortit.

—Mon enfant, dit madame Raphélis à voix basse, nous avons un mauvais jury ; le style de Chopin ne sera pas en honneur aujourd'hui. Et si vous voulez prendre ces manières excentriques que je vous ai toujours défendues, prenez-les ; moins de finesse de sentiment, des nuances heurtées, plus de fougue dans les traits; livrez-vous à tous vos caprices de ce côté ; il ne s'agit pas de discrétion et de dignité, il faut triompher. Bon courage!

Les numéros passèrent les uns après les autres, et enfin on arriva à celui d'Abeille. Elle entra dans la salle, traversa l'estrade, s'assit devant le piano sans voir, il lui sembla qu'elle était morte. La voix de madame Raphélis la ranima :

— Courage, ma mignonne, courage !

Elle eût dû jouer un morceau brillant, peut-être eût-elle pu se faire violence et réagir contre son émotion; mais elle avait au contraire à interpréter une œuvre de sensibilité et de grâce voilée : elle s'abandonna à son sentiment, malgré les recommandations de sa maîtresse.

On s'est souvent apitoyé sur le sort des malheureux juges d'un concours de musique qui, pendant cinq ou six heures, sont obligés d'écouter le même morceau. S'ils écoutaient toujours, leur situation serait en effet assez pitoyable ; mais ils ont des moments de distraction ou d'occupation qui soutiennent leurs forces. Abeille, sans qu'elle s'en doutât, était tombée dans un de ces moments-là.

— Est-ce que cette petite Cerrulas, dit un des jurés, est la fille du Cerrulas qui a des procès en contrefaçon ?

— Oui ; pourquoi cela ?

— Elle m'a été recommandée, très-recommandée ; ce sont, paraît-il, des intrigants, ces Cerrulas ; laissez-moi écouter celle-là.

Pendant qu'il se posait le menton sur une main et regardait Abeille, son interlocuteur se penchait vers son voisin, qui, un crayon aux doigts, s'amusait à dessiner la charge de toutes les élèves qui défilaient devant lui.

— Vous n'êtes pas venu hier à la répétition du ballet ?

— Non.

— Vous avez eu tort ; il y a une petite fille, élève de Barbette, qui est une merveille.

— Ne vous enflammez point ; je la connais, elle n'est ni pour vous ni pour moi.

Sans se laisser distraire par cette conversation, un

autre des jurés continuait le travail qui l'occupait. Peu sensible aux grâces des petites filles, celui-là, qui était un honnête Allemand appartenant au genre du rat des bibliothèques faisait des traductions de vieille musique, tandis que son voisin, qui avait la spécialité de présider les séances des orphéons, écrivait ses rapports. Près d'eux, le juré qui avait été rendre visite à Abeille écrivait aussi, mais des rapports d'un tout autre genre. Il prenait des notes consciencieusement sur chaque élève, seulement en se penchant par-dessus son épaule on pouvait voir que ces notes ne s'appliquaient guère au talent de l'élève ; voici celle qu'il avait commencée sur Abeille : « Abeille Cerrulas, dix-sept ans, sept mois, charmante, mais sauvage ; des yeux pour la perdition d'une âme ; serait irrésistible avec une petite rose sur... »

Abeille cependant continuait son concerto ; jamais pour madame Raphélis elle n'avait joué avec tant d'âme.

— C'est parfait, dit-elle quand le morceau fut achevé.

Elle se tira aussi bien du morceau à déchiffrer ; seulement, son émotion était si poignante, qu'elle l'exécuta dans un mouvement de casse-cou ; une faute ou une hésitation, elle était perdue ; elle arriva heureusement au bout.

Madame Raphélis l'emmena avec elle déjeuner : à ses yeux, le succès était certain. Cependant, lorsque après la séance on proclama le résultat du concours, Abeille ne se trouva avoir qu'une troisième médaille.

— Ma pauvre mignonne, dit madame Raphélis en lui prenant la main, c'est sur moi qu'on frappe autant que sur vous. Nous avons des ennemis. Je vais vous reconduire à votre père et m'excuser auprès de lui.

Au moment où ils sortaient, le jury sortait aussi. Il y avait d'autres mécontentes et qui ne semblaient pas disposées à prendre dignement leur défaite. Une vieille femme, qui avait toute la tournure d'une portière endimanchée, barra le passage aux jurés.

— Voilà donc ce que c'est que le huis clos, dit-elle en levant le poing, ça vous permet toutes vos vengeances et vos faveurs. Si mon Ursule avait voulu, elle en aurait eu aussi, des protecteurs ; vous, là-bas, si on vous avait écouté, elle aurait son prix aujourd'hui. — Viens, mon Ursule, ça n'empêche pas que tu as plus de talent que toutes celles-là ; mais on a des talents honnêtes dans notre famille, ce n'est pas de ça qu'il faut ici. L'année dernière, vous avez fait mourir une jeune fille par vos injustices ; nous, nous ne mourrons pas, mais nous vous disons votre fait, et sans peur, entendez-vous? sans peur.

XX

Abeille ne mourut point comme la jeune fille dont avait parlé la mère de mademoiselle Ursule dans son algarade au jury du Conservatoire, mais elle fut malade.

Pendant trois jours, elle délira, et ce qu'il y avait de particulier dans son délire, c'est qu'elle ne parlait jamais de son concerto qui l'avait tant préoccupée, presque toujours ses gestes et ses paroles étaient les mêmes : elle retirait vivement sa main gauche comme pour l'arracher à une étreinte, et, de la droite, elle semblait repousser quelqu'un :

— Laissez-moi, disait-elle, monsieur, je vous prie ; c'est madame Raphélis qui est ma maîtresse.

Ce qui l'avait plus profondément touchée dans cet écroulement de ses espérances, ce n'avait point été son échec, qui cependant lui était si cruel, mais la tentative et les paroles du pianiste, — la première éclaboussure qu'elle eût reçue des impuretés de la vie.

Laure fut parfaite de soins et de dévouement ; pendant ces nuits de délire, elle ne se coucha point, et elle les passa éveillée au chevet de la jeune fille. La pauvreté et la catastrophe qui était tombée sur elle lui avaient été salutaires ; elles avaient agi comme le couteau du chirurgien qui sauve la vie au prix d'une atroce souffrance. En perdant sa fortune, elle avait perdu aussi son orgueil intérieur, sa morgue, son dédain pour le vulgaire, sa dureté pour tous ; sous les coups du sort si rudement assenés, les défauts qu'elle tenait de son éducation et du monde dans lequel elle avait vécu avaient été violemment arrachés, et il n'était resté en elle que ses qualités natives, adoucies par le malheur; elle pouvait tout aussi bien être perdue que sauvée, le milieu dans lequel elle trouva un refuge la sauva.

La maladie de sa fille fit sur Cerrulas ce que rien n'avait pu faire jusqu'à ce moment ; pendant trois jours, il n'entra pas dans son laboratoire ; il se promenait dans le jardin, tantôt abattu, tantôt fiévreux, et de temps en temps sur la pointe des pieds il venait se coller le visage contre la fenêtre, et il restait là durant des heures entières à regarder Abeille étendue sur son oreiller. Il ne demanda pas une seule fois comment elle allait ; mais, quand le médecin déclara qu'elle était sauvée, il pleura comme un enfant.

Au moment où elle commençait à se rétablir, il survint un autre bonheur dans leur vie. M. Des Molliens avait fait toutes les expériences désirables avec Pascal, et la conviction sur l'excellence des brevets était, à la fin, entrée dans sa conscience. Il rendit son jugement.

En même temps que la lumière s'était faite pour lui sur les brevets, elle s'était faite aussi sur les manœuvres employées pour les attaquer. Il n'était pas homme à cacher ou à envelopper la vérité lorsqu'il la connaissait, même lorsque cette vérité devait blesser ou flétrir les hommes les plus puissants.

Un des considérants de ce jugement répondait aux éloges que Nicolas avait faits de Féline et de Midoucet ; il était ainsi conçu :

« Attendu que le procès contre les brevets de Cerrulas a été intenté par des hommes mieux placés que personne pour apprécier la réalité et le mérite des inventions que ces brevets devaient protéger, et que dès lors il n'a été qu'une vexation et une manœuvre regrettable. »

Et aussitôt arrivait le jugement qui donnait tort aux contrefacteurs sur tous les points.

Malheureusement, ce jugement était susceptible d'appel, et, si c'était une étape de faite, il y en avait encore d'autres à parcourir, c'est-à-dire de nouveaux délais, de nouveaux frais.

Comment attendre, comment supporter ces frais, alors que la maison ne fonctionnait plus pour ainsi dire et qu'on pouvait calculer, à quelques semaines près, le moment où elle allait s'écrouler ?

Depuis que cet écroulement paraissait imminent, Pascal avait bien des fois pensé à s'adresser à son père ; si l'on pouvait utiliser la fabrique ou son outillage à la production d'une autre matière que le noir décolorant, telle qu'un noir animalisé, par exemple, cela permettrait d'attendre. Si faibles que fussent les bénéfices de cette nouvelle industrie, ils vaudraient toujours mieux que rien ; on marcherait tant bien que mal, on garderait les ouvriers, on pourrait les payer, peut-être même trouverait-on des ressources pour entretenir les procès. Ce qui l'avait toujours arrêté, c'avait été la crainte d'inquiéter son père en lui apprenant la vérité vraie sur leur situation financière.

Mais, lorsque le procès gagné en première instance fut porté en appel, ces scrupules durent céder devant la nécessité.

Un jour donc, il adressa sa demande à son père.

— Eh quoi! dit Cerrulas, que veux-tu? que demandes-tu? je ne comprends pas bien.

— Je voudrais que nous pussions trouver à fabriquer un autre produit que le noir décolorant.

— Le noir décolorant ne te plaît plus?

— Le noir décolorant est arrêté par les procès ; en attendant la fin de ces procès, je voudrais que vous pussiez m'aider à trouver quelque chose qui utilisât la fabrique.

— Je te vois venir; ton esprit trotte et s'inquiète déjà; tu te dis que ces procès dureront peut-être fort longtemps, ce que je crois comme toi, et tu as peur de te trouver dans des affaires embarrassées. A ta place, je raisonnerais comme toi.

— Alors, vous voulez bien que nous cherchions ensemble; j'ai pensé à un noir animalisé. En ajoutant à des matières terreuses calcinées des phosphates minéraux très-divisés, on obtiendrait...

— Laisse donc là ton noir animalisé, interrompit Cerrulas, et ne cherche pas ce que peut-être tu pourrais obtenir. Avant que tu sois arrivé à un résultat, j'aurai trouvé, moi. Crois-tu que je n'aie pas vu tes inquiétudes? crois-tu que je ne partage pas tes tourments sur la durée de ces maudits procès? Je ne serais pas resté si tranquille depuis que cet appel est formé, si je n'avais pas eu la certitude de te venir bientôt en aide. Il y a quinze jours, j'avais des doutes; je croyais tout perdu; je voyais l'impossibilité m'enserrer de tous les côtés et me réduire à l'impuissance; je voyais mon travail de dix ans inutile et je me demandais si je n'avais pas été fou en l'entreprenant. Aujourd'hui je suis sûr de réussir. Je tiens une expérience décisive, et demain, dans deux jours, dans trois jours peut-être, tu verras ses résultats. Oui, mon cher Pascal, demain j'aurai trouvé.

— Sur quelle expérience comptez-vous donc? interrompit Pascal, blasé sur ces accès d'enthousiasme et sur ces fièvres d'espérance.

— Tu verras; laisse-moi le plaisir de t'en faire la surprise. A demain, mon enfant.

Trois jours après, l'expérience avait échoué, et Cerrulas était retombé de l'enthousiasme dans les angoisses de la déception et du doute.

Il était cruel de profiter d'un pareil moment pour renouveler sa demande; cependant, Pascal dut s'y résigner, quoi qu'il lui en coûtât; il n'était plus en son pouvoir de n'écouter que la délicatesse de son cœur; les duretés de la vie le forçaient à marcher.

— Peut-être as-tu raison, dit Cerrulas, et agis-tu sagement en cherchant autre chose. Je voudrais t'aider, mais je ne le puis. Ma tête s'est fatiguée, mon cher enfant; je n'ai plus la force et la volonté d'autrefois, alors que, sous la pression d'une idée, je pouvais me lever tous les jours à deux heures du matin et travailler sans fatigue jusqu'à dix heures du soir. Ah! c'était le bon temps, cela; la fièvre me soutenait sans me briser. Depuis mon attaque à Condé, un rien me trouble. Je ne peux pas suivre deux idées à la fois. Pour m'occuper de ce que tu demandes, il me faudrait négliger la chaleur solaire; cela serait au-dessus de mes forces. Ce travail est maintenant pour moi une monomanie, s'il n'est pas une folie,

— Enfin, dit Pascal, m'engagez-vous à chercher dans la voie que je vous ai indiquée?

— Je n'ose, car, si tu trouves quelque chose qui en vaille la peine, tu vas encore retomber sous la main des contrefacteurs, et, si tu ne trouves que peu de chose, ce n'est pas la peine. Non, ne cherche pas ce noir, mais cherche plutôt à tirer parti d'une découverte que j'ai faite il y a trois ans. En faisant réagir l'acide nitrique sur une matière organique, j'ai obtenu une poudre détonnante, jouissant de deux propriétés contradictoires : on peut la faire fuser ou bien la faire éclater, c'est-à-dire qu'on peut la brûler avec plus ou moins de rapidité, selon l'usage auquel on l'emploie ou le résultat qu'on veut obtenir. Tu vois tout de suite, n'est-ce pas? les qualités extraordinaires de cette poudre. Mais la fabrication de la poudre en France est une affaire d'État; je soumis mon invention au ministère de la guerre, et elle fut renvoyée à l'examen d'un comité. Ces comités sont généralement peu favorables aux inventions brevetées qui n'émanent pas d'un de leurs membres. On commença donc à me promener et il s'engagea une correspondance qui ne tarda pas à me fatiguer, encore plus par les ignorances et les impertinences qui s'y lisaient à chaque page que par l'ennui d'y répondre et de répéter chaque jour ce que j'avais dit la veille. Je n'avais pas de temps à perdre, j'avais pu m'occuper incidemment de l'invention d'une nouvelle poudre, mais cela ne méritait pas la peine de m'arrêter, j'avais mieux à faire, je revins à la chaleur solaire, et ne répondis plus aux convocations ou aux communications du comité. Mais, par cela seul que ce comité existait, les expériences continuèrent; il n'avait pas voulu tout d'abord s'occuper de mon invention, une fois qu'elle fut entrée dans l'ordre de ses travaux, il ne voulut plus l'abandonner. Ce qu'on a fait depuis trois ans, bien entendu, je n'en sais rien, mais on doit être arrivé à quelque chose : ma poudre était excellente, j'en suis certain. Vois donc cela, et si, comme je l'espère, il y a un résultat, tâche de tirer parti de l'invention ; tu pourrais l'abandonner contre une idemnité payée comptant, et cette idemnité, ne fût-elle que de 50, que de 30,000 francs, te permettrait de continuer tes procès : la fortune est dans le noir décolorant, ne te laisse pas distraire de cette idée pour courir après une autre.

Le mercredi suivant, Pascal se présenta à la section des renseignements : les indications de son père manquaient de précision, mais, là, on pourrait sans doute lui montrer le chemin à suivre pour retrouver cette invention perdue,

Il était arrivé à l'heure précise à laquelle s'ouvrent les portes pour le public, si bien que, dans le bureau où on l'envoya, les deux employés qui l'occupaient n'avaient pas fini leur déjeuner ; ils en étaient au café, qui était en train de se faire à l'esprit-de-vin au milieu de la table. A la clarté et à la propreté du ferblanc on reconnaissait que la cafetière était neuve et qu'elle servait pour la première fois.

— Messieurs..., dit Pascal.

— Tout à l'heure, répondit un des employés.

Pascal s'assit sur une banquette en cuir aussi grasse et aussi encroûtée que la visière de la casquette d'un cordonnier en vieux, et il attendit.

Il eût fallu avoir un caractère plus impatient et plus irritable que le sien pour déranger ces messieurs, qui paraissaient suivre avec l'intention fiévreuse d'un inventeur le fonctionnement de leur nouvelle machine.

— De sorte, dit l'un, que ça ne coûte que cinq francs ?

— Et ça ne brûle qu'un centime d'esprit-de-vin par tasse.

L'eau commençait à bouillir.

— Vous allez voir ; attention, c'est l'instant curieux.

Pascal, qui pensait à son affaire, laissa passer cet instant sans voir ce qu'il y avait de si intéressant dans cette nouvelle cafetière.

Les tasses étaient disposées ; celui qui paraissait être le propriétaire de la cafetière versa le café.

— Messieurs..., dit Pascal, qui crut le moment convenable pour adresser sa question.

— Tout à l'heure.

L'impatience commençait à le prendre, il se leva et se tourna contre la muraille pour étudier une carte de l'Algérie, mais cependant sans cesser d'entendre la conversation des employés. Cette conversation lui fit comprendre combien sa question était arrivée mal à propos.

— Hein ! quel arome !
— Attendez que je le respire.
— C'est parfait.

Pascal, décidé à ne plus parler, attendit qu'ils voulussent bien lui adresser la parole.

Enfin, les tasses rangées et la cafetière remise en place, on pensa qu'il était là depuis plus d'une demi-heure.

— Que demandez-vous ?
— Je voudrais savoir ce qui a été décidé au sujet de

l'invention d'une nouvelle poudre de guerre présentée depuis trois ans.

— Monsieur, depuis trois ans, on a présenté plus d'une centaine de nouvelles poudres ; il faudrait nous donner des renseignements précis.

Pascal donna tous ces renseignements.

— Eh bien, après ?

— C'est justement ce que je dis, qu'est-elle devenue ?

— Et moi, c'est justement ce que je vous demande.

— Si je le savais, je n'aurais pas besoin de vous.

— Et moi ?

— Alors, il faut donc que je sache moi-même ce que vous avez à me répondre ?

— Parfaitement ! c'est toujours comme ça que les choses se passent. Enfin, pour le cas présent, je ne peux rien vous dire, voyez au deuxième bureau, n° 43, au fond du corridor.

Au n° 43 du deuxième bureau, on lui fit une réponse du même genre.

— Peux pas vous dire... Voyez à Saint-Thomas d'Aquin.

A Saint-Thomas d'Aquin, on le renvoya rue de l'Université ; rue de l'Université, on l'engagea à passer rue Saint-Dominique ; rue Saint-Dominique, on lui fit entendre qu'il ferait peut-être bien de voir place de l'Arsenal ; place de l'Arsenal, on l'assura qu'il trouverait une réponse à Vincennes ; à Vincennes, on le reçut comme un chien dans un jeu de boules, en lui disant qu'il aurait dû s'épargner ce voyage et le remplacer par celui de Meudon ; à Meudon, on haussa les épaules et on le renvoya au ministère.

— J'y ai déjà été.
— Retournez-y.
— On me répondra la même chose.
— Probablement.
— Alors, c'est un manége, je tournerai perpétuellement sans avancer jamais.

Au ministère, il retrouva ses deux mêmes employés ; la cafetière fonctionnait encore.

— Messieurs...
— Tout à l'heure.
— Ne vous dérangez pas, je voulais vous demander seulement si votre café était toujours bon.
— Tiens, c'est vous qui vouliez savoir, il y a quelques semaines, ce que vous ne saviez pas ; l'avez-vous su ?
— Pas du tout.

Les deux employés partirent d'un éclat de rire à l'unisson.

— Alors, continua Pascal, j'ai pensé que, si vous ne pouviez pas me répondre, vous voudriez peut-être m'indiquer un autre chemin.
— Volontiers ; seulement, à votre place, vous savez, ce n'est pas pour vous décourager...
— Vous resteriez chez vous ?
— Juste.
— Dites toujours, je vous prie.

— Alors, bon courage; adressez-vous au troisième bureau, le capitaine Clout.

Le capitaine Clout était né de mauvaise humeur, et l'ennui d'avoir affaire au public — il fallait l'entendre et le voir prononcer ce mot — n'avait pas adouci son caractère; au fond un excellent homme, dans la forme un hérisson.

— Est-ce que votre père, qui a inventé cette poudre, était militaire? dit-il en foudroyant Pascal de son regard. Cerrulas.... Cerrulas, je ne connais pas ce nom-là.

— Non, monsieur, il est chimiste.

— Eh bien, alors?

Cela fut dit avec un tel accent de mépris, que Pascal eut un mouvement d'impatience.

— Il me semble que ce n'est pas un militaire qui a inventé la poudre.

— Comment cela? Qu'est-ce que vous voulez dire? Est-ce une personnalité?

— Mais, monsieur...

— Si ce n'est pas à moi que cela s'adresse, est-ce à l'esprit militaire? Dans ce cas, c'est la même chose.

A la fin, le capitaine voulut bien s'adoucir et répondre même avec bonhomie; mais il ne savait rien, et sa conclusion fut celle que Pascal avait entendue tant de fois.

— Je ne peux pas vous dire.

Alors, il lui vint à l'idée de s'adresser au ministre

lui-même : puisqu'il ne pouvait trouver personne pour lui répondre, le ministre consentirait peut-être à faire faire les recherches nécessaires..

Il demanda donc une audience, et, quelques jours après, un hussard monté sur un cheval arabe galopa à travers les rues de Paris pour lui apprendre que le ministre le recevrait à dix heures du matin.

En arrivant à neuf heures et demie, il trouva le grand salon d'attente déjà rempli ; il y avait là une vingtaine de personnes qui avaient eu la même finesse que lui.

Il y avait cela de particulier dans l'attitude de ces personnes qu'elles paraissaient toutes sous l'influence d'une fièvre nerveuse. Les unes changeaient de place à chaque instant et marchaient avec un tremblement ; d'autres se jetaient résolûment dans leur fauteuil et empoignaient les deux bras comme pour se mettre dans l'impossibilité de bouger. Il y en avait qui, pour occuper leur impatience, tiraient brin à brin le crin qui rembourrait leur siége. En face de lui, Pascal avait un vieux monsieur qui, accoudé sur une table, se mettait machinalement et régulièrement un pain à cacheter sur la langue, et l'avalait sans avoir conscience de ce qu'il faisait.

A onze heures l'audience commença, et, à la façon dont on expédia ceux qui étaient avant lui, Pascal espéra que son tour arriverait bientôt ; mais, à onze heures et demie, Son Excellence alla déjeuner. Quand elle revint, elle fut prise par un ambassadeur. A une heure, l'huissier annonça que Son Excellence, étant attendue au Corps législatif, ne pouvait plus recevoir.

Pascal revint trois fois sans pouvoir être introduit ; alors il se dit que le ministre le renverrait sans doute à un directeur, le directeur à un chef, le chef à un sous-chef, et il voulut essayer encore un fois d'obtenir lui-même ses renseignements.

Il retourna à son premier bureau.

— Tiens ! c'est encore vous, dit l'employé à la cafetière.

Pascal lui expliqua sa situation. Une sorte de sympathie s'était établie entre eux. L'employé l'écouta jusqu'au bout et promit de faire lui-même les recherches.

Au bout de huit jours, Pascal vint demander la réponse.

— Nulle part je n'ai trouvé le nom de Cerrulas, et le seul nom qui lui ressemble est celui d'un certain Cerruzier, qui a inventé un bouton de guêtre se posant sans fil et sans couture. Vous comprenez qu'à la copie on peut avoir mal lu et changé *l* en *z*, et *as* en *ier* ; j'en ai vu de plus fortes que cela.

— Oui, mais comment la poudre peut-elle être devenue bouton de guêtre ?

— Tout simplement en se trompant d'une ligne ou de deux ; je fais chercher le dossier de Cerruzier ; tout ce que j'en sais aujourd'hui, c'est que, quand on a eu besoin de lui pour une modification à son invention, on ne l'a plus trouvé ; il s'était pendu : il faut croire qu'il était fatigué d'attendre une réponse. Voulez-vous revenir dans huit jours? j'aurai peut-être quelque chose de plus précis.

Pascal ne revint point ; il avait perdu six semaines dans cette recherche, et les difficultés du moment présent ne lui laissaient pas le temps d'attendre ; il fallait prendre ces difficultés corps à corps et lutter sans espérer de secours étrangers.

XXI

Ce qu'il y avait de cruel dans sa situation financière, c'est qu'à chaque effort qu'il faisait pour la soutenir, son père répondait par une dette nouvelle ou un engagement imprévu.

Les avertissements, les prières d'Abeille, les rebuffades de Scouflers, rien n'avait agi; quand Cerrulas avait besoin d'un produit ou d'une machine pour une nouvelle expérience, il l'achetait comme si la bourse de son fils était inépuisable.

C'était seulement pour faire ces acquisitions qu'il consentait à quitter la rue de la Sablonnière ; alors, on le voyait brosser son habit et prendre son chapeau qu'il ne posait jamais sur sa tête, il est vrai, mais qu'il portait à la main en le balançant comme d'autres balancent une canne ou un parapluie : si le balancement était doux et horizontal, c'est que les choses marchaient bien ; si au contraire il était brusque et perpendiculaire, c'est qu'elles marchaient mal.

Scouflers ne s'y trompait pas, et, quand il le voyait traverser la cour et passer devant la fenêtre de son bureau, il savait qu'on lui présenterait bientôt une facture qu'il chiffrait à peu près.

— Bon ! disait-il, M. Cerrulas va nous en donner aujourd'hui pour 200 francs. Monsieur Pascal, passez-moi le livre des échéances, je vous prie, que j'y mette un papier ; il y en a déjà deux, ça fera trois ; trois ! et 4,000 francs que nous avons à payer, voulez-vous me dire sur quoi vous comptez ?

— J'aviserai.

— Écoutez, monsieur Pascal, l'expérience d'un vieux bougon ; vous vous perdrez à ce jeu-là ; vous avez déjà fait des tours de force extraordinaires, mais dans le métier des tours de force on se casse toujours les reins.

Pascal fut donc obligé, quoi qu'il lui en coûtât, de recourir à une mesure radicale. C'était chez MM. Herlofsen que son père prenait les produits et une grande partie des appareils dont il avait besoin : ces riches commerçants, qui avaient autrefois englouti une bonne partie de la fortune de madame Cerrulas, avaient refusé tout crédit à Cerrulas quand celui-ci s'était trouvé ruiné, ne consentant à lui faire une fourniture que lorsqu'il la payait; mais, quand la fabrique de noir s'était fondée, ils étaient revenus à des conditions plus libérales : ils livraient chez Cerrulas ce que celui-ci commandait, et ils faisaient présenter les factures chez Pascal.

Lorsque la dure nécessité força celui-ci à agir, il alla les trouver, et il leur demanda de ne plus rien fournir à son père que contre argent comptant.

— Mon père ne tient aucune note de ses engagements, dit-il la rougeur au front, et souvent ses factures me tombent à des époques où elles me gênent.

— C'est agir en sage commerçant, dit M. Herlofsen l'aîné, que de prendre d'avance ses mesures. Si M. Cerrulas avait eu vos précautions, il serait dix fois millionnaire aujourd'hui.

C'était un jeudi que Pascal s'était résolu à cette démarche qui l'avait encore plus peiné qu'humilié; le vendredi matin, Cerrulas traversa la cour son chapeau à la main, le balançant perpendiculairement par un mouvement saccadé.

— Voilà M. Cerrulas qui va chez les Herlofsen, dit Scouflers.

Pascal attendit qu'il fût sorti; puis, à son tour, traversant la cour, il alla chercher Abeille, qui, précisément, était à la maison.

— Chère petite sœur, dit-il, il faut que tu viennes avec moi au bureau; notre père, qui est sorti, va bientôt revenir; nous allons peut-être avoir tous deux une discussion pénible, je veux que tu sois là.

Il lui expliqua le moyen auquel il avait dû recourir.

— Et tu l'as laissé sortir! s'écria-t-elle. Ah! Pascal!

— Il fallait que MM. Herlofsen eux-mêmes le refusassent; je l'aurais prévenu, il ne m'aurait pas cru. Mais, sur un point, rassure-toi : si MM. Herlofsen ne lui accordent pas crédit comme à l'ordinaire, ce n'est pas par manque de confiance en lui, c'est par crainte dans ma solidité; je serai seul en cause. Au moins sa dignité sera ménagée.

— Comment as-tu pu te résigner à pareille chose? Empêcher ses expériences, c'est empêcher sa découverte; demain peut-être, il aura trouvé.

— Peut-être! Tandis que, s'il continue, demain je serai, moi, certainement en faillite. Crois bien, ma petite Abeille, que je n'ai pas pris une pareille résolution sans un rude combat; tout ce que tu pourrais me dire, je me le suis déjà dit, et plus durement que tu ne pourrais le faire, car, si je suis ici, si cette fabrique existe, c'est à lui, et à lui seul que je le dois; si je l'entrave aujourd'hui dans son travail, c'est qu'il le faut : je ne dois pas me laisser ruiner, ni pour lui, ni pour toi, ni pour Laure. Ma tâche est lourde, soutiens-moi, ne m'accable pas.

Cerrulas ne fut pas longtemps sorti, on le vit bientôt revenir, le balancement de son chapeau s'était encore accéléré. Il entra dans le bureau où se trouvaient réunis Abeille, Pascal et Scouflers.

— Je viens de chez Herlofsen, dit-il, et j'ai appris là d'étranges choses.

Pascal baissa la tête comme s'il s'attendait à une accusation de faux ou d'escroquerie.

— Il paraît, continua Cerrulas, qu'on fait courir sur ta solvabilité des bruits inquiétants, c'est une manœuvre de Féline.

— Vous savez que je suis très-gêné; il n'est donc pas étonnant qu'on me regarde comme perdu.

— Tu prends philosophiquement la chose; sais-tu que ces bruits peuvent en effet te perdre? en tout cas, ils vont t'enlever ton crédit. Herlofsen vient, pour commencer, de me refuser une fourniture, en me disant qu'il était trop engagé avec toi et qu'il ne ferait plus d'affaires qu'au comptant. Il faudrait aviser à cela; tâche de savoir d'où viennent ces bruits, ce qui leur a donné naissance, tu pourras alors les faires démentir.

— Cela serait difficile s'ils n'étaient pas fondés; mais ils le sont, que faire?

— Cherche, cours, remue-toi; il ne faut pas que tu restes dans cette situation fâcheuse. En attendant, donne-moi 400 francs; j'en ai besoin pour une expérience.

— Scouflers, dit Pascal, n'osant pas prendre pour lui tout seul la responsabilité d'un refus, est-ce que vous avez de l'argent en caisse?

— 54 francs; avec cela, je ne peux pas faire 400 francs.

— Et dans ta caisse? dit Cerrulas.

— Ma caisse est plus à sec encore.

— Cependant, il me faudrait cet argent ; cela est très-important pour mon expérience d'abord qui est tout à fait décisive, et aussi pour toi, car, si je ne retourne pas chez Herlofsen avec de l'argent comptant, cela sera pour eux un indice qui confirmera leur craintes d'une façon fâcheuse ; ils ne s'en tairont pas, et ces 400 francs pourront te coûter cher.

— Je sens bien ces raisons, mais je n'ai pas ces 400 francs et ne sais où les trouver.

— Un commerçant trouve toujours 400 francs.

— Quand il est dans une certaine position, oui, mais dans la mienne ?

— Mon cher Pascal, il ne faut pas t'exagérer le mal ; avec un peu d'adresse, tu peux très-bien t'en tirer.

Pascal souffrait de cette insistance de son père et surtout des moyens qu'il employait ; quant à Abeille, pourpre de honte, oppressée par l'émotion, elle tenait ses yeux baissés sans oser les relever. Scouflers seul avait un sourire satisfait : enfin on allait résister ; son argent personnel eût été en jeu qu'il n'eût pas été plus heureux.

— Mon cher père, dit Pascal, il m'en coûte de vous refuser, mais je ne puis faire autrement, je n'ai pas ces 400 francs et je vous prie d'attendre un peu.

A ce moment, un client entra dans le bureau ; Cerrulas fit un signe à sa fille et tous deux sortirent, mais ils ne rentrèrent pas chez eux, et par la fenêtre on les vit se promener dans la cour de la fabrique. Cerrulas ne se regardait pas comme battu, et il comptait revenir à la charge. Tant qu'il n'avait pas obtenu la chose qu'il voulait, il était d'une persévérance que rien ne rebutait, que rien ne lassait : il renonçait seulement à ce qu'il tenait, jamais à ce qu'il poursuivait.

Ce client qui venait d'entrer était un raffineur resté fidèle à Pascal : il habitait les Ardennes, et, de passage à Paris en ce moment, il avait voulu faire quelques recommandations à son fournisseur.

Les explications traînèrent en longueur ; cependant, Cerrulas ne s'éloigna pas ; de temps en temps il passait devant la fenêtre et regardait dans le bureau.

Enfin, lorsqu'il eut donné toutes ses recommandations, lorsqu'il se fut fait raconter le procès en contrefaçon, lorsqu'il eut longuement expliqué lui-même les tentatives dont on l'avait assailli pour le faire entrer dans la ligue organisée par Féline, tentatives auxquelles il n'avait pas cédé, il se leva ; mais, avant de sortir, il tira son portefeuille.

— Puisque je suis ici, dit-il, je vais en profiter pour régler mon compte avec vous. D'après mes écritures, je vous redois 1,445 francs ; est-ce exact ?

— Parfaitement, répondit Scouflers, après avoir consulté le grand-livre.

— Eh bien, faites-moi un reçu de cette somme, je vais vous la donner ; cela nous épargnera des écritures et me débarrassera d'autant.

Au moment où les billets étaient étalés sur la table

de Scouflers, Cerrulas montra sa tête derrière la fenêtre de la cour, et Pascal vit ses yeux s'allumer. Il avait aperçu les billets : maintenant la difficulté de refuser les 400 fracns allait se trouver singulièrement aggravée. Cependant, il ne fallait pas céder, ou alors il faudrait céder toujours.

A peine le raffineur était-il sorti que Cerrulas rentra; Abeille l'accompagnait; elle ne l'avait pas quitté, sentant bien qu'il allait se passer quelque chose de grave.

— Voilà un argent, dit Cerrulas en allongeant la main, qui arrive à propos.

Mais, plus prompt que lui, Pascal posa la main sur la liasse des billets de banque.

— Je ne puis vous le donner, dit-il d'une voix étranglée.

Cerrulas le regarda un moment, comme s'il ne comprenait pas.

— Alors, dit-il enfin, ton refus de tout à l'heure ne tenait pas au manque de fonds, c'était chez toi l'effet d'une résolution ; tu trouves que je te coûte trop cher, et tu veux enrayer les dépenses du père prodigue. Voilà qui est d'un fils sage.

— Oh! père! dit Abeille en allant au vieillard qu'elle voulut prendre dans ses bras.

Mais il la repoussa doucement.

— Laisse, dit-il, ton frère sait compter; toi, tu ne sais que te dévouer, tu ne peux rien comprendre à tout ceci.

Puis, se tournant vers Pascal :

— Si vous savez calculer avec vos intérêts, dit-il, je le sais aussi, moi, quand cela est nécessaire. Calculons donc tous deux. En vous donnant mes brevets, je n'ai pas voulu faire une opération financière ; cependant, je n'avais qu'un mot à dire pour qu'un acte intervînt entre nous, lequel acte m'eût constitué une part dans vos bénéfices ; certes, à ce moment, cela vous eût paru équitable à vous et à M. Charlard ; vous m'auriez encore très-probablement remercié de ma générosité. Je ne l'ai pas fait, et je vous ai offert ce que je pouvais vous donner ; mais, puisque je vous avais associé à mon travail, il me semblait que vous voudriez m'associer au vôtre ; cela m'avait paru si naturel, que j'avais jugé inutile d'en parler, je croyais vous connaître, je vois que je m'étais trompé.

— Mon père ! s'écria Pascal.

Mais Cerrulas ne le laissa pas continuer.

— Je suis un vieux fou, j'aurais dû penser qu'étant un savant officiel, vous arriveriez un jour à mépriser le travail de votre père, qui n'est, lui, ni savant ni officiel ; ce jour s'est levé. Ah ! Pascal ! il éclaire d'une triste lumière votre ingratitude ; vous me faites bien du mal.

Plusieurs fois Pascal avait essayé de placer un mot, mais le vieillard parlait avec une indignation si violente, qu'il avait été impossible de l'interrompre ; cette idée d'ingratitude lui serra le cœur, et il s'arrêta un moment.

— Mon père, dit Pascal en se levant vivement et en

se posant devant lui, il faut que vous m'écoutiez; vous m'avez accusé, vous m'avez condamné sans m'entendre : écoutez-moi, ou plutôt écoutez Scouflers.

— Scouflers n'a rien à dire entre nous; ce n'est point une explication d'affaires, c'est une explication de famille; vous ne vous rendez même pas compte des sentiments qui vous font agir et parler.

— Ah! ne m'accusez pas de nouveau; écoutez Scouflers, je vous prie ; vous le savez loyal, incapable de mentir, écoutez-le. — Scouflers, prenez le grand-livre, prenez le livre des billets. — Vous m'avez accusé d'ingratitude, mon père ; vous avez pu croire que j'oubliais ce que je vous devais de reconnaissance; vous avez pu croire que je faisais fi de vos travaux, moi qui, mieux que personne, les connais, et qui, plus que personne, en suis fier. Scouflers va vous expliquer pourquoi je vous ai refusé tout à l'heure l'argent que vous me demandiez, et, pour cela, il va tout simplement vous montrer quelle est ma situation présente. Si je ne vous ai pas fait connaître plus tôt cette situation, c'est que je ne voulais pas vous inquiéter, et que j'espérais vous laisser, jusqu'à la fin de mes difficultés, votre liberté de travail. Aujourd'hui, il faut parler.
— Parlez, Scouflers.

Le caissier avait étalé ses livres sur le bureau, et, la plume à l'oreille, les lunettes sur le nez, il attendait.

— Voulez-vous venir près de moi, monsieur Cerrulas ? dit-il.

Alors, en feuilletant ses livres, il commença à expliquer la situation financière de la maison, situation qui se résumait en ceci : le passif était supérieur à l'actif exigible, et, pour la fin du mois, on avait une échéance de 4,000 francs à payer sans avoir rien à recevoir.

— Voilà l'état de mes affaires, dit Pascal lorsque Scouflers eut terminé ; je suis à bout d'expédients, et avant six jours je serai peut-être en faillite. Comprenez-vous maintenant pourquoi je vous ai refusé 400 francs sur ces 1,400 qui me tombent du ciel ?

— Mon pauvre enfant ! s'écria Cerrulas en lui prenant les deux mains, et moi qui t'accusais ! Après avoir ruiné ta mère, je te ruine ; combien t'ai-je coûté depuis que tu es ici ?

— 19,543 francs 84 centimes, dit Scouflers froidement ; le compte est au grand-livre, folio 7.

— 20,000 francs, je t'ai dévoré 20,000 francs ! si tu les avais aujourd'hui, tu serais sauvé, tu pourrais marcher, tu pourrais attendre.

— Ne parlons pas de ces 20,000 francs-là ; j'ai été heureux de les payer et de m'associer ainsi pour une faible part à vos travaux.

— Tiens, je suis un fou, un rêveur, un songe-creux ; jamais je n'avais calculé ce que je t'avais dépensé, et, quand j'y pensais, il me semblait que cela ne devait pas s'élever à plus de quelques milliers de francs. Et tout cela a été englouti pour rien, inutilement, pour ma passion.

— Vos recherches...

— Où m'ont-elles conduit, ces recherches? l'heure des illusions est passée; à quel résultat pratique, incontestable suis-je arrivé? A un seul, désolant et déplorable, au doute. Voilà où j'en suis. Et ce n'est pas aujourd'hui seulement que je reconnais cette épouvantable vérité, il y a longtemps que je la prévois, que je la sens. Pourtant j'ai persisté. Vanité, orgueil, misérable passion! J'aimais ma fièvre. Toute passion qui nous domine est coupable par cela seul que nous n'avons pas la force d'en être maître; mais cette force, où la chercher, où la trouver? Il y a des hommes qui se trompent volontairement sur la femme qu'ils aiment et qui ferment les yeux pour ne pas voir ce qui pourrait les sauver : j'ai fait comme ces hommes, je me suis menti à moi-même.

Il parlait avec difficulté, d'une voix rauque et brisée; des larmes roulaient dans ses yeux, des sanglots l'étranglaient.

— Dix années de ma vie pour une chimère qui m'a dévoré, qui a dévoré Abeille, et qui t'a ruiné, toi.

— Mon père, s'écria Pascal tremblant d'émotion, prenez cet argent, j'en trouverai d'autre; continuez vos travaux, c'est notre fortune à tous et notre gloire.

Abeille prit la main de son frère, et, dans un transport de reconnaissance, elle la lui embrassa.

— Non, continua Cerrulas, il faut faire aujourd'hui ce que j'aurais dû faire il y a un mois, il y a un an : venir à ton aide. Si au lieu de m'acharner à ce travail impossible, j'avais employé à tes besoins la dixième partie de ce que j'ai usé de force et d'intelligence, je t'aurais sauvé. Nous aurions trouvé quelque perfectionnement, quelque procédé nouveau qui aurait tué la contrefaçon. Mais ce que je n'ai pas essayé alors, il faut l'essayer maintenant et tout de suite. A demain !

Il sortit et traversa la cour à grands pas, se dirigeant vers son laboratoire. Abeille et Pascal étaient frémissants ; seul, Scouflers avait gardé son flegme ordinaire.

— Voilà 1,400 francs, dit-il, que je vais porter chez l'huissier.

— Rien ne presse.

— Pardon, monsieur, ça presse toujours d'employer utilement un argent qui pourrait se perdre en attendant, ou servir à autre chose que sa destination première.

Il dit cela avec un sourire où il y avait autant de raillerie que de bonhomie.

Le lendemain matin, Pascal, encore tout ému de l'entretien de la veille, entra chez son père : il avait besoin de le remercier de sa résolution sublime.

— Mon cher enfant, dit Cerrulas en le voyant entrer, tu as eu bien raison hier de me refuser les 400 francs que je te demandais : mon expérience était absurde, elle aurait été rejoindre les autres, et tes 400 francs les 19,543 francs 84 centimes du grand-livre, folio 7. J'y ai pensé toute la nuit.

C'était à cela qu'il avait pensé ; Pascal le regarda avec stupéfaction.

— Vois-tu, continua Cerrulas, il est certain que j'étais dans la mauvaise voie ; nos paroles d'hier m'ont tout à fait éclairé ; je renonce à tout ce que j'ai fait depuis dix ans ; j'ai déjà détraqué mes machines, je ne veux pas avoir la tentation de m'y laisser reprendre. Dix ans de travail perdu, cela est dur, j'en conviens, mais j'ai encore du temps devant moi ; il me semble que j'ai de la vie dans le cœur et du sang dans les veines.

En l'entendant parler ainsi, Pascal ne savait ce qu'il devait le plus admirer de sa force à supporter la ruine de ses espérances, ou de sa foi dans l'avenir.

— Les vieillards, continua-t-il, ne peuvent vivre, j'entends vivre intellectuellement, qu'en marchant avec leur époque. Mon malheur a été de m'en tenir aux idées de ma jeunesse : le parti pris m'a fait fermer les yeux sur des découvertes qui, si je les avais admises, m'auraient préservé de mes erreurs. Il est certain qu'avant quarante ou cinquante ans, toutes les parties de la physique se trouveront en quelque sorte renouvelées. Berthelot a commencé ; si j'étais entré dans la voie qu'il a suivie en régénérant plusieurs substances végétales, j'aurais peut-être trouvé aujourd'hui : la matière est en quantité immuable dans l'univers ; il ne s'en crée pas, il ne s'en détruit pas, tout se passe en transformations.

Des promesses de la veille, de l'aide qu'il devait

apporter à son fils, il n'en dit pas un mot; assurément, dans sa fièvre d'enthousiasme, tout cela avait été oublié.

Le but qu'il avait poursuivi depuis dix ans, il ne l'avait pas abandonné; seulement, il le cherchait maintenant par des routes nouvelles.

Seraient-elles plus douces et plus sûres ?

XXII

Le procès en contrefaçon marchait avec une déplorable lenteur, et il était évident, d'après tous les incidents soulevés à chaque audience, qu'on voulait gagner du temps.

D'un autre côté, les poursuites dirigées contre Pascal pour défaut de payement de quelques billets avaient été menées avec une rigueur extraordinaire; et par là il était évident aussi qu'on avait hâte de le réduire avant que le gain de son procès pût venir à son secours.

C'est ce que Hastron, avec son flair de procédurier normand, avait parfaitement démêlé.

— Féline et Midoucet, avait-il dit, ont le plus grand intérêt à vous mettre en faillite, et c'est de leurs mains que partent les coups qui vous frappent. Une fois que vous serez en faillite, vous n'aurez plus la direction de vos affaires, c'est un syndic qui vous remplacera, et avec ce syndic ils feront peut-être tout ce qu'ils voudront; on vendra les brevets pour rien, on les annihilera, on les entachera de quelque cause de déchéance; il ne faut pas que vous soyez mis en faillite.

— Il ne faut pas, cela est facile à dire... mais à faire?

— La loi est égale pour tous ou à peu près, c'est-à-dire que, quand elle est mauvaise pour les uns, elle est mauvaise pour les autres. Elle offre à nos adversaires des moyens pour retarder la solution de votre procès, elle nous en offre aussi pour retarder le moment de la faillite, s'il doit arriver. Aidez-moi, et je vous garantis qu'avant quatre mois le jugement de déclaration de faillite ne sera pas prononcé ; bien entendu, il y aura une quantité d'autres jugements, mais pas celui-la. Bien entendu aussi, cela vous coûtera cher.

— Mais encore?

— N'allez-vous pas marchander? Quand je dis que cela coûtera cher, il ne faut rien exagérer ; comptez à peu près sur 400 francs de frais par 1,000 francs, et vous ne serez pas loin de la vérité.

— C'est épouvantable !

— Quand votre navire menace de sombrer, il est cruel aussi, n'est-ce pas, de jeter la moitié de la cargaison à la mer? Eh bien, vous sombrez : si vous voulez vous sauver, écoutez les conseils du pilote.

Habiles et utiles au point de vue des affaires, ces conseils avaient quelque chose de répugnant pour l'esprit simple et honnête de Pascal, qui n'avait pas encore eu le temps de s'habituer à confondre le juste et le légal. Cependant il se résigna à les suivre, comme il s'était déjà résigné à visiter le président Des Molliens avant de le connaître, et comme il s'était résigné aussi à parler de sa position gênée à son père ; car, par une sorte de fatalité, depuis longtemps il ne faisait plus que cela précisément qu'il s'était interdit de faire.

Parmi les nombreux procès qu'il poursuivait en province, il en avait un engagé devant la Cour d'Amiens qui semblait devoir se terminer prochainement ; les avocats avaient plaidé ; il n'y avait plus à attendre que les conclusions du procureur général et l'arrêt, et cet arrêt, s'il lui donnait gain de cause, mettait entre ses mains une vingtaine de mille francs. Avec 20,000 francs, il désintéressait ses créanciers et se faisait facilement pardonner le retard qu'il avait apporté et les moyens qu'il avait employés pour ne pas les payer.

Pascal, s'en étant remis ainsi à Hastron du soin de ses affaires, éprouva une sorte de tranquillité : il n'eut plus la fièvre des échéances et des délais ; chaque soir, on portait chez Hastron le papier timbré qui était venu dans la journée, assignations, significations, protêts, dénonciations, etc., et celui-ci seul s'occupait des mesures à prendre.

C'était un homme d'affaires fin et retors que Hastron, mais qui, pour le malheur de Pascal, avait apporté de sa province des habitudes procédurières qui, n'étant pas en usage à Paris, blessaient les habitudes reçues.

Ainsi, lors du premier jugement par défaut obtenu contre Pascal, car on se laissait condamner par défaut afin de bénéficier des délais d'opposition, Hastron s'en alla d'un air bonhomme trouver l'huissier qui avait poursuivi.

— Vous savez, dit-il, ce n'est pas la peine de signifier le jugement, nous y acquiesçons ; je ferai signer l'acquiescement par mon client.

Entre gens d'affaires, ce sont là des engagements qu'on tient généralement : l'huissier s'endormit donc sur ses deux oreilles. Mais à la longue, ne voyant pas l'acquiescement venir, il alla trouver Hastron. Celui-ci fit répondre qu'il était absent. Quand on lui écrivit, il dit que son absence se prolongerait encore de quelques jours, mais qu'aussitôt son retour il s'empresserait de faire signer la pièce nécessaire. Les jours s'écoulèrent ; l'huissier revint à la charge ; Hastron l'envoya chez Pascal, qui, ne sachant pas de quoi il était question, le renvoya chez Hastron. Celui-ci, désolé, prit une voiture devant l'huissier pour se faire immédiatement conduire rue de Reuilly, en promettant d'apporter l'acquiescement avant une heure.

Mais naturellement, au lieu d'aller rue de Reuilly, il alla se promener sur les boulevards et l'huissier ne vit personne. Une dernière fois l'huissier revint furieux, Hastron le reçut en riant :

— Voilà comment dans notre pays on gagne du temps.

Les huissiers n'aiment pas qu'on se moque d'eux ; celui que Hastron avait fait promener appartenait à une variété rageuse et vindicative ; il avait fait payer cher le tour qu'on lui avait joué et dans lequel l'avait doucement amené la fausse bonhomie de l'avoué normand. Les semaines s'écoulèrent ainsi, mais enfin arrivèrent les assignations en déclaration de faillite.

— Nous sommes loin des quatre mois que vous m'aviez promis ? s'écria Pascal lorsque Hastron le réveilla.

— Aussi le jugement ne sera-t-il pas rendu dans quelques jours, comme on nous en menace ; seulement, maintenant il faut que vous me veniez en aide ; il y a des démarches à entreprendre qui ne peuvent être faites que par vous.

La première de ces démarches consistait dans une visite au président du tribunal de commerce : Pascal avait depuis longtemps bu la honte de ces visites de sollicitation : il alla chez le président comme il était allé chez M. Des Molliens et comme il allait partout maintenant où on l'envoyait, ému mais résolu.

C'était un homme intelligent que ce président et qui connaissait le commerce parisien : il était au courant des procès intentés contre les brevets Cerrulas et savait à quoi s'en tenir sur les manœuvres de Féline et de son associé Midoucet.

Il écouta Pascal avec bienveillance, et celui-ci, se sentant devant une conscience honnête et sympathique, expliqua bien son affaire ; en parlant de son père et de ses luttes, il eut des élans d'éloquence passionnée qui remuèrent le cœur du commerçant.

— Cette faillite qu'on demande aujourd'hui avec tant d'acharnement, dit-il, n'a pour but que de s'emparer de nos brevets. Mon actif est supérieur à mon passif ; demain, peut-être dans quelques jours, je toucherai une vingtaine de mille francs, c'est-à-dire deux fois le double de la somme qu'on me réclame.

— Sur quoi s'appuie cette créance de 20,000 francs? dit le président, qui n'avait pas l'habitude de croire les plaideurs sur parole.

Pascal avait apporté les principales pièces de son procès d'Amiens, et aussi les livres de sa maison; le président les examina.

— Mon cher monsieur, dit-il en congédiant Pascal, je vous donne quinze jours ; après ces quinze jours, mon assesseur vous en donnera huit autres, puis, après ces huit-là, huit autres encore. Cela vous met un mois devant vous ; tâchez d'en profiter. Je voudrais faire plus pour vous, car votre position intéresse la conscience et la justice, mais cela est déjà beaucoup.

Pendant ce mois, Pascal fit tout ce qui était humainement possible pour empêcher la faillite, mais il était à bout de ressources et dans l'impossibilité absolue de trouver les 5,000 francs pour lesquels on le poursuivait ; or, ces 5,000 francs seuls pouvaient arrêter ces poursuites, qui, faites sous le nom d'un tiers, étaient en réalité dirigées par Midoucet, qui avait acheté cette créance, comme il achetait toutes celles qu'il trouvait sur la maison Cerrulas.

Le jeudi de la quatrième semaine promise par le président, Pascal fut prévenu que le jugement serait rendu le lundi suivant.

Précisément la Cour d'Amiens devait prononcer son arrêt le vendredi ; il restait encore une espérance à Pascal qui partit pour Amiens ; mais de nouveaux incidents avaient été soulevés par ses adversaires, et, au lieu d'un arrêt définitif, il y eut une simple nomination d'experts, c'est-à-dire que la solution était retardée de trois mois, de six mois, d'un an peut-être.

Pascal s'en revint à Paris accablé ; la lutte n'était plus possible, il fallait succomber.

Il rentra chez lui lorsque minuit sonnait, et, contrairement à ce qui se passait d'ordinaire, il trouva Scouflers dans le bureau.

— Grande nouvelle ! s'écria le caissier en l'apercevant.

— La faillite est prononcée ?

— Ah ! monsieur, est-ce que j'aurais cette figure ?

— Ce n'est donc pas une mauvaise nouvelle ? dit Pascal avec l'accent désolé d'un homme qui depuis longtemps n'a plus d'espérance et qui croit toujours que demain ressemblera à aujourd'hui, comme aujourd'hui a ressemblé à hier.

— Notre marchand de charbon nous annonce l'envoi de sa fourniture habituelle.

— Verboeck ?

— Verboeck. Vous êtes sauvé ; vous trouverez là-dessus plus que les 5,000 francs qu'il nous faut.

— Je n'avais pas osé lui faire ma commande.

— Comme l'époque ordinaire était arrivée, il a expédié sans ordre. La main de la Providence est là dedans, monsieur; vous aurez des traverses, des souffrances, mais vous ne périrez pas.

On sait que, sur le dépôt d'une marchandise ou d'un produit, un commerçant trouve à emprunter proportionnellement à la valeur de ces marchandises ou de ces produits ; c'est ce qu'on appelle la consignation : mais dans la pratique des choses la consignation effective n'est pas nécessaire, et les opérations de vente ou de prêt se font au moyen de simples écritures.

— Aussitôt levé demain matin, dit Pascal à Scouflers, vous irez chercher ces 5,000 francs et vous les porterez chez Hastron. La paye est-elle assurée ?

— Oui, monsieur.

— Ainsi nous voilà encore une fois sauvés. Ah ! Scouflers, je dormirai mieux que je ne l'avais espéré.

Le lendemain, au moment où Scouflers allait sortir, il vit entrer dans son bureau un gros bonhomme extrêmement blond.

— Tiens ! M. Verboeck.

— Lui-même ; est-ce que M. Cerrulas est ici ?

— Il va venir.

Le négociant belge prit une chaise et s'assit sans rien dire ; habituellement il était très-expansif et racontait longuement ses affaires et celles de ses clients; ce mutisme et sa figure sombre frappèrent Scouflers, qui, sans trop savoir pourquoi, n'augura rien de bon de cette visite matinale.

Pascal arriva bientôt, et, en apercevant le marchand de charbon, lui aussi eut un mauvais pressentiment.

— D'après votre lettre d'hier, je ne m'attendais pas à vous voir ce matin, dit-il en lui tendant la main; mais j'en suis bien aise, puisque cela me donne l'occasion de vous remercier ; vous avez pensé à nous.

— Oui, en ne recevant pas vos ordres comme à l'ordinaire, j'ai cru qu'il y avait erreur, et j'ai expédié tout de même.

— Vous avez très-bien fait.

— Ah! j'ai bien fait?

— Assurément.

— Alors, cela ne vous dérange pas?

— Cela m'arrange à merveille, au contraire.

— Ce n'est pas cela que je veux dire ; cela vous arrange bien pour votre fabrication, je le comprends; mais autrement?...

— Comment, autrement?

Le marchand de charbon tournait et retournait son chapeau avec un embarras qui n'était que trop visible; il le posa brusquement à ses pieds, et, regardant Pascal en face :

—Monsieur Cerrulas, dit-il avec résolution, j'ai à vous parler, et je n'ai pas fait soixante-dix lieues cette nuit pour m'en retourner comme je suis venu. Je vous crois un honnête homme, ce qui s'appelle un parfait honnête homme ; dans toutes les affaires qui ont eu lieu entre nous, vous avez toujours été juste ; quelquefois le payement a été dur, mais dans le commerce on ne fait pas ce qu'on veut, surtout quand on a des procès ; et il paraît que vous en avez de toutes les sortes. Eh bien, c'est relativement à ces procès que je veux vous parler.

— Je vous écoute, dit Pascal en pâlissant.

— Il y a trois jours que je vous ai fait votre expédition de charbon : les choses sont régulières, et le charbon est bien à vous maintenant ; mais je viens vous demander que vous ne teniez pas l'affaire à rigueur.

— Et comment cela ?

— Hier, j'étais au café avec Lammens, un de mes amis qui fournit un de vos concurrents, M. Midoucet, et en causant je lui raconte que je vous ai expédié vos charbons. Il me demande alors comment j'ai le toupet de faire des affaires avec vous, et il me dit qu'avant quinze jours vous serez en faillite. Je lui ris au nez ; il me répond qu'il tient ce qu'il me dit de M. Midoucet et que celui-ci doit bien le savoir. Là-dessus, je n'en écoute pas davantage ; je cours à la maison, je m'habille, je prends le chemin de fer et je tombe chez vous pour vous demander : « Est-ce vrai?... »

Pascal baissa la tête sans répondre.

— Vous ne répondez rien. Écoutez, monsieur Cerrulas, je ne suis pas un gros commerçant, j'ai soixante ans et je n'ai pas fait fortune, il s'en faut de tout ; j'ai une fille de dix-huit ans qui dans trois mois doit se marier, se marier avec un homme qu'elle aime et qui l'aime ; il faut que je lui donne une dot de 10,000 francs, ou les parents du jeune homme empêcheront le mariage. 10,000 francs, à Paris, ce n'est pas grand'chose ; chez nous, il en est autrement, pour moi surtout. Eh bien, ces 10,000 francs, c'est précisément ce que vous me devez pour vos charbons. Si, comme on le dit, vous allez vous mettre en faillite, voulez-vous me les faire perdre ? Ce n'est pas un commerçant qui vous parle en ce moment, car dans le commerce le cœur n'a rien à voir, mais c'est un père qui vous prie pour sa fille ; son bonheur, sa vie peut-être, sont dans vos mains.

Pascal resta longtemps les yeux baissés sur le parquet, sans parler, sans bouger, agité seulement par un tremblement.

Tout à coup il releva la tête ; elle était pâle de la pâleur d'un mort.

— Je n'empêcherai pas par ma faute le mariage de votre fille, dit-il.

— Monsieur Pascal ! s'écria Scouflers.

Mais, sans répondre, il se dirigea vers la porte.

— Arrangez l'affaire avec M. Verboeck, dit-il.

Et il sortit ; vers cinq heures du soir seulement, il rentra dans le bureau, tout aussi pâle que le matin.

— C'est fini ! dit-il en se laissant tomber sur une chaise ; j'ai frappé à toutes les portes, toutes sont restées fermées.

Mais, après quelques minutes d'accablement, il se remit.

— Vous avez l'argent de la paye, n'est-ce pas ? dit-il à Scouflers.

— J'ai 200 francs en trop.

— En trop pour les ouvriers, mais non en trop pour vous ; votre mois sera échu demain ; je vais le payer ce soir.

— Mais, monsieur...

— Mon bon Scouflers, la faillite sera déclarée lundi ; je ne veux pas que vous ayez affaire au syndic. Je suis bien fâché de vous laisser sans place, mais vous savez que ce n'est pas ma faute.

— Que comptez-vous donc faire ?

— Fermer la fabrique ce soir même ; voilà pourquoi je n'ai plus besoin de vous : M. Charlard ne vous a pas porté bonheur en vous envoyant ici.

— Monsieur Pascal, dit Scouflers en ôtant sa toque et ses lunettes, voulez-vous me permettre de vous adresser une question ? Oui, n'est-ce pas ? Me croyez-vous un homme d'argent ?

— Je vous crois un digne et brave homme.

— Eh bien, monsieur, j'ai été heureux ici parce que j'étais avec un honnête homme.

— Les livres sont en ordre ? dit Pascal, qui ne voulait pas se laisser aller à ses sentiments.

— Oui, monsieur, et j'ose dire qu'ils vous feront honneur ; il n'y a ni une erreur, ni une surcharge, ni un grattage... ni un grattage !

L'heure de la paye arriva, et les ouvriers se présentèrent comme à l'ordinaire à la caisse : Pascal appelait la somme due à chacun et Scouflers payait.

Au moment où ceux qui avaient été payés les premiers allaient sortir :

— Que tout le monde veuille bien attendre un moment, dit-il, j'ai une communication à vous faire.

On attendit dans la cour en causant, et, la paye finie, Pascal s'avança au milieu des groupes.

— La communication que j'ai à vous faire, dit-il, est triste pour moi, et pour beaucoup d'entre vous elle est malheureuse. Je ferme la fabrique ce soir ; on ne travaillera plus. J'aurais voulu vous prévenir à l'avance ; mais jusqu'à ce matin j'avais l'espérance de pouvoir marcher encore.

Sa voix était tremblante ; il rentra dans le bureau pour cacher son émotion.

Cependant, les ouvriers ne quittèrent point la cour ; chacun causait avec animation ; au bout de cinq minutes, Lemarrois entra dans le bureau avec deux ouvriers.

— Patron, dit-il, je suis chargé de la part de tout le monde de vous faire savoir que, si la paye d'aujourd'hui pouvait vous servir à quelque chose, on serait content de vous la rendre.

— On attendrait, dit l'un des ouvriers.

— Et sans se plaindre, dit l'autre.

Pascal s'avança sur la porte du bureau.

— Je vous remercie, dit-il, et de tout mon cœur,

mais votre paye ne peut pas me sauver ; je...

Les paroles s'étranglèrent dans sa gorge.

— Il faudra pourtant régler le compte à Midoucet, dit Lemarrois.

— Pour ça, j'en suis, dit un grand charbonnier taillé en Hercule.

Tout le monde sortit, et Pascal, ayant fermé la porte sur les talons du dernier ouvrier, resta seul dans la cour.

Machinalement il entra dans les ateliers ; tout à l'heure pleins de bruit et de vie, ils étaient silencieux et morts ; les fourneaux étaient éteints, et, s'il étaient chauds encore, ils allaient bien vite, comme un cadavre, perdre cette chaleur.

Brisé, anéanti, Pascal se laissa tomber sur un banc, et longtemps, bien longtemps il resta là perdu dans sa cruelle méditation ; la nuit était venue sombre et froide, mais moins froide et moins sombre cependant que celle qui enveloppait lourdement son cœur.

Perdu ! c'était fini, bien fini. Et cependant il eût pu se sauver.

Cette jeune fille, qui allait se marier, saurait-elle jamais ce qu'il avait fait pour elle ?

Elle allait se marier, elle allait être heureuse, et lui maintenant pourrait-il jamais demander à Laure d'être sa femme ?

La femme d'un failli !

XXIII

Peiné de congédier brusquement ses ouvriers, ce qui était les condamner pour la plupart à une quinzaine ou à un mois de misère, Pascal était tout aussi malheureux de ne pas pouvoir trouver une position pour le bonhomme Scouflers.

Il eût voulu qu'en sortant de chez lui, le vieil employé retrouvât une caisse à tenir, des écritures à mettre en ordre, un bureau qui le gardât du matin au soir, c'est-à-dire tout ce qui constituait ses besoins et ses habitudes; mais c'était là une difficulté presque insurmontable.

Excellent dans une maison où on le connaissait et l'appréciait, Scouflers eût été insupportable dans une grande administration, où l'on ne demande aux employés que de la régularité dans les habitudes et de l'intelligence dans le travail. Jamais on n'eût pu supporter ses observations ou ses objections, qu'il faisait avec une franchise de langage digne des serviteurs de l'ancien régime.

Ce fut donc avec un sentiment de délivrance et de soulagement que, le dimanche matin, Pascal vit son caissier en costume de voyage, prêt à retourner dans sa province : qu'eût-il fait à Paris, le vieux bonhomme qui, depuis son installation rue de Reuilly, n'avait jamais dépassé la place de la Bastille dans ses promenades les plus longues ?

— Monsieur Pascal, dit-il, je viens vous faire mes adieux ; j'ai un frère qui est curé à Authone, dans la Sarthe, et qui vit là heureux et tranquille avec notre sœur; pour eux deux ils ont 12 ou 1,400 francs à dépenser par an; avec cela ils sont plus à leur aise que des millionnaires à Paris ; je vais me retirer près d'eux; je soignerai leur jardin jusqu'au jour où vous m'écrirez que les procès sont terminés et que la fabrique marche. Alors, je reviendrai avec vous. Vous ne laisserez personne écrire sur mes livres, n'est-il pas vrai? Nous recommencerons avec eux; est-ce que ça ne sera pas beau de partir du visa du juge-commissaire pour arriver à une grosse fortune?

— Vous croyez encore à une fortune, Scouflers?

— Plus vous êtes tourmenté, plus j'y crois : la guerre qu'on vous fait, c'est la preuve de votre puissance. Est-ce que je ne pourrais pas voir les chères demoiselles? je voudrais bien leur dire adieu, et aussi à M. Cerrulas.

Le lundi, le jugement de déclaration de faillite fut prononcé ; et Pascal, qui malgré tout avait conservé encore quelque espérance, s'en revint désespéré rue de la Sablonnière.

Il lui semblait qu'on le regardait passer et que chacun se disait : « Voilà Pascal Cerrulas, celui dont le nom sera demain dans les journaux, en gros caractères, sous la rubrique : Tribunal de commerce de là Seine. — *Déclarations de faillites.* »

Pour lui, la faillite n'était point une opération commerciale à l'usage des négociants qui, ayant des créanciers ennuyeux, veulent s'en débarrasser au rabais; c'était le déshonneur : banqueroute simple, banqueroute frauduleuse, faillite étaient synonymes.

Moins étourdi par le coup qui le frappait, il eût réfléchi, et dans le nom du juge-commissaire et du syndic qui lui avaient été donnés il eût trouvé des motifs d'espérance : l'influence du président du tribunal s'était fait sentir là encore, et, malgré les habiles préparations de Féline et de Midoucet, ces deux noms offraient quelques garanties de justice : s'il voulait, s'il pouvait se défendre, ils ne le laisseraient point étrangler.

Tout d'abord il avait pensé à cacher la faillite à son père, ainsi qu'à Laure et à Abeille; mais la cessation du travail dans la fabrique rendait toute tromperie impossible, et il avait dû avouer la triste vérité.

C'était donc avec angoisse qu'on attendait son retour du tribunal ; mais, lorsqu'il arriva, il n'eut point à ouvrir la bouche, son visage bouleversé, son attitude affaissée parlèrent pour lui.

Abeille lui sauta au cou, tandis que Laure lui prenait la main et la lui serrait doucement.

— Sois courageux, dit Cerrulas, ta faillite n'a rien

d'humiliant; ton actif est supérieur à ton passif; tu tombes accablé par la fatalité des circonstances ; tu te relèveras, et tu pourras marcher la tête haute puisque tu ne devras rien à personne.

Mais quel baume pouvaient les paroles sur les blessures qui saignaient encore.

Après être resté un moment avec les jeunes filles, il sortit dans le jardin : il avait besoin d'être seul, de marcher, de réagir contre l'engourdissement qui l'envahissait.

On était à la fin de l'automne et il soufflait un vent froid qui emportait avec lui des nuages de poussière; dans le jardin, les herbes et les plantes avaient pourri sur pied, tandis que les vignes, les houblons et les arbustes grimpants dépouillés de leurs feuilles laissaient à nu les crevasses des murs qui se montraient ainsi sales et croulants.

Pendant une demi-heure, Pascal marcha en long et en large, incapable de lier deux idées, incapable même de se fixer sur sa situation présente de manière à reconnaître le bon et le mauvais : tantôt il s'asseyait sur un débris de machine; tantôt il se relevait et reprenait sa fiévreuse promenade.

Qu'allait-il faire maintenant? Qu'allait devenir Laure? Ces questions se pressaient et passaient devant son esprit fiévreux sans qu'il leur trouvât une réponse. Toujours il tournait dans le même cercle et toujours il retombait au même point.

Il était si bien absorbé dans cette préoccupation,

qu'il ne vit pas Laure sortir de la maisonnette et dans l'obscurité se diriger vers l'endroit du jardin où il était assis sur une grosse pierre. Ce fut seulement lorsqu'elle le frôla qu'il sentit qu'elle était près de lui.

— C'est vous, chère Laure ?

— Oui, Pascal.

C'était la première fois qu'elle supprimait le *monsieur* : ce « Pascal » tout court et surtout l'accent avec lequel il fut prononcé le remuèrent jusqu'au fond du cœur.

Il lui tendit la main grande ouverte, elle y posa la sienne.

Il serra la main, elle ne se dégagea pas; mais, se penchant sur lui doucement :

— Je voudrais vous parler, dit-elle ; rentrons donc près de votre sœur.

Lui parler ! c'était la première fois depuis son départ de Condé qu'elle paraissait avoir un moment d'épanchement et d'abandon. Jusque-là, au contraire, réservée et froidement maîtresse d'elle-même, elle avait toujours évité ou écarté ce qui semblait devoir tourner à une tendresse trop vive.

— Et pourquoi ne causerions-nous pas ici ? dit-il ; personne ne peut nous entendre, personne ne viendra nous déranger.

— Autrefois j'aimais la nuit et ses profondeurs émouvantes ; maintenant, j'en ai peur. Et puis votre sœur nous attend ; je lui ai dit que je venais vous chercher.

— Un moment encore, chère Laure ; il y a si longtemps que vous ne m'avez donné pareil bonheur!

Il n'avait pas abandonné sa main, qu'il tenait emprisonnée dans les siennes en la serrant à petits coups.

— J'ai promis à votre sœur de rentrer, rentrons donc; et puis le vent est glacial.

Elle se dégagea, et, marchant devant lui, elle se dirigea vers la maison.

Sur le seuil elle s'arrêta, et, se retournant vers lui, elle lui tendit la main.

Éperdu, troublé, fou, il voulut l'attirer dans ses bras, mais elle se dégagea vivement, et, poussant la porte, elle entra dans la pièce où se tenait Abeille.

— Il faut donc aller te chercher? dit celle-ci avec un sourire de raillerie.

— A qui dois-je le remercîment? car on m'a rendu un grand service en m'arrachant à moi-même; je n'étais pas dans mes idées roses.

— A Laure; c'est elle qui a voulu t'aller chercher. Si tu n'étais pas sorti, tu aurais probablement appris une heure plus tôt ce qu'on a à te dire.

— Et ce qu'on a à me dire, c'est une bonne nouvelle?

— Demande à Laure.

— Mademoiselle Laure?

Malgré cette prière, Laure garda le silence; elle était pâle comme une rose blanche, et ses mains tremblaient en imprimant des craquements à la table sur laquelle elles étaient appuyées.

Un temps, qui parut éternel à Pascal, s'écoula sans

qu'elle changeât de position. Enfin Abeille se leva et alla gentiment à elle :

— Voulez-vous que j'accompagne votre récitatif au piano? dit-elle en riant.

Puis, se penchant sur son cou et l'embrassant tendrement :

— Allons, du courage !

Laure était assise, elle se leva, et, venant se poser devant Pascal :

— Ce que j'ai à vous dire est bien difficile ; ce n'est pas le cœur qui est embarrassé, c'est ma parole qui hésite.

— Je vous en prie, s'écria Pascal, ces précautions me font mourir; si vous avez un coup cruel à frapper, frappez-le tout de suite et hardiment.

— Hé ! pourquoi veux-tu que ce soit un coup cruel? dit Abeille avec reproche; tu n'es pas juste.

— Je suis malheureux !

— C'est parce que vous êtes malheureux, dit Laure en saisissant ce mot au vol, que je me décide à cet entretien; Abeille croit que je peux alléger votre douleur, et moi, je crois Abeille. Monsieur Pascal, je savais depuis longtemps, par mon pauvre papa, quelles étaient vos intentions et aussi quels étaient les engagements de mon père envers vous.

— Mon Dieu !

— Si je n'en ai jamais parlé avant aujourd'hui, même à Abeille, c'est parce qu'il me semblait que c'était à vous de faire connaître ces intentions.

— Je les ai cachées parce que...

— Ah! je sais; parce que vous avez vu ce que j'étais à Condé, orgueilleuse de ma fortune; mettant tout dans l'argent, estime et amitié; mais, depuis Condé, le temps a pesé sur moi, et le malheur m'a ouvert les yeux et la conscience. Vous avez cru que j'étais toujours la jeune fille ambitieuse que vous aviez connue, et vous n'avez rien dit des engagements arrêtés avec mon père; vous ne vouliez parler qu'en vous appuyant sur une grosse fortune. Cette fortune n'est pas venue. Aujourd'hui, vous êtes plus pauvre que vous n'étiez hier. Vous scellerez donc vos lèvres plus étroitement encore. Mais il me semble que c'est à moi de parler, et voilà pourquoi je vous dis : « Voulez-vous de moi pour votre femme? »

Après les crises d'angoisses et de douleur qu'il avait eu à traverser depuis quelques mois, la transition était trop brusque; deux flots de larmes jaillirent de ses yeux, et il se cacha le visage dans les mains de Laure, qui, tremblante, le regardait.

Abeille, sentant qu'elle était de trop dans ce tête-à-tête, alla se mettre à son piano, et, pour ne pas troubler, pour ne pas entendre leurs épanchements, elle joua le morceau le plus bruyant qui lui tomba dans les doigts. Quand elle s'arrêtait, elle entendait leur conversation haletante et pressée.

Jusqu'à dix heures, elle ne quitta pas son piano, mais à ce moment, se tournant brusquement vers eux :

— Vous aimez donc bien ce concerto de Kalkbrenner? dit-elle; voilà sept fois que je le joue et vous ne vous plaignez pas. Grâce! mes doigts brûlent.

Il fut décidé que le mariage aurait lieu aussitôt après l'accomplissement des formalités légales ; et, comme Laure était orpheline de père et de mère, sans ascendants dans l'une ou l'autre ligne, et comme, de plus, elle était majeure, ces formalités étaient des plus simples.

Cependant, elle voulut écrire à son frère, sinon pour lui demander son consentement, au moins pour lui faire part de son projet; et à sa lettre Pascal en joignit une pour son ancien élève.

Ces préparatifs de mariage allégèrent singulièrement pour lui les chagrins et les humiliations de la mise en faillite ; il supporta presque courageusement sa première réunion de créanciers, et, quand un de ses créanciers, plus hargneux que les autres, ou qui avait reçu commission d'être hargneux, ce qui est tout un, fit remarquer que 20,000 francs donnés à M. Cerrulas père étaient une bien grosse somme, il ne se fâcha pas, et répondit patiemment en donnant toutes les explications désirables.

— Les écritures paraissent être en ordre, dit le créancier, mais nous connaissons ce genre-là ; quand, à côté de livres bien tenus, on trouve des sommes de 20,000 francs données sans motifs et sans raisons, cela frise joliment la banqueroute.

En tout autre moment, Pascal, qui n'était pas patient, eût sauté à la cravate du créancier, mais il se contenta de hausser les épaules et de faire appel à la justice du juge-commissaire.

Tous les créanciers ne voulaient pas sa ruine et sa perte, cette patience le servit admirablement auprès de ceux-là : on trouva qu'il avait été bien rudement traité par celui qui avait provoqué la faillite, et, comme en réalité on commençait à voir qu'on ne perdrait pas grand'chose, si toutefois on perdait, on se retira dans les dispositions les plus conciliantes : les représentants de Féline et de Midoucet, ne se sentant pas soutenus, avaient été obligés de renoncer à la tactique irritante qui leur avait été imposée.

En somme, la position de Pascal était favorable : il devait 85,000 francs et on lui en devait plus de 120,000. Les seuls reproches qu'on pût lui adresser portaient sur les 20,000 francs donnés à son père et surtout sur l'abandon des produits provenant des licences de Lille et de Marseille. Encore sur ces deux points avait-il une raison concluante : la nécessité de soutenir les procès.

Les créanciers qui figurent dans une faillite sont généralement des commerçants qui d'avance ont fait le deuil de leur argent. Au moment où ils apprennent la déconfiture de leur débiteur, ils ont un mouvement de colère; s'ils le tenaient, ils lui feraient payer cher la perte qu'il leur impose. Mais, au bout de quelques jours, de quelques semaines, l'impression première s'affaiblit et s'efface. — Après tout, ce débiteur n'était pas un mauvais diable; s'il donne 25 pour 100, ce sera un honnête homme. Au bout d'un mois, les 25 pour 100 ne sont plus de l'argent dû, mais de l'argent trouvé, et l'on sait presque gré à celui qui vous donne ce bon numéro de roulette.

Quand ce n'est pas 25 pour 100 que donne la faillite, mais 100 pour 100, le débiteur malheureux passe à l'état de prodige ; ce fut le cas de Pascal ; en sortant de la réunion, il y eut des créanciers qui s'approchèrent de lui et lui proposèrent un crédit s'il voulait ouvrir son usine et recommencer à fabriquer. Mais il refusa. Avant tout, avant de se lancer dans de nouvelles affaires, il voulait attendre que la question de validité des brevets fût définitivement tranchée.

Pendant cette bataille légale, la réponse à la lettre de Laure arriva, mais il n'en arriva pas à celle de Pascal ; furieux du mariage de sa sœur avec un homme pauvre, M. Adolphe Charlard n'avait pas jugé digne d'écrire à son futur beau-frère, alors surtout que ce futur beau-frère était son ancien professeur.

Voici la lettre du frère à la sœur :

« Depuis notre malheur, j'avais compté sur toi pour nous relever ; je me disais : Laure est une fille intelligente, belle, pas trop tendre (car tu n'étais pas trop tendre autrefois, t'en souviens-tu ?). Avec ses beaux yeux et ses beaux cheveux, elle saura bien pêcher un mari qui lui donnera la fortune et qui, en même temps, me sortira de la position stupide de brigadier de chasseurs. En pensant que tu rentrerais à Condé la tête haute et que tu ferais crever de jalousie tous ces gens qui nous méprisent, cela me donnait envie de rire.

» Mais voilà que tu veux prendre pour mari un homme qui n'a rien et qui ne sera jamais rien ; c'est à se demander si tu n'as pas perdu la tête.

» En ma qualité de chef de la famille, car un homme est toujours le chef de la famille, j'aurais des questions à te poser, mais je t'en fais grâce; tout ce que je te demande, c'est désormais de me laisser en dehors de tes choses ou de tes sentiments de famille. Merci bien, j'en ai assez de la famille. Après le père la sœur ; après la sœur les neveux, les nièces. Ah ! si j'avais été orphelin à quinze ans avec 100,000 francs de rente !

» Donc, fais comme tu voudras; puisque tu ne fais pas ce que j'aurais voulu, à toi la responsabilité.

» Ton frère qui s'ennuie crânement de la vie et du monde.

» ADOLPHE CHARLARD. »

Laure se garda bien de montrer cette lettre à Pascal.

— Est-ce que mon ancien élève nous refuse son consentement? dit-il.

— Je ne le lui avais pas demandé, je compte aller demain le demander à celui qui seul peut me le donner ; viendrez-vous avec moi?

Le lendemain, vers quatre heures de l'après-midi, ils arrivèrent dans la partie du cimetière du Père-La-Chaise qui touche à Ménilmontant : c'était là que M. Charlard avait été enterré, et c'était la première fois que Pascal venait sur sa tombe avec Laure. Dans les circonstances où se faisait cette visite, elle avait quelque chose de pieux et de solennel.

Novembre touchait à sa fin et le cimetière était encore paré des fleurs et des couronnes qui avaient été apportées lors de la fête des morts ; mais les alternatives de pluie et de gelée des dernières semaines avaient pourri ou brûlé ces fleurs, et l'impression qu'on éprouvait à les voir mourantes elles-mêmes dans ce champ de la mort avait quelque chose de particulièrement lugubre.

Le jour était gris, sombre et froid ; cependant, au moment où le soleil allait descendre derrière l'horizon brumeux, quelques rayons pâles se glissèrent sous les nuages et arrivèrent jusque dans le cimetière ; en même temps, des oiseaux déjà nichés dans les arbres se mirent à chanter comme pour célébrer cette lumière qu'ils n'avaient pas vue depuis longtemps.

A ce moment, Laure, qui était agenouillée, releva les yeux sur Pascal, qui se tenait penché vers elle, et leurs regards restèrent longtemps fixés l'un sur l'autre.

XXIV

Le deuil de Laure et la position de Pascal exigeaient que le mariage se fît simplement. Cependant, si simple qu'il fût, il devait toujours se terminer par un déjeuner offert aux témoins. Or, un déjeuner à payer pour une bourse comme celle de Pascal, ce n'était pas une petite difficulté.

Comme ils n'avaient ni l'un ni l'autre de parents ou d'intimes à Paris, Pascal avait pris pour témoins d'anciens camarades d'école avec lesquels il avait gardé des relations amicales ; professeurs et journalistes. Ce n'étaient point des gens pour lesquels il était nécessaire de faire de grands frais, mais encore fallait-il faire quelque chose.

Les inviter à déjeuner à la baraque de la rue de la Sablonnière, c'était impossible; il ne s'y trouvait ni chaises, ni couverts, ni quoi que ce fût qui pût servir pour huit personnes ; il fallait donc déjeuner au restaurant. Comment trouver l'argent indispensable pour payer un déjeuner de huit personnes dans un restaurant un peu propre ?

Lorsque sous l'ancienne loi de la contrainte par

corps on faisait mettre à Clichy un débiteur insolvable, on devait lui fournir des aliments. Ce principe des aliments s'applique au failli, qui doit être nourri par ses créanciers : la fiction légale étant que le failli emploie son temps et son intelligence à travailler au payement de ses créanciers, il est juste que ceux-ci rémunèrent ce travail. Pascal touchait donc 150 francs par mois chez son syndic, et c'était sa seule ressource, car il n'avait point eu la précaution qu'ont beaucoup de commerçants, avant de déposer leur bilan, de se faire une réserve qui leur permette de vivre et même de bien vivre en attendant leur concordat.

Cent cinquante francs pour payer l'église, les deux voitures et le déjeuner, ce n'était évidemment pas assez; en effet, 25 francs pour l'église, 60 francs pour les voitures, 100 francs pour le déjeuner, cela donnait un total de 185 francs dans lequel n'étaient pas comprises encore une foule de petites dépenses accessoires qui exigeaient une certaine réserve.

Dans ses difficultés et dans ses misères, Pascal avait toujours conservé une petite bague qui lui venait de sa mère. La pierre, qui était une opale, n'avait pas grande valeur, mais le travail de la bague était remarquable; elle avait été autrefois donnée à mademoiselle Le Nestour par sa marraine, la marquise de Commana, qui, célèbre à la cour de Louis XVI par sa beauté et ses aventures, était venue mourir en Bretagne sur ses terres que le grand-père Le Nestour exploitait comme fermier. Au temps où Pascal était professeur, il n'avait jamais voulu, si grande que fût sa gêne, se séparer de cette bague, et, depuis, dans ses crises commerciales, alors qu'on donnerait une livre de sa chair pour 100 francs, il avait toujours résisté à la tentation de la vendre ou de l'engager; il voulait l'offrir à Laure.

Ce fut cette bague qui sauva la situation : l'engager maintenant ce n'était plus en disposer pour ses besoins, mais en réalité c'était la donner à sa femme. Le Mont-de-Piété ayant consenti à avancer 80 francs sur ce gage, le mariage devint possible; ces 80 francs ajoutés aux 150 francs du syndic, donnaient 230 francs; les dépenses nécessaires s'élevant à 185 francs, il restait 45 francs pour l'imprévu.

Heureusement, il n'y avait pas d'étoffes de toilette à acheter : on avait envoyé de Condé plusieurs caisses de robes et de linge, et, dans ces caisses, Laure trouva plus qu'il ne lui fallait pour se composer une toilette : la seule difficulté qu'elle rencontra fut d'approprier à sa position présente ces restes de son ancienne splendeur.

Le mariage avait été fixé au 4 décembre; le matin, en se levant, Pascal vit que la journée serait superbe, claire et joyeuse; il avait gelé durant la nuit, et le ciel bleu n'avait pas un nuage.

Les quatre amis de Pascal arrivèrent en voiture vers onze heures, et l'on partit pour la mairie. Laure, dans sa toilette de mariée, était admirable; ses yeux, depuis si longtemps ternes et voilés, avaient l'éclat et la chaleur d'un rayon de soleil ; sa bouche, si longtemps contractée par la douleur, souriait. Abeille, avec sa robe d'alpaga blanc, sa fameuse robe du Conservatoire, était charmante.

Le mariage à la mairie fut rapidement expédié ; il y avait plusieurs couples qui attendaient, et l'adjoint regrettait évidemment de ne pouvoir lire le *chapitre VI* à tous en même temps ; cela eût abrégé la séance et lui eût permis d'aller déjeuner plus vite.

A l'église, la cérémonie fut menée rondement aussi ; on ne peut pas en dire bien long pour des gens qui ne payent que 25 francs ; cependant, en lisant sur le livre de la sacristie les noms des deux témoins, le vicaire qui avait célébré le mariage eut un mouvement de regret ; ces noms étaient ceux de deux journalistes qui commençaient à devenir célèbres ; c'eût été plaisir de débiter pour eux une petite allocution matrimoniale bien sentie. — « Le mariage du Christ avec son Église est un exemple qui pour nous tous chrétiens..., etc. » Précisément il avait dans la mémoire un discours préparé quinze jours auparavant pour le mariage d'un riche fabricant de papiers peints, et qui n'avait pas pu servir parce que le curé, au dernier moment, avait voulu faire ce mariage ; quelle meilleure occasion de le présenter !

Le restaurant choisi par Pascal pour le déjeuner était le Chalet de la Porte-Jaune qui se trouve au milieu du bois de Vincennes, dans l'une des îles du lac des Minimes. Lorsqu'ils y arrivèrent, midi venait de sonner : la journée était magnifique, le soleil brillait, et, dans les taillis de chênes dépouillés de leurs feuilles, les oiseaux chantaient comme au printemps.

Le déjeuner fut plein d'entrain et de gaieté ; les deux professeurs qui avaient entendu parler des recherches de Cerrulas sur la chaleur solaire le firent causer, et le vieillard ne se fit pas prier ; il fut ce qu'il était lorsqu'il s'abandonnait : étonnant de verve ; Abeille l'écoutait les larmes aux yeux, et ses regards allaient des professeurs aux journalistes :

— Écoutez-le, semblait-elle dire, vous allez voir, vous allez voir.

Le bois de Vincennes ne ressemble en rien au bois de Boulogne, et, si le dimanche et le lundi il est tapageur, il est, pendant toute la semaine, calme et tranquille comme un parc réservé. Lorsqu'ils sortirent après le déjeuner, ils ne rencontrèrent personne pour les déranger ; c'était à croire qu'une main complaisante avait fermé toutes les portes pour donner le bois uniquement aux jeunes mariés.

Ils prirent les devants, elle serrant doucement son bras contre sa poitrine, lui réglant son pas sur le sien, et, en suivant les détours d'une petite rivière murmurante, ils s'enfoncèrent sous les grands bois ; les feuilles mortes que soulevaient leurs pieds les accompagnaient d'un bruissement mélancolique.

Derrière eux, à quelques pas, venaient les quatre camarades qui s'étaient groupés autour d'Abeille.

— Savez-vous à quoi je pense ? dit Laure en levant

ses yeux sur ceux de Pascal, à une chose qui m'eût fait bien rire autrefois, c'est que la pauvreté peut être bonne et douce. -Serons-nous plus heureux quand vous serez riche ?

— Serai-je riche jamais ?

— Oui, vous le serez, et je ne sais pas trop si je ne le regretterai pas.

— Et pourquoi donc, chère Laure ?

— Parce que, lorsque vous serez redevenu riche, on pourra croire, ceux qui me connaissaient autrefois, que j'ai voulu être votre femme pour votre argent.

— Qu'importe ce que croiront les autres, si, moi, je sais que c'est par amour ? Est-ce par amour qu'il faut dire, chère Laure ?

— Ah ! cher Pascal.

La nuit vient vite en décembre ; bientôt le soleil, en s'abaissant, lança obliquement ses rayons sous les taillis. Il fallut, malgré tout, penser à rentrer.

Les voitures étaient au Chalet, on revint pour les reprendre, mais on ne retrouva pas Cerrulas. Pendant la promenade, il était resté en arrière, et l'un des garçons annonça à Pascal que monsieur son père l'avait chargé de lui dire qu'il rentrerait à pied.

Jusque-là, la journée avait admirablement marché, mais à ce moment Pascal éprouva un moment d'angoisse qui lui serra le cœur.

L'un de ses camarades était l'un des esprits les plus fins et les plus distingués de la jeune littérature, mais en même temps c'était aussi un estomac exigeant et sans gêne.

Au moment de remonter en voiture, il s'aperçut que le grand air l'avait creusé et refroidi.

— Un moment, dit-il, je demande un moment.

Puis, se tournant vers le garçon qui les avait servis :

— Vous allez descendre à la cave et demander au sommelier une bouteille de Saint-Émilion ; vous la porterez ensuite à la cuisine, et vous direz qu'on nous en fasse un bon bol de vin chaud. Arrêtez ; je crois voir dans les yeux de ces messieurs que mon idée a du succès ; vous prendrez deux bouteilles. Allez et revenez vite.

Deux bouteilles de Saint-Émilion, combien cela pouvait-il coûter ? Pascal n'en avait aucune idée, mais rien que d'y penser il eut froid ; les 45 francs de réserve pour l'imprévu avaient été écornés, et il ne lui restait plus qu'un louis dans la poche de son gilet; si le Saint-Émilion coûtait plus d'un louis !

Heureusement, le bol de vin chaud ainsi préparé ne coûta que 18 francs, et Pascal put donner 40 sous au garçon. S'il ne lui restait rien, l'amour-propre au moins était sauf.

Les témoins se firent reconduire directement chez eux, et Pascal donna à son cocher l'adresse de la rue de la Sablonnière.

Lorsqu'ils arrivèrent, la nuit était tout à fait tombée. Abeille alluma la lampe, puis, prenant la main de son frère et de celle qui maintenant était sa sœur :

— J'aurais voulu, dit-elle, vous offrir quelque chose, et ce m'a été un grand chagrin de ne pouvoir pas le faire ; mais, entre nous, nous ne sommes pas gens à nous tromper, et vous savez ce qui m'a empêchée. Je n'ai à moi que mes doigts ; voulez-vous que je vous joue quelque chose ? voulez-vous le chœur nuptial de *Lohengrin* ?

— Ce que tu voudras, chère petite sœur, pourvu que ce soit discret et tendre.

— Si le chœur ne vous dit pas, nous trouverons bien quelque andante de Mozart.

Elle se mit au piano, tandis que Pascal et Laure allèrent s'asseoir dans un coin sombre, en dehors du cercle lumineux de la lampe.

Il y avait déjà longtemps qu'elle jouait, lorsque Cerrulas entra.

— Veux-tu éteindre la lampe ? dit-il.

— Pourquoi donc ?

— Eteins d'abord, je te dirai pourquoi après.

Souvent le soir il venait près d'elle pour qu'elle lui fît de la musique, et, quand il était en dispositions mélancoliques, ce qui lui arrivait souvent, il soufflait la lumière. Elle crut qu'il était dans cette disposition et elle éteignit la lampe.

— Maintenant, dit-il, que personne ne bouge, et qu'on rentre ses jambes sous soi.

En même temps retentit sur le parquet un ronflement pareil à celui d'une toupie, et dans l'obscurité on vit courir en tournant un cercle de feu rouge, puis bientôt après, dans une partie de la pièce, un second cercle de feu, mais cette fois vert.

Les deux cercles décrivirent leurs courbes pendant quelques minutes, puis bientôt l'intensité de la lumière s'affaiblit, et, le tournoiement de la toupie (car c'étaient des toupies) s'étant ralenti, la lumière rouge, comme la lumière verte moururent tout à fait.

— Maintenant, tu peux rallumer la lampe, dit-il.

Lorsque la lumière de la lampe éclaira de nouveau la chambre, Cerrulas s'approcha de Pascal.

— Mon cher fils, dit-il, j'ai été bien tourmenté durant cette dernière semaine, car un père qui marie ses enfants sans rien leur donner, c'est fort triste. J'ai donc cherché ce que je pourrais vous offrir. A l'argent, bien entendu, je n'ai pas pensé; je n'en ai pas; j'ai pensé à ce que j'ai, j'ai pensé à te donner un moyen quelconque de gagner de l'argent en attendant la fin de nos procès. Il ne s'agissait pas naturellement de chercher une grande invention qui, pour marcher, demanderait des capitaux : il fallait avec rien faire quelque chose ; c'est assez difficile généralement, cependant c'est quelquefois possible. Voici ce que j'ai trouvé.

— Ces toupies de verre ?

— Ces toupies. Le joujou par excellence pour l'enfant, n'est-ce pas ? est celui qui brille et qui remue ; eh bien, cette toupie brille, vous l'avez vu, elle remue quand on lui a imprimé un mouvement ; et ce qu'elle a de particulier, c'est qu'elle ne brille que quand elle tourne ; au repos, la petite bête est morte.

— Comment cela ? s'écria Pascal.

— Ah ! ah ! ceci vous réveille, monsieur le professeur de physique : c'est qu'en effet cette toupie est un enfant de la physique ; elle a été créée à l'image des tubes de Geissler.

— Qu'est-ce que c'est que les tubes de Geissler ? demanda Abeille.

— C'est un tube dans lequel se trouve un gaz raréfié et où se développe de la lumière lorsque l'électricité le traverse. Mais, au lieu de faire passer l'électricité dans ce tube, on peut la produire par le frottement du mercure contre les parois du verre alors que l'on agite ce tube, ma toupie est une application de ce phénomène. Comme le tube, vous voyez qu'elle est en verre ; seulement, ce qui lui donne la qualité lumineuse, ce n'est pas le mercure ; on ne peut pas employer du mercure pour un jouet d'enfant, cela serait dangereux et d'ailleurs cela serait trop coûteux. J'ai remplacé le mercure par un corps que je connais bien, et c'est là que se trouve mon invention que je t'expliquerai d'ailleurs plus longuement, mon cher Pascal, quand je ne risquerai pas d'ennuyer les enfants.

— Les enfants ? dit Abeille.

— Ne te fâche pas ; ce qu'il t'importe de savoir aujourd'hui, c'est que voilà un joujou qu'on peut facilement fabriquer pour 10 sous et qui est assez amusant, je crois, pour être vendu 40 ; en donnant 10 sous à l'intermédiaire, il reste un franc de bénéfice. Nous touchons à l'époque du jour de l'an, est-ce fou de croire que pendant cette foire on en vendra 500 par jour sur les boulevards? 500 francs de bénéfice pendant quinze jours, cela fait 7,000 ou 8,000 francs, c'est-à-dire plus qu'il ne te faut, j'espère, pour attendre sans souffrir. C'est mon cadeau de noces. Demain, tu t'occuperas de trouver deux ou trois bons ouvriers sachant souffler le verre, et nous marcherons. « Voilà le nouveau joujou, la joie des enfants, la tranquillité des parents. »

Pendant tout le reste de la soirée, on fit tourner les toupies lumineuses ; c'était vraiment charmant.

— Chercher l'application à l'industrie de la chaleur solaire, dit Cerrulas avec un triste sourire, et trouver un nouveau jouet : la vie est véritablement chose bizarre ! Adieu, mes enfants.

Il y avait dans cette invention originale et ingénieuse une petite fortune à exploiter. Pascal le pressentit, et, ne s'endormant pas dans sa lune de miel, il s'occupa dès le lendemain de monter un atelier pour la fabrication de ces toupies ; trois ouvriers pour souffler le verre suffisaient ; il y avait chez son père des machines à gaz ; les frais d'établissement furent insignifiants.

Les marchands de jouets comprirent que le succès de l'année allait se trouver dans ce nouveau joujou, et ils payèrent sans marchander la première livraison que Pascal put leur faire. Aussitôt que les toupies eurent paru sur les boulevards, tout le monde en voulut, et le nombre des ouvriers fut porté à six ; en même temps Pascal, pour se livrer tout entier à la fabrication, choisit un intermédiaire, une sorte de commissionnaire général, qui se chargea de l'approvisionnement des marchands en détail, et traita directement avec eux.

On respira rue de la Sablonnière ; il y avait longtemps qu'on n'avait eu le lendemain assuré.

— C'est Laure qui nous a porté bonheur, dit Abeille.

Cependant, si occupé qu'il fût à la fabrication de ses toupies, Pascal était obligé de s'occuper en même temps de sa faillite et de son procès contre Féline. Presque chaque jour il venait à Paris perdre deux ou trois heures en conférences avec son avocat, son avoué ou son syndic.

Un jour qu'il attendait chez ce dernier, il vit entrer Midoucet, et, comme il n'avait nulle envie d'engager une conversation avec lui, il se colla le visage contre la fenêtre et regarda obstinément dans la rue.

Mais Midoucet n'était pas dans les mêmes dispositions ; il vint à lui, et, le saluant poliment :

— Monsieur Cerrulas, dit-il, je suis heureux de la circonstance qui nous réunit ; nous ne nous sommes pas trouvés seuls ensemble depuis l'incendie de ma fabrique, et je voulais vous remercier.

Pascal s'inclina sans répondre.

— Je sais, continua Midoucet, que vous m'en voulez, et je le comprends ; cependant, il faut que vous sachiez que cela n'est pas juste ; j'ai beaucoup de sympathie pour vous, j'admire votre courage et j'estime votre force de persévérance ; vous êtes un homme. Si je pense tout cela de vous, devez-vous vous dire, pourquoi suis-je parmi vos ennemis? Parce que je ne suis pas maître de moi, parce que je suis dans la main de Féline, obligé de marcher et d'agir quand il tire la ficelle. C'est un homme auquel on ne résiste pas.

— Je lui ai résisté cependant, et lui résisterai encore, je l'espère.

— Lui résisterez-vous jusqu'à la fin? voilà toute la question.

— Nous touchons à la fin.

— Vous croyez cela? Après l'arrêt de la Cour, il y aura le procès en cassation; après la cassation, le renvoi en province. Non, non, vous n'êtes pas au bout. Aussi, à votre place, je transigerais.

— J'ai voulu vendre mes brevets à M. Féline, il n'a pas voulu les acheter.

— Il n'a pas voulu les acheter cher, mais il les veut, et je crois qu'il les aura; il les aura parce qu'ils lui sont indispensables et parce qu'il ne reculera devant rien pour les obtenir. Tenez, je vous disais tout à l'heure que j'avais de la sympathie pour vous, je veux vous le prouver en vous montrant ce qu'a été Féline pour vous. Lemarrois chez vous chargé d'empêcher votre installation, c'est Féline qui l'a mis; le coup de couteau, Féline; la ruine de votre associé Charlard, Féline. Jour par jour, nous avons su tout ce qui se passait chez vous, et il vous a conduit aussi sûrement à la ruine et à la faillite que s'il vous avait passé une bride au cou. Demandez à Baïf, qui vous a poursuivi si durement, pour qui il agissait; — pour Féline. Vous êtes venu un jour le trouver et vous lui avez demandé 500,000 francs de vos brevets ; ce jour-là, il savait bien que le banquier Charlard était perdu, et que ces 500,000 francs le sauvaient; voilà pourquoi il ne vous les a pas donnés, et aussi parce qu'il espère avoir les brevets à meilleur compte; et, je vous le répète encore, je crois qu'il les aura.

— Nous verrons bien.

— Savez-vous pourquoi vos brevets ne seront pas vendus dans votre faillite? C'est parce que Féline craint qu'ils ne soient achetés par quelqu'un qui aurait de grands capitaux et avec lequel il faudrait qu'il comptât. Il aime mieux avoir affaire à vous ; il vous connaît, il connaît vos ressources, et il sait qu'un jour ou l'autre vous serez obligé d'en venir à une transaction. A votre place, je l'accepterais tout de suite.

— Êtes-vous donc chargé de me la proposer?

— Je vous jure qu'en parlant ainsi, ce n'est pas dans mon intérêt que j'agis. Je vous donne cette idée de transaction, parce que je la crois bonne pour vous. Aujourd'hui, Féline connaît aussi bien que vous la qualité de votre noir décolorant. Par votre résistance, vous avez prouvé que vous n'étiez pas un mouton qu'on égorge sans qu'il crie. Il traiterait donc probablement sur une base raisonnable, et ne vous offrirait pas, comme autrefois, dix misérables mille francs. Est-ce que 50, 000 francs comptant et 20 pour 100 dans les bénéfices ne vaudraient pas mieux pour vous que tous les tourments de vos procès ?

Pascal regarda longuement Midoucet; dans quel but parlait-il ainsi? Ses paroles étaient-elles dictées par un sentiment d'envie et de haine chez un inférieur? ou bien étaient-elles une ruse d'associé? Mais Midoucet n'était pas homme à laisser surprendre par son attitude ou ses regards ce qui se passait en lui.

— Je vous remercie de vos conseils, répondit Pascal, j'y réfléchirai, je verrai.

— Vous parlez ainsi parce que dans ce moment vos toupies vous donnent de beaux bénéfices; mais il arrivera peut-être un jour où la fabrication des toupies ne donnera plus rien; alors, vous penserez peut-être à accepter cette transaction que vous repoussez; s'il en est ainsi, je vous demande de vous adresser d'abord à moi; je sais comment on prend Féline, je ne le laisserai pas maître de vous jouer quelque mauvais tour. Vous verrez alors si j'ai vraiment de la sympathie pour vous. Adieu, monsieur Cerrulas, ou plutôt au revoir!

XXV

La fabrication des toupies lumineuses eut pour premier résultat de ramener un certain bien-être dans la baraque de la rue de la Sablonnière.

Malheureusement, elle en eut en même temps un deuxième qui fut d'un tout autre caractère.

Pendant les semaines de misère qu'il avait fallu traverser, Cerrulas s'était renfermé dans la plus stricte économie ; non-seulement il n'avait acheté ni livres, ni appareils, ni produits chimiques, mais encore il n'avait jamais manifesté le plus petit désir ? et toutes les fois que Pascal, désolé de le voir dans l'inaction, lui avait touché un mot de ce pénible sujet, il avait toujours détourné la conversation assez gaiement :

— Laisse donc, disait-il, ne t'inquiète pas de cela ; je n'ai besoin en ce moment que de tranquillité pour me recueillir ; plus tard, nous verrons, quand le procès sera gagné.

Mais il n'avait pas attendu jusque-là ; quand les toupies avaient commencé à donner des bénéfices, il n'avait pas pu résister à la tentation de faire quelques achats nécessités par les nouvelles expériences qu'il avait en vue. D'abord modérés, ces achats avaient pris bien vite un développement qui n'était pas en rapport avec les ressources de Pascal : un appareil avait exigé un autre appareil, un produit un autre produit, et Cerrulas était ainsi arrivé assez promptement à une dette de 3 à 4,000 francs.

S'il eût rencontré les difficultés et les défiances auxquelles tant de fois il avait été exposé, il se fût peut-être arrêté ; mais, comme, au contraire, il trouva auprès du fournisseur qui avait remplacé les Herlofsen, un crédit grand ouvert, sans se demander comment il payerait un jour, il en profita.

Ce jour arriva cependant ; on lui présenta sa note ; puis, comme il n'avait pas d'argent pour la payer, on accepta un règlement à un mois.

Un mois, c'était plus de temps qu'il n'en fallait pour préparer Pascal au payement de ces 4,000 francs. Il n'y avait qu'à attendre le moment où le commissionnaire qui réglait ses achats tous les quinze jours apporterait le montant de la quinzaine. Sur 7 ou 8,000 francs de bénéfices, Pascal ne se ferait pas tirer l'oreille pour prendre 4,000 francs.

Mais, le jour où le commissionnaire devait faire son payement, on ne le vit pas venir, et Pascal, qui alla chez lui, ne le trouva pas : le lendemain, on resta sans recevoir de ses nouvelles ; ce fut seulement trois jours après qu'on apprit qu'il était en Angleterre, d'où probablement il ne reviendrait jamais, car il avait eu soin de se lester d'une caisse assez lourde pour l'empêcher de repasser la Manche sans danger.

Dans ces circonstances, Cerrulas n'osa pas parler de sa dette : il alla chez son créancier et demanda à renouveler le billet ; il avait jusque-là rencontré tant de facilités que cela lui paraissait devoir se faire tout seul ; mais la face des choses avait changé : le renouvellement était impossible, l'argent était rare, les rentrées ne se faisaient pas : toutes les raisons à l'usage des débiteurs avec lesquels on veut en finir.

Pour tout ce qui touchait aux affaires d'argent, les relations de Cerrulas et de Pascal n'étaient pas celles d'un père et de son fils, ou tout au moins avaient-elles ce caractère particulier que c'était Pascal qui était le père et Cerrulas le fils ; le vieillard se cachait du jeune homme, il le trompait, il l'endormait par des paroles plus ou moins adroites, employant tous les procédés, toutes les ruses d'un enfant prodigue qui, au fond, compte bien sur la faiblesse de ses parents, mais qui, dans la forme, garde des ménagements.

Lorsque le billet fut protesté, Cerrulas ne parla pas de ce protêt à son fils ; car, avant que de ce premier acte inoffensif on arrivât à des mesures gênantes, bien du temps s'écoulerait ; la situation deviendrait meilleure ; la fabrication des toupies donnerait de nouveau des bénéfices, et le moment de parler serait celui d'une bonne rentrée de fonds. Toujours plein de foi dans l'avenir, il attendit ce moment, et, par un surcroît de précaution qui ne lui était pas ordinaire, il écrivit à un de ses amis à Boston pour lui demander ces 4,000 francs. Cet ami, le docteur Forthingham, professeur au collége de technologie, était un des savants les plus illustres de l'Amérique, et, depuis vingt ans, il était en relations avec Cerrulas, qui lui communiquait ses découvertes et le consultait sur ses travaux.

Cependant, les poursuites continuèrent, menées avec une régularité rigoureuse qui ne laissait pas perdre un jour au delà des délais imposés par la loi. Comme tous ceux qui ont eu des relations suivies avec les huissiers, Cerrulas avait acquis l'expérience et la science de ces délais, de sorte que là où un débiteur naïf eût pris peur, il trouvait, lui, des motifs de se rassurer. « Encore trois jours avant le jugement, se disai-il, encore huit jours avant la saisie. » Et, confiant dans ces trois jours, dans ces huit jours, il attendait en continuant à serrer soigneusement le papier timbré pour qu'il ne tombât pas sous les yeux de son fils ; en réalité, c'était là sa seule précaution, sa seule inquiétude.

Quand l'huissier, assisté de ses témoins, vint procéder à la saisie, le hasard voulut que Pascal et Laure fussent absents, et Cerrulas s'arrangea pour qu'Abeille ne dît rien à son frère.

— Tu voudras bien ne pas parler de cela à Pascal ; tu me ferais gronder, et pour peu de chose encore, car cette affaire n'est rien, absolument rien, je vais sortir et la terminer.

Il sortit en effet, mais il ne la termina point, et tout ce qu'il put faire fut d'employer les ressources que la procédure met à la disposition de ceux qui veulent gagner du temps.

Il en gagna ; mais enfin le moment de l'exécution arriva, c'est-à-dire que des placards annoncèrent « qu'en l'hôtel des commissaires-priseurs, il serait procédé à la vente d'un mobilier meublant et de différents instruments et appareils de physique ».

Il fallait payer ou laisser vendre : Cerrulas fit une tentative auprès de Pascal.

— J'aurais besoin d'un peu d'argent, dit-il de l'air indifférent et ennuyé qu'il prenait toujours lorsqu'il prononçait ce mot « argent ».

— Combien vous faut-il.

— Quelques mille francs ; c'est pour payer des appareils qui me sont indispensables.

Au mot mille francs, Pascal eut un mouvement de surprise.

— Ma demande te gêne ?

— Elle me gêne si bien, que je ne peux pas, malgré le désir que j'en ai, vous satisfaire.

— N'en parlons plus.

— Si, mon cher père, parlons-en, je vous prie, et laissez-moi vous expliquer ma situation ; puisque j'ai la douleur de vous refuser, je voudrais avoir le soulagement de vous donner des raisons qui sont mon excuse. En m'enlevant 7,000 francs et en me laissant 5,000 francs de billets que j'ai dû acquitter, Baulard m'a porté un coup terrible.

— Mais tu marches depuis ce coup.

— Sans doute ; mais je ne marche plus dans les mêmes conditions qu'autrefois : la fabrication a augmenté, cela est vrai, mais les bénéfices ont diminué; au lieu d'avoir un franc par toupie, je n'ai plus que 20 centimes ; la concurrence s'est organisée partout, la contrefaçon, si vous voulez ; les cinq ou six ouvriers avec lesquels nous avons commencé nous ont quittés, et ils travaillent à leur compte, en imitant votre invention. Sans doute il y a une énorme différence entre leurs toupies et la vòtre ; mais, le soir, au coin d'une rue ou d'un passage, le public ne sait pas distinguer la bonne de la mauvaise, et il achète de préférence celle qui coûte moins cher ; toute la vente des boulevards nous a été ainsi enlevée ; nous n'avons plus que les marchands en boutique, et encore parce que nous avons baissé nos prix : je fabrique maintenant 300 toupies par jour ; à 20 centimes de bénéfice net par toupie, cela me donne 60 francs, ou 1,800 francs par mois. Vous voyez qu'il m'est impossible en ce moment de prendre quelques mille francs sur 1,800 francs ; d'autant mieux que je n'ai pas encore fini de payer les fournitures que je devais au moment de la fuite de Baulard.

— C'est bien, j'attendrai.

— Si vous voulez quelques centaines de francs...

— Non, merci ; rien ne presse.

Il dit cela avec une parfaite tranquillité, et Pascal se remit au travail, sans autre préoccupation que l'ennui d'avoir répondu à cette demande par un refus.

Un quart d'heure après, Abeille vint le trouver.

— Sais-tu ce qu'a notre père?

— Rien, je pense.

— Si, il est troublé, tourmenté ; il vient de sortir et il agitait son chapeau avec des mouvements convulsifs comme je ne lui en ai jamais vu.

— J'ai été obligé de lui refuser une grosse somme qu'il me demandait.

— Obligé ?

— Je n'avais pas cette somme et il m'est impossible de la trouver ; que voulais-tu que je dise ? j'ai dit la vérité. Sois donc persuadée, ma chère Abeille, que rien ne me coûte plus que d'être forcé de compter avec notre père.

C'était vers dix heures du matin que Cerrulas était sorti ; à trois heures, il n'était pas encore rentré ; à six heures, pas davantage : la nuit allait bientôt tomber, l'approche du soir redoubla l'inquiétude d'Abeille. Déjà vingt fois elle avait été jusqu'à la porte du jardin.

Son inquiétude gagna Laure et Pascal ; une si longue absence était extraordinaire, car leur père habituellement ne restait jamais longtemps dehors ; cinq ou six fois par jour il sortait, mais c'était pour rentrer une heure après. Où était-il ? Que faisait-il ? Abeille voulait aller le chercher d'un côté, tandis que Pascal irait d'un autre et que Laure resterait à la maison. Mais où le chercher ? il n'avait pas dit où il allait, et rien ne leur donnait un indice ou une supposition.

La nuit vint tout à fait.

— Décidément, s'écria Abeille ne pouvant plus se contenir, il est arrivé un malheur à père.

Pascal s'efforça de la rassurer, mais ses paroles

n'avaient pas la conviction ; lui-même était troublé, et, tout en prononçant des paroles vides de sens, il se disait qu'en ces derniers temps leur père avait bien changé ; physiquement, il avait maigri et il s'était voûté ; moralement, il avait toujours passé de l'agitation à la prostration sans avoir jamais un moment de calme.

Vers huit heures, un roulement de voiture retentit dans la rue de la Sablonnière, ce qui, à ce moment de la journée, était un bruit tout à fait extraordinaire. Leurs trois regards se croisèrent et se dirent leurs sinistres pressentiments. En voiture !

Ils coururent à la porte du jardin : dans la voiture, dont la portière venait d'être ouverte, Cerrulas était étendu sans connaissance.

— C'est ici que demeure M. Cerrulas ? dit un homme de police qui l'accompagnait. Bon ! alors, nous allons le transporter dans son lit ; il en a bien besoin ; c'est une attaque d'apoplexie : ne vous tourmentez pas, le médecin dit qu'il n'est pas mort.

Le récit de l'homme de police apprit à Pascal que son père avait été trouvé évanoui au pied d'un banc dans le bois de Vincennes. Combien de temps était-il resté ainsi ? personne ne le savait ; on l'avait transporté dans un pavillon de garde, où on lui avait donné les premiers soins ; les papiers qu'il portait sur lui indiquant son adresse, on l'avait apporté rue de la Sablonnière.

Pascal avait étudié à Condé l'apoplexie d'assez près

pour voir que l'homme de police ne se trompait pas; c'était bien une attaque d'apoplexie; c'était bien la physionomie marquée de l'empreinte de la souffrance et de la stupeur qu'il avait eue devant les yeux lorsqu'il avait soigné son père. Quelle avait été la violence de cette attaque? quelles seraient ses conséquences? On disait qu'une seconde atteinte était souvent mortelle.

Le médecin du quartier qu'il courut chercher confirma ses craintes : il y avait peu d'espoir.

Le mot avait été prononcé tout bas à l'oreille de Pascal, cependant Abeille le saisit ou plus justement le devina.

— Pas d'espoir ! murmura-t-elle en chancelant.

— Je n'ai pas dit cela, reprit le médecin, j'ai dit peu d'espoir, mais il y en a, et avec des soins intelligents nous pouvons le sauver.

Une pression de main indiqua à Pascal quelle foi il fallait accorder à ces paroles.

Cerrulas avait été transporté dans sa chambre, et il était étendu sur son lit, la tête maintenue par trois oreillers; sans le bruit de sa respiration haute et sifflante, on eût pu croire qu'il était mort.

Jusque vers minuit, il resta dans cette position sans donner le moindre signe de connaissance : Abeille, assise près de lui, renouvelait sans cesse la glace pilée qui lui entourait le crâne; Pascal et Laure restaient immobiles près de la cheminée sans feu.

Vers minuit, il commença à s'agiter avec effort sur

son lit ; il remua les lèvres comme pour parler, mais il ne put pas former les mots et il laissa échapper seulement quelques sons rauques ; puis, fatigué par cette tentative, il retomba dans son engourdissement.

Mais bientôt il remua de nouveau les bras lourdement comme s'ils étaient chargés d'un poids de dix livres, et, ouvrant les paupières, il regarda autour de lui. En rencontrant les yeux d'Abeille fixés sur les siens, un éclair passa sur sa face pâle ; évidemment il l'avait reconnue.

— Papa! dit-elle de sa voix tendre et vibrante, cher papa!

Soit qu'il eût entendu, soit qu'il eût compris ces simples mots au mouvement des lèvres, il y eut une contraction sur son visage : ses traits ne s'assouplirent point, mais ses prunelles sourirent.

Pascal et Laure s'étaient approchés du lit ; il les regarda aussi ; puis, étendant un doigt vers son fils, il sembla vouloir lui expliquer quelque chose ; mais le geste était trop informe pour être compréhensible.

Lorsqu'il vit qu'il ne pouvait pas se faire comprendre, il eut un mouvement d'impatience.

— Tu veux quelque chose, cher père? dit Abeille en se penchant sur lui.

La main fit un signe affirmatif.

— Quelque chose pour te soigner?

Elle fit un signe négatif.

Tous trois se regardèrent avec angoisse ; cette tension d'intelligence n'allait-elle pas aggraver son état ?

Le médecin avait recommandé si vivement le calme et le silence !

La main s'agita de nouveau en se crispant sur le drap.

— Éloignez-vous un peu, dit Abeille à son frère et à Laure.

Puis, se levant, elle vint se mettre juste en face de son père, de manière à bien le tenir dans ses yeux.

La main s'étendit, et le doigt parut indiquer un coin de la chambre.

— Ce que tu veux est ici? dit-elle en montrant ce coin.

La main remua pour répondre non.

Entre le coin de la chambre et le lit se trouvait une chaise sur laquelle étaient posés les vêtements qu'on avait enlevés pour le coucher.

— C'est ton habit que tu veux? dit vivement Abeille en prenant cet habit et en l'apportant.

La main se souleva avec un geste plus libre qui disait le plaisir qu'il avait ressenti en se voyant compris. Puis, se promenant sur le vêtement, elle parut chercher la poche.

— Dans la poche? dit Abeille.

Fouillant dans cette poche, elle en tira une grosse liasse de papier timbré.

— Tu ne veux pas ces papiers? dit-elle en continuant de traduire haut l'expression de ses gestes et de ses yeux; — tu veux que je les lise? — Non, pas moi? Pascal alors?

Il lui prit la main et la serra faiblement; puis il se laissa aller sur l'oreiller avec le soulagement qu'on éprouve après une grande inquiétude ou un pénible travail.

Pascal n'eut pas besoin de grand temps pour connaître le contenu de ces papiers.

— C'est une dette de 4,000 francs pour laquelle notre père est poursuivi, dit-il à voix basse ; il y a saisie ; la vente des meubles est fixée au 20 mars.

— Mais le 20 mars, c'est demain, c'est aujourd'hui ! s'écria Abeille ; vendre les meubles, c'est impossible, n'est-ce pas ?

Pascal baissa la tête.

— Il faut empêcher cette vente ; en ce moment, ce serait épouvantable.

Ils restèrent tous les trois longtemps sans parler, étouffés par l'horreur de leur situation. Cerrulas sur son lit était immobile, insensible maintenant à ce qui se passait, à ce qui se disait autour de lui.

Enfin Pascal rompit ce silence terrible, et, attirant sa sœur et sa femme à l'extrémité de la chambre :

— Je n'ai pas ces 4,000 francs, c'est-à-dire qu'avec les frais c'est plus de 5,000 francs qu'il me faut ; aussitôt que le jour va paraître, j'irai chez l'huissier.

— Nous quitter !

— Le quitter !

Ces deux mots en même temps échappèrent à Laure et à Abeille.

— Faut-il laisser la vente se faire ? et si je m'éloigne

en ce moment, croyez-vous que je n'en souffre pas assez?

Vers quatre heures et demie, quand les fenêtres commencèrent à blanchir. Pascal se disposa à partir ; il n'y avait pas de changement dans l'état du malade : même prostration, même somnolence insensible.

— Si l'on vient pour enlever les meubles, dit-il à Laure, et que je ne sois pas de retour, tâche de gagner du temps, dis que je vais arriver avec de l'argent.

— En trouveras-tu?

— A tout prix.

Et, s'agenouillant, il prit la main de son père et l'embrassa longuement.

Les nuages s'entrouvraient du côté de l'Orient et les étoiles pâlissaient dans les profondeurs bleuissantes du ciel ; à cette heure matinale, les rues étaient désertes. Pascal se dirigea vers le quartier de la Bourse où demeurait l'huissier poursuivant ; mais bien qu'il voulût marcher lentement pour ne pas arriver trop tôt, l'inquiétude le poussait malgré lui en avant.

Lorsqu'il fut devant la porte de l'huissier, il ne put pas se contenir comme il se l'était promis ; il se fit ouvrir la grande porte et indiquer le logement de l'huissier : il n'était pas encore six heures.

Son parti était pris ; il ne sonna pas timidement, mais à grand coups, à si grands coups, que l'huissier lui-même vint en chemise voir qui pouvait faire un pareil tapage.

En quelques mots, Pascal lui expliqua sa demande

et la position cruelle dans laquelle il se trouvait.

L'huissier fut si abasourdi de cette audace chez un débiteur, qu'il l'écouta sans l'interrompre, et ce fut seulement quand Pascal se tut qu'il retrouva son sang-froid.

— Eh bien, il faut convenir, s'écria-t-il, que vous êtes un singulier original ; réveiller les gens chez eux à six heures du matin pour ne pas les payer, c'est admirable ! Voulez-vous m'obliger de descendre l'escalier plus vite que vous ne l'avez monté ?

— Vous n'avez pas de père ! vous n'avez pas d'enfant !

— J'ai sommeil, laissez-moi dormir.

Et l'huissier, qui, tout en parlant, l'avait fait reculer jusque sur le palier de l'escalier, lui ferma vivement la porte au nez.

En se retrouvant dans la rue, Pascal comprit seulement combien sa démarche était insensée.

Pendant quelques minutes ; il marcha la tête perdue. Que faire ? A quelle porte frapper ?

Une voiture vide passait devant lui, il l'arrêta.

— Quai de la Râpée ! dit-il.

Le souvenir de Midoucet avait traversé son esprit ; l'heure était venue d'éprouver cette sympathie dont l'homme de confiance de Féline lui avait si chaudement parlé.

Mais Midoucet n'était pas à Paris, il avait couché à sa maison de campagne, à Nogent.

— Votre cheval peut-il aller à Nogent ? demanda Pascal au cocher.
— Vite ?
— Au galop.
— C'est vingt francs.
— Allez.

XXVI

Pendant que Pascal courait sur la route de Nogent, à la recherche de Midoucet, la situation rue de la Sablonnière paraissait s'améliorer.

Pascal était parti au jour naissant; lorsque dans l'aube des lueurs roses et jaunes commencèrent à tracer des raies lumineuses, Cerrulas, jusque-là plongé dans un lourd engourdissement, s'agita sur son lit; péniblement, après plusieurs tentatives, il tourna sa tête du côté de la fenêtre qui s'éclairait, et il ouvrit les yeux.

La lampe brûlait encore sur la cheminée, mais sa lumière rougeâtre s'était affaiblie devant celle du jour, et tout dans la chambre avait déjà pris sa forme distincte et précise. Laure, pâle et brisée, était étendue sur un fauteuil, tandis qu'Abeille se tenait droite et ferme sur la chaise où elle avait passé la nuit.

Durant quelques minutes Cerrulas promena ses yeux par la chambre, allant de Laure à Abeille et d'Abeille à Laure, regardant partout comme s'il cherchait quelqu'un ou quelque chose.

— Que veux-tu, cher père? dit Abeille en se penchant vers lui.

Il la regarda longuement, et, sans remuer les lèvres, il leva la main et la posa sur l'épaule de sa fille.

— Ne te fatigue pas, dit-elle, tu es bien mieux.

Il la regarda encore avec une expression de tendresse désolée, puis, contractant tous les muscles de son visage comme s'il faisait un effort douloureux :

— Pas... Pascal! dit-il.

C'était la première parole qu'il prononçait depuis son attaque. Remuée jusqu'au fond du cœur, soulevée par l'espérance, Abeille lui prit la main et la baisa; la tête inclinée sur cette main, elle n'osait se relever de peur de laisser voir l'émotion que trahissaient ses larmes.

— Pascal! répéta Cerrulas.

— Il est sorti, dit Laure en s'approchant.

— Il est chez l'huissier, dit Abeille.

— Ah!

Cette exclamation s'échappa de ses lèvres avec un soupir de soulagement, et, comme s'il était désormais assuré contre tout danger, il resta tranquille sur son lit.

En voyant ce calme apparent, Abeille respira : toute la nuit elle était restée penchée sur le lit, étudiant anxieusement la face convulsée de son père, les yeux sur ses yeux, respirant son haleine comme si chaque soupir devait être le dernier. Maintenant il voyait clairement ce qui se passait autour de lui, il entendait, il parlait : une fois encore il était donc sauvé.

Le soleil levant éveilla la vie et le bruit dans le jardin ; les oiseaux qui faisaient déjà leurs nids dans les buissons qu'un printemps précoce épaississait de feuilles naissantes et de bourgeons gonflés de séve, commencèrent à chanter : un merle tout près de la fenêtre, et plus loin, discrètement, une fauvette. Dans le ciel radieux et pur se levait une belle journée.

La chanson amoureuse de la fauvette frappa l'oreille de Cerrulas ; il se tourna du côté de la fenêtre, puis, après avoir écouté durant quelques instants, il regarda sa fille.

La pantomime demande une délicatesse exquise d'intuition ; en la matérialisant et en la transportant au théâtre, on en a fait un art grossier bon pour le vulgaire. Quand deux êtres s'aiment ou sont en communion d'idées ou de sentiments dans la vie, ils ne miment point ces idées ou ces sentiments comme on le fait au théâtre ; pour dire : « Je t'aime ! » ils n'ont pas besoin de mettre la main sur leur cœur en poussant un soupir ; ils se regardent, et de l'un à l'autre passe une flamme, un courant plus puissant, plus éloquent que la parole humaine.

— Tu veux que je te fasse de la musique? dit Abeille.

— Oui.

Le piano se trouvait dans la pièce qui joignait immédiatement la chambre de Cerrulas ; Abeille, s'étant levée sur le geste de son père, se dirigea vers cette pièce ; mais, avant qu'elle fût sortie, il l'arrêta.

— Non, dit-il.

— Tu ne veux pas de musique ?

— Si.

Elle le regarda avec surprise, ne sachant que comprendre. Sans parler, il agita les mains.

— Tu veux que j'amène le piano ici ? dit-elle.

Il ne répondit pas, mais ses regards valaient les paroles les plus nettes et les plus précises.

Elle fit un signe à Laure, et, toutes deux étant passées dans la pièce voisine, elles tâchèrent de rouler le piano dans la chambre, l'une le poussant, l'autre le tirant ; le parquet inégal et raboteux rendait ce transport difficile pour deux femmes ; cependant, elles en vinrent à bout.

Lorsque le piano fut arrivé dans la chambre, Abeille voulut le pousser dans un coin, mais Cerrulas lui fit signe de l'approcher du lit.

— Là, dit-il.

Là, c'était à quelques pas du lit, de telle sorte qu'Abeille, assise devant le clavier, eut les yeux juste en face de ceux de son père ; ainsi non-seulement il l'entendrait, mais encore il la verrait, il l'embrasserait du regard.

Elle s'assit. De tous les morceaux qu'elle jouait

d'ordinaire, celui qu'il préférait, quand il était dans ses heures de malaise ou de découragement, était *l'Aurore*, de Beethoven, qui ne manquait jamais de lui rendre le calme et la sérénité; elle lui joua *l'Aurore*.

Aux premières mesures, son visage s'épanouit.

— Oui, dit-il, oui.

Et les yeux sur ceux de sa fille, le visage presque souriant, il écouta avec béatitude.

L'Aurore est probablement le morceau le plus éclatant, le plus sonore qui ait été écrit pour le piano, mais il y a dans l'introduction au finale des oppositions de notes claires et sombres, des silences poignants et des reprises triomphantes qui tombent sur le cœur comme des coups de marteau et l'écrasent. En arrivant à ce passage, Abeille, qui jouait les yeux levés vers le ciel pour ne pas regarder son père, ne fut pas maîtresse de l'émotion qui l'étouffait : ses doigts s'arrêtèrent un moment et ses yeux s'abaissèrent.

La tête soulevée par ses oreillers, les lèvres entr'ouvertes, les joues baignées de larmes, il écoutait en la regardant.

— Va, dit-il, va.

Elle reprit.

L'heure avait marché ; au moment où Abeille frappait les dernières mesures, la porte s'ouvrit, et le médecin parut.

Tout surpris de voir un piano auprès de son malade qu'il s'attendait à trouver à l'agonie, sinon mort, il interrogea Abeille du regard.

— Mon père a voulu un peu de musique, dit-elle; il parle, monsieur, il parle.

— Ah ! il parle.

Et, s'approchant du lit, il examina Cerrulas.

— Eh bien ? demanda Abeille, qui, suspendue à ses yeux, suivait cet examen avec une cruelle angoisse.

Sans répondre, il fit un signe qui semblait signifier que tout allait bien.

— Continuez la glace, dit-il.

— C'est tout ?

— Cela suffit. Je reviendrai.

Mais avec Laure il fut plus sincère.

— Voilà un cas extraordinaire, il ne devrait pas parler, il ne devrait pas comprendre, il devrait être déjà mort, et cependant il parle, il comprend et il n'est pas mort.

Avec cette finesse d'oreille qui se rencontre chez certains musiciens, Abeille entendit ces derniers mots, bien qu'ils eussent été prononcés à voix basse. D'un bond, elle fut auprès du médecin.

— Mort ! s'écria-t-elle.

— Eh ! non ! chère demoiselle; sans doute l'état est grave, mais il n'est pas désespéré. Je vais revenir dans une heure avec un de mes confrères de l'hôpital Sainte-Eugénie; nous vous le sauverons, rassurez-vous.

Se rassurer! Elle tomba foudroyée sur une chaise. Mort... perdu... son père...

— Abeille! cria Cerrulas.

Elle essuya ses larmes; elle essuya la sueur glacée qui l'inondait, et elle rentra.

— Pascal, dit-il, Pascal, ne... re... vient pas... straordinaire.

Les mots restaient dans sa gorge, ses lèvres s'agitaient sans pouvoir les former.

De la main il lui indiqua le piano.

— Quelque chose de doux, dit-il; je suis mieux; quelque chose de serein.

— Une sonate de Mozart, le thème en *la*?

— Si tu veux.

A peine s'était-elle assise devant son piano, que Laure parut dans le cadre de la porte et lui fit un signe qui signifiait, à ne s'y pas tromper, qu'elle avait quelque chose de très-grave à lui dire.

Abeille se leva et passa dans la pièce où Laure avait reculé.

— Les gens qui viennent pour enlever les meubles! dit celle-ci.

— Mon Dieu! il faut leur dire que Pascal va revenir et les payer.

— Je l'ai dit; ils ne veulent rien écouter.

— Mettez-vous au piano, dit-elle, je vais leur parler.

Laure entra dans la chambre du malade, tandis qu'Abeille sortait dans le jardin. Elle s'assit au piano, mais Cerrulas la reconnut bien.

20.

— Non, dit-il, Abeille.

— Elle va revenir.

— Tout de suite... pas me quitter... Je suis bien mal ! C'est fini... Abeille ! Pascal !...

Mais Abeille ne pouvait revenir : dans le jardin, elle avait trouvé deux hommes qui paraissaient être des déménageurs.

— Nous venons chercher les meubles saisis, dit celui des deux qui, sans doute, était le chef.

— Mon frère va revenir ; il est parti chercher l'argent pour vous payer.

Ils se mirent à rire en haussant les épaules.

— Mon père est là, très-malade ; il a été frappé d'une attaque d'apoplexie, vous ne pouvez pas le déranger.

— Et la vente qui est fixée à deux heures, croyez-vous qu'on peut la retarder ?

— C'est impossible, vous n'entrerez pas, s'écria-t-elle avec résolution.

— Vous savez, s'il faut aller chercher ceux qui peuvent nous faire ouvrir les portes, on ira.

Elle voulut leur donner des explications pour les faire patienter et attendre le retour de Pascal : son père mourant, l'argent qui allait arriver, mais à toutes ses raisons ils répondaient par un seul mot : « La vente est annoncée pour deux heures. »

Elle était à bout de forces, anéantie par les larmes qui étouffaient son cœur et paralysaient ses idées. Laure sortit de la chambre.

— Il vous demande, dit-elle, il ne veut que vous.

Il fallait rentrer.

— Commencez par ces deux pièces, dit-elle en montrant sa chambre et la salle à manger, mais pas ici, par grâce.

— Il n'y a pas de danger, le lit n'a pas été saisi.

Elle rentra dans la chambre, tandis que les déménageurs entraient dans la salle à manger.

— Tu m'abandonnes, dit Cerrulas en la regardant tendrement.

— Non, père ! cher père !

— Joue-moi ta sonate.

Elle se mit au piano ; mais dans la pièce voisine les déménageurs qui emportaient les meubles faisaient un tapage assourdissant ; la sonate, d'un caractère doux et voilé, ne pouvait pas couvrir ce bruit qu'il fallait cependant étouffer.

— Si tu voulais *l'Aurore ?* dit-elle.

Et, sans attendre de réponse, elle reprit avec une énergie désespérée le passage le plus bruyant ; son cœur éclatait ; de ses yeux, les larmes, qu'elle ne pouvait plus retenir, tombaient sur les touches du piano et faisaient glisser ses doigts. Haletante, éperdue, folle d'angoisse, elle n'osait regarder son père.

Mais celui-ci ne s'apercevait pas de son émotion ; depuis quelques instants, le sang avait rougi sa face pâle, et, comme s'il revenait à la vie, ses mouvements paralysés avaient repris plus de liberté ; des mots sans suite s'échappaient de ses lèvres.

— Les carbonates ne peuvent pas donner de résultat... les réactions chimiques sont une folie... Il fallait régénérer la substance végétale.

Puis tout à coup, s'interrompant et interrompant Abeille :

— Pascal... il faut aller chercher Pascal. Dis à Laure qu'elle le fasse venir tout de suite, tout de suite.

En voyant qu'il ne l'écoutait pas et qu'il suivait sa pensée ou son délire, Abeille s'arrêta ; mais au même moment les déménageurs qui étaient dans le laboratoire laissèrent tomber une pièce de cuivre, et elle reprit pour dominer leur tapage.

— Qu'est-ce ? dit-il ; que Laure ne fasse pas tant de bruit, cela me fatigue. Je souffre de la tête. Joue, continue ; encore, encore !

Elle continua, revenant toujours aux passages les plus sonores.

Cependant, les déménageurs avaient chargé dans leurs voitures tout ce qui pouvait être emporté ; ils frappèrent à la porte de la chambre.

Abeille se leva et passa dans la pièce voisine.

— Que voulez-vous ?

— Le piano.

— Mon piano !

— Il est sur le procès-verbal.

Elle voulut parler, mais les sanglots et l'émotion l'étouffèrent.

— Excusez ! dit l'un des déménageurs, en voilà

qui ne se privent de rien! mourir en musique ; quel genre ! mâtin !

Heureusement, elle n'entendit pas. A ce moment, Laure entra, précédant un grand vieillard au maintien résolu, à la tête intelligente et noble.

— Nous sommes sauvés ! dit-elle.

Et avant qu'Abeille pût lui demander l'explication de ces paroles étranges, le vieillard s'adressa aux déménageurs.

— Laissez cela, dit-il avec un accent anglais fortement prononcé ; je vais vous payer ce qui vous est dû.

— Nous ne sommes pas là pour recevoir de l'argent, mais pour enlever les meubles saisis.

— Si vous touchez maintenant à une seule chose, je vous casse la tête, dit le vieillard en relevant ses deux poings.

— Ne vous gênez pas.

— Allez chercher votre maître.

Les deux déménageurs parurent se consulter du regard ; puis, après un moment d'hésitation :

— Vas-y, dit l'un ; moi, je reste là à garder les voitures et les meubles ; mais on ne m'y reprendra pas à venir chez les gens qui sont en train de mourir.

— Permettez-moi d'entrer auprès de monsieur votre père, dit le vieillard ; ma présence lui fera du bien ; je suis un ami.

Disant cela, il entra dans la chambre, suivi de Laure et d'Abeille, celle-ci ne sachant plus ce qui se faisait, ce qui se disait autour d'elle.

Il marcha droit au lit, et, prenant la main du malade :

— Cerrulas, dit-il, c'est moi, votre ami le docteur Forthingham.

En entendant ce nom, Abeille revint à elle.

— Forthingham ? dit Cerrulas.

— Vous ne me reconnaissez pas ; c'est que depuis dix ans j'ai changé, j'ai vieilli. Je viens en Europe pour vous, mon ami : notre collége, grâce à la libéralité d'un riche commerçant, vient de s'enrichir d'un million de dollars ; de nouvelles chaires ont été créées ; j'ai obtenu pour vous celle de physique appliquée à la technologie ; vous y ferez un cours sur la chaleur solaire : vos travaux sont connus là-bas ; vous êtes honoré ; vous trouverez toutes les facilités pour continuer vos recherches et vos expériences.

Un éclair de joie passa sur la figure de Cerrulas, et son regard chercha celui d'Abeille.

— Pascal, dit-il, Pascal ne vient donc pas ? J'aurais voulu qu'il fût là.

— Ne vous tourmentez pas, continua le docteur Forthingham, guérissez-vous ; nous partirons tous ensemble, quand vous serez rétabli.

Mais Cerrulas, secouant faiblement la main, fit un signe de désespérance.

— Trop tard, dit-il.

Et il montra son front.

— C'est la seconde.

A ce moment, Pascal haletant entra dans la chambre.

— Ah ! Pascal ! dit Cerrulas, je suis heureux.

— Tout est arrangé, dit Pascal ; tranquillisez-vous, mon père.

Cette nouvelle le laissa parfaitement indifférent ; il parut ne pas l'avoir entendue, ou tout au moins ne pas l'avoir comprise : renversé sur son oreiller, les yeux au ciel, il paraissait suivre sa pensée intérieure ; mais la sueur visqueuse qui baignait son visage et ses mains, sa respiration haute et oppressée montraient au docteur Forthingham que le moment fatal approchait.

Pendant plus d'un quart d'heure, il resta ainsi ; personne n'osait parler. Abeille était prosternée près du lit ; Laure et Pascal se tenaient par la main, tandis que l'Américain, plus endurci contre la mort, restait sur une chaise, regardant ce triste tableau.

— Forthingham, dit tout à coup Cerrulas, n'est-ce pas que j'aurais trouvé ? Dites à mon fils que je n'étais pas un fou, dites-lui que j'aurais trouvé.

Il se fit un silence, mais de peu de durée.

— Abeille, dit Cerrulas, joue-moi la marche funèbre, mon enfant.

A ce mot, elle ne put retenir ses sanglots : bien des fois son père, dans ses jours de tristesse, dans ces moments où l'on parle volontiers de la mort, mais sans trop croire qu'elle nous frappera, lui avait demandé de lui jouer la *Marche funèbre*, de Chopin, à l'heure de sa mort. Il se sentait donc mourir, qu'il demandait l'exécution de cette promesse ?

Refoulant son émotion, elle se mit au piano, puis,

par un suprême effort de volonté, elle commença à jouer. Mais ses forces trahirent son courage : cette musique horriblement douloureuse, qui, alors même que nous sommes dans les conditions ordinaires de la vie, nous trouble et nous émeut jusqu'au fond des entrailles, fit éclater son cœur : aux premières mesures, il lui sembla que la nuit éternelle les enveloppait tous, son père, son frère, elle-même, et, en arrivant au finale, à ce passage où les notes toujours les mêmes, sans repos, sans variation, frappent sur le cœur comme le roulement funèbre du tambour recouvert d'un crêpe, elle se jeta à genoux contre le lit, et, saisissant la main, de son père, elle la baisa couvulsivement.

Cerrulas ne s'aperçut pas de cette interruption ; déjà l'agonie avait commencé, et ses sens n'étaient plus sensibles aux choses de la terre.

Elle fut courte et sans douleur. A midi son souffle, devenu de plus en plus faible, s'éteignit tout à fait.

XXVII

En disant que tout était arrangé, Pascal n'avait pas fait un mensonge pour rassurer son père ; tout, en effet, était fini, non-seulement les 4,000 francs pour lesquels on avait poursuivi si rigoureusement étaient payés, mais encore les brevets pour le noir décolorant et sa revivification étaient vendus à Midoucet.

En arrivant à Nogent au galop de son cheval de fiacre, Pascal avait appris du concierge que Midoucet n'était point encore reparti pour Paris ; il était dans la propriété, occupé à donner des ordres aux ouvriers. Cette propriété, l'une des plus belles de Nogent, était en ce moment en transformation ; Midoucet avait acheté des terrains dans le fond de Beauté, et il les réunissait à son ancien jardin, qui désormais descendrait jusqu'à la Marne.

Au milieu de ses terrassiers, à qui il traçait les travaux de la journée, il ne parut pas faire attention à Pascal lorsque celui-ci s'avança, et ce fut seulement à la dernière extrémité, c'est-à-dire alors que Pascal n'était plus qu'à trois pas de lui, qu'il se décida à lever la tête et à le reconnaître.

— Ah ! monsieur Cerrulas, dit-il ; enchanté de vous voir, je vous demande une minute seulement, et je suis à vous.

La minute dura un quart d'heure. Pascal tremblait d'impatience ; il se demandait s'il ne devait pas retourner à Paris, quand il vit Midoucet se diriger vivement vers lui.

— Qui me procure le plaisir de votre visite à pareille heure ? dit-il en lui tendant la main.

En quelques mots, Pascal le mit au courant de sa situation.

— Vous m'avez demandé de m'adresser à vous,

quand j'aurais besoin de vos services; je viens faire appel à votre sympathie.

— Combien je suis désolé! Féline est en Espagne pour organiser une ligne de chemin de fer, il ne reviendra pas avant deux mois peut-être.

— Alors, dit Pascal le cœur serré, il ne me reste qu'à retourner à Paris; pardonnez-moi de vous avoir dérangé.

— Retourner à Paris, mais c'est impossible; vous ne pouvez pas, dans l'état où est monsieur votre père, laisser emporter votre mobilier. Quel trouble pour lui! cela pourrait le tuer.

— Que faire? l'heure presse.

— Il y aurait bien un moyen, ce serait que je vous prêtasse ces 5,000 francs qui vous sont nécessaires, et vraiment j'y suis tout disposé. Mais cela serait-il juste? Si vous êtes dans cette position désespérée, c'est parce que Féline a voulu vous avoir à sa merci. Serait-il loyal que moi, l'homme de Féline, je vinsse me mettre en travers de son chemin pour faire échouer ses combinaisons? Il y a là une difficulté que vous sentez, n'est-ce pas?

Pascal n'avait jamais eu qu'une médiocre confiance dans Midoucet; ce langage le toucha : c'était celui d'un honnête homme.

— La justice et la conscience, continua Midoucet, voudraient que je m'unisse à vous; mais il me semble que la délicatesse doit m'arrêter. Ah! si je n'avais plus la charge, charge bien lourde, je vous assure, des intérêts de Féline! Mais je l'ai, et je ne puis vous servir qu'en le servant aussi.

— C'est impossible, hélas!

— Impossible? impossible?

Et, passant son bras sous celui de Pascal, il l'emmena du côté de la rivière.

— Tenez, dit-il en marchant, il me vient une idée, une idée qui peut tout concilier peut-être. Féline n'est pas là pour traiter avec vous; vous traitez avec moi. Vous me vendez à moi, Midoucet, vos brevets aux conditions dont nous avons déjà parlé, c'est-à-dire 50,000 francs comptant et 20 pour 100 dans les bénéfices, en excluant toutefois de ces bénéfices le noir que j'emploie moi-même dans mes propres raffineries; ces 20 pour 100 peuvent vous donner très-bien un revenu annuel de 80 à 100,000 francs, je me charge de tous vos procès et je désintéresse les créanciers de votre faillite. Vous êtes libre et vous avez 100,000 francs de rente. Cela vous va-t-il?

— Cela ira-t-il à Féline?

— L'acte signé, j'explique à Féline dans quelles conditions j'ai dû traiter avec vous, et pourquoi j'ai pris sa place. Comme, en réalité, les bénéfices que vous lui apportez par vos brevets sont considérables, il me devra des remerciments. Acceptez-vous?

Durant quelques secondes, Pascal tâcha de réfléchir, mais il n'était pas maître de ses idées; en ce moment peut-être son père était à l'agonie, et peut-être enlevait-on ses meubles autour de lui.

— J'accepte, dit-il.

— Eh bien, partons pour Paris ; ma voiture ira plus vite que la vôtre, je vous emmène.

Lorsqu'ils furent en route, Midoucet tira son portefeuille et écrivit un projet d'acte d'après les bases dont ils avaient parlé ; il le lut à Pascal qui l'approuva.

— En arrivant quai de la Rapée, dit Midoucet, nous rédigerons ce petit acte que nous régulariserons plus tard, et je vous donne 5,000 francs comptant.

En moins d'une demi-heure, ils vinrent de Nogent au quai de la Râpée ; en un quart d'heure l'acte fut écrit en double et signé.

— Gardez ma voiture, dit Midoucet, et courez chez votre père.

Dans son angoisse, Pascal ne savait trop ce qu'il faisait ; cependant, l'acte signé, il éprouva un immense soulagement. Enfin c'était fini ; plus de soucis, plus de fièvres, plus de procès, plus d'affaires. Et il pensa avec attendrissement à sa pauvre mère qui avait tout fait pour lui épargner ces soucis et lui assurer une vie calme dans la tranquille médiocrité.

Si Féline allait refuser ! En ce moment, les 20 pour 100 dans les bénéfices se fussent réduits à 10, à 5, à 1, qu'il eût accepté avec bonheur.

XXVIII

Lorsque, après l'enterrement de Cerrulas, Pascal rentra rue de la Sablonnière, il fut suivi par le docteur Fortingham.

— Le moment est mal choisi, dit celui-ci, pour un entretien d'affaires; cependant, je crois devoir vous troubler dans votre chagrin. J'étais l'ami de votre père, j'avais pour lui une grande estime; je voudrais, en son souvenir, faire quelque chose pour son fils. Par sa mort, la chaire que je lui proposais se trouve vacante; voulez-vous l'accepter? Je sais que vous parlez l'anglais couramment; vous avez assisté votre père dans ses travaux, vous les connaissez mieux que personne; vous êtes un des meilleurs élèves de votre École normale, ce sont là différents titres bons à faire valoir auprès des membres de notre collége, et qui les décideront, je pense, à vous donner la succession de votre père. En tout cas, ils sont de nature à appuyer dignement la demande que je ferai si vous m'y autorisez. Ce n'est pas la fortune que je vous propose, mais une honorable position dans laquelle vous pourrez étudier librement. Boston est une grande ville, c'est l'académie du nouveau monde; ce n'est peut-être pas, comme nous disons dans notre orgueil national, *the hub of the universe*, c'est-à-dire « le moyeu de l'univers », mais enfin c'est une ville de ressources, où le travail de l'esprit est en honneur. Consultez votre femme, votre sœur; je pars pour Heidelberg : à mon retour, vous me donnerez votre réponse.

Cette proposition d'une place de professeur au collége de technologie de Boston, place qui devait lui donner un traitement de 1,200 ou 1,500 dollars, alors que les bénéfices dans la cession des brevets devaient lui rapporter 100,000 francs de rente, parut, au premier abord, peu séduisante à Pascal; mais, en y réfléchissant, il se prit pour elle d'un véritable enthousiasme. Par une heureuse coïncidence, elle lui permettait de satisfaire à la fois deux pieux souvenirs, deux devoirs : professeur, il reprenait la carrière que sa mère avait si ardemment voulu lui voir suivre, et, en même temps, du haut de sa chaire, il pouvait élever avec autorité un monument à la gloire de son père.

Laure et Abeille ne firent aucune difficulté contre ce projet d'émigration.

— Avec toi, partout où tu voudras, dit Laure.

— L'Amérique, dit Abeille, les grands lacs, les fleuves immenses, les prairies, la solitude, c'est admirable! Quand partons-nous?

Il fut décidé qu'on partirait au mois d'août; d'ici là, Pascal aurait le temps de régulariser toutes ses affaires, Abeille aurait passé son concours au Conservatoire, et, raison décisive, Laure ne serait pas encore trop avancée dans sa grossesse pour que le voyage sur mer présentât de sérieux dangers.

On ne parla plus que de ce voyage; mais au beau milieu des projets survint un incident qui menaça de tout mettre à néant : Féline, revenu d'Espagne, ne voulait pas ratifier les conventions prises par Midoucet; c'était au moins ce que disait celui-ci.

Pascal, en apprenant cette nouvelle, eut un mouvement de frayeur et de désolation qu'il ne cacha pas à Midoucet; il allait donc falloir recommencer à plaider, à lutter, à se débattre dans les affaires.

— J'ai une proposition à vous faire, dit Midoucet, c'est de garder pour moi ce que j'avais acheté pour Féline. Je ne peux plus vivre avec lui; à chaque pas, il soulève ma conscience, et je me reproche sévèrement d'être son aide. Je vais me séparer de lui et me mettre à votre place : j'exploiterai vos brevets, je soutiendrai vos procès; moi, je suis un homme d'affaires, j'aime la lutte; seulement, si je fais fortune avec vos brevets, ce qui est très-possible, ne me reprocherez-vous pas de vous avoir dépouillé?

Pascal rentra chez lui très-ému, et, en rapportant à Laure et à Abeille les paroles de Midoucet, il avait presque des larmes dans la voix.

Les affaires de la faillite se terminèrent le plus facilement du monde. Tous les créanciers ayant été désintéressés intégralement, capital et intérêts, elle fut rapportée. Le créancier qui l'avait demandée vint lui-même faire ses excuses à Pascal : c'était par suite d'un malentendu que le jugement avait été rendu ; mais, en réalité, il n'en avait pas la responsabilité, au contraire.

Dans les derniers jours de juillet, Abeille se trouva, comme l'année précédente, enfermée dans la salle du Conservatoire où les élèves attendent le moment de paraître devant le jury; comme l'année précédente, elle reçut les encouragements de madame Raphélis, qui, n'étant plus son professeur, était toujours son amie; comme l'année précédente, elle vit venir aussi à elle le pianiste célèbre dont les paroles, les regards et les caresses avaient si profondément troublé son cœur. Cette fois, elle ne le laissa pas approcher, et, se levant vivement, elle se dirigea vers une autre partie de la salle.

Cette année, son concours était public, elle obtint un succès triomphant; le premier prix lui fut décerné d'enthousiasme, et les journaux se firent unanimement l'écho de ce succès : une nouvelle étoile s'était levée, et tout le monde la saluait.

Le lendemain, un déjeuner les réunit tous au Chalet de la Porte-Jaune, avec les quatre amis témoins du mariage : un déjeuner d'adieu. Les bois étaient pleins d'ombre, les arbres laissaient leurs feuilles bruire au vent d'été; Pascal n'eut pas besoin, comme au mois de décembre, d'étudier scrupuleusement le menu, et, lorsqu'on se sépara, il ne frémit pas en entendant son camarade commander deux bouteilles de champagne frappé pour se rafraîchir.

Leur dernière visite devait être pour le cimetière ; ils y allèrent tous les trois ensemble le matin de leur départ : là étaient les seuls liens qui les attachassent au sol natal, les seuls souvenirs qu'il leur fut cruel d'abandonner.

L'Europe quittait le Havre à sept heures du soir ; tandis que le paquebot, frappant de ses aubes la mer calme, s'enfonçait dans le soleil couchant, accoudés tous les trois sur le plat-bord, à l'arrière, et se tenant par la main, ils regardaient les collines d'Ingouville et le cap de la Hêve diminuer dans le lointain ; une grosse colonne de fumée noire qui s'échappait de la cheminée du vapeur s'allongeait jusqu'au sommet des falaises, comme un pont aérien qui les joignait encore à la terre. Mais bientôt ce pont se divisa emporté par la brise du soir ; les falaises s'abaissèrent, se noyèrent dans l'ombre, et ils se trouvèrent au milieu de l'immensité sous un ciel constellé d'étoiles. Les larmes leur montèrent aux yeux ; devant eux étaient l'espérance et la vie, mais derrière les souvenirs et les morts.

Grâce à la haute position scientifique du docteur Forthingham, Pascal se vit partout admirablement accueilli ; toutes les portes lui furent ouvertes, toutes les mains allèrent au-devant de la sienne.

Bien qu'il parlât parfaitement l'anglais, il avait une terrible appréhension de faire un cours en public : on

21.

eut la politesse de ne pas rire de son accent. Au bout d'un mois, il était plus libre dans son cours qu'il ne l'eût été dans une faculté française : il était maître de sa pensée et de sa parole, sans avoir derrière lui un recteur bigot ou un inspecteur qui fait du zèle.

Le docteur Forthingham donne chaque mois une soirée qui réunit tout ce que Boston compte de remarquable dans les sciences et les lettres. Abeille, s'étant fait entendre à l'une de ces soirées, devint le sujet de toutes les conversations, de toutes les curiosités : on ne parla plus que du talent de la jeune Française, de sa grâce, de sa beauté. Priée par Forthingham de jouer dans un grand concert de la Société de Hadyn et de Haendel, elle produisit un effet extraordinaire et obtint un de ces succès prodigieux que seuls les Américains savent faire : en huit jours elle fut célèbre, et trois ou quatre Barnum lui firent les propositions les plus brillantes pour exploiter cette célébrité. Naturellement elle refusa et ne consentit qu'à donner un seul concert à New-York, afin de pouvoir contenter deux désirs qui la tourmentaient fort, et dont elle avait toujours regardé la réalisation comme impossible : ces deux désirs, ces deux envies consistaient à acheter un piano de Pleyel et un piano de Chilkering.

Ce concert produisit une somme plus que suffisante pour ces acquisitions ; et avec ses deux pianos, l'un pour ses jours de tristesse, l'autre pour ses jours de joie, Abeille fut la femme la plus heureuse du monde ; enfermée dans la pièce haute de la maison, elle resta là des journées entières à travailler, à se faire de la musique pour elle seule, ne s'interrompant que pour aller embrasser le gros bébé que Laure avait mis au monde un mois après son arrivée.

— Toi, disait-elle en lui faisant risette, tâche d'avoir une main de pianiste, ou sinon gare à toi!

Un an après son installation à Boston, Pascal reçut de Hastron une lettre qu'il attendait avec une certaine impatience, car cette lettre devait lui apprendre quelle était sa part de bénéfices dans l'exploitation des brevets.

« Mon cher maître, cette lettre va vous causer une vive surprise contre laquelle il est bon que vous soyez tout d'abord prévenu. Si vous comptez recevoir 100,000 francs, il faut en rabattre; il faut en rabattre de tout. Midoucet vous a mis dedans; voilà ce que c'est que de conclure des affaires sans conseil. Une clause de votre acte dit que seront exclus des bénéfices tous les produits qui serviront à l'usage personnel de votre cessionnaire. Or, votre cessionnaire, le sieur Midoucet, ne fabrique votre noir décolorant que pour lui. Comment cela? allez-vous dire. Par un moyen bien simple; s'il ne fabriquait ostensiblement que pour lui, il y aurait déchéance de brevet, n'est-ce pas? il fabrique donc pour tout le monde; mais il vend votre produit plus cher que le noir animal, de sorte que personne n'a intérêt à l'acheter et qu'on s'en tient à l'ancien procédé. C'est là une des plus jolies farces qu'on puisse faire jouer à la loi sur les brevets d'invention.

» Au reste, le Midoucet est habile dans l'art des farces, et il en joue une à Féline, encore plus drôle que la vôtre. Grâce à vos produits, qui ne lui coûtent rien, il a amené une révolution dans les prix, et il est en train de mettre à bas la raffinerie de la Grande-Pinte. Cette lutte de patron et d'ancien commis amuse tout le monde commercial. Midoucet se venge durement des humiliations qu'il a eu à supporter auprès de Féline, et en frappant sur le seul endroit où celui-ci est sensible. C'est une cuisante douleur pour Féline de voir son ancien employé devenir son égal, et demain, peut-être, son maître.

» Quant à nous, nous sommes dans une meilleure position ; nos droits sont certains ; envoyez-moi un pouvoir et nous ferons à Midoucet un bon procès qui le rendra raisonnable. »

Un procès ! Pascal répondit en priant Hastron d'en rester là.

Il avait bien d'autres soucis en tête que des soucis d'affaires ; il était à la veille de publier un ouvrage en français et en anglais sur les travaux et les recherches de son père, et la correction des épreuves, la révision des planches absorbaient son temps et ses soins.

Ce qu'il regretta surtout dans cette perte d'argent, ce fut le moyen de donner une dot à Abeille ; il eût voulu la marier, et avec cet argent s'acquitter ainsi de sa dette envers son père.

Il est vrai qu'Abeille ne se prêtait guère à ce projet : d'une exquise sensibilité pour tout ce qui était art et sentiment, elle paraissait ressentir une profonde répulsion pour tout ce qui touchait à l'amour : une seule parole, un seul regard avaient suffi pour flétrir son cœur et y déposer le dégoût.

Depuis son séjour à Boston, elle avait refusé trois ou quatre mariages des plus convenables, et au moment où arrivait la lettre de Hastron, se présentait un jeune ingénieur pour lequel Pascal éprouvait une vive sympathie.

Cette lettre ayant été communiquée à l'ingénieur, celui-ci n'en persista pas moins dans son projet; ce n'était pas un mariage d'argent qu'il désirait, et il pria Pascal de chercher à pressentir les sentiments de sa sœur.

A cette demande elle répondit comme aux trois premières :

— Je ne veux pas me marier.
— Tu vivras donc toujours dans les nuages ?
— Oui, sur les nuages, avec un piano à queue.

Puis, allant à lui et l'embrassant :
— Tes enfants seront les miens.

FIN.

Clichy. — Impr. M. Loignon, Paul Dupont et Cie, rue du Bac-d'Asnières, 12.

www.ingramcontent.com/pod-product-compliance
Lightning Source LLC
Chambersburg PA
CBHW070455170426
43201CB00010B/1348